Inhalt

TEIL 1

TEIL 2

TEIL 3

Teil 1

Seth und Manifestation

Bevor wir uns mit der Darstellung der Lehre Seths bezüglich Manifestation und Glaubenssätze vertraut machen, hier einige kurze Hintergrundinformationen für all diejenigen, die dieses Buch lesen, ohne vorher die Seth-Materialien studiert zu haben. Was übrigens eine gewinnbringende Lektüre des vorliegenden Buches in keiner Weise ausschließt.

Jane Roberts, eine amerikanische Schriftstellerin, die sich nach ihren eigenen Bekundungen vor ihrem Kontakt mit Seth weder für außersinnliche Wahrnehmungen interessierte, noch jemals bei sich irgendwelche außersinnlichen Fähigkeiten beobachtet hatte, erlebte am 9. September 1963 folgendes:

»Was dann geschah, erlebte ich wie einen ›Trip‹. Hätte mir jemand heimlich eine LSD-Droge einverleibt, so hätte die Erfahrung nicht phantastischer sein können. Von der einen Minute zur anderen ergoß sich mit ungeheuerlicher Gewalt eine Lawine radikaler neuer Ideen in meinen Kopf, als ob sich mein Hirn in eine Empfangsstation phänomenaler Leistungsfähigkeit verwandelt hätte. Nicht nur Ideen kamen aus dem Kanal unbekannter Frequenzen durch, sondern auch Gefühle; mein Schädel vibrierte, ich war eingestimmt, eingeschaltet – wie immer man es nennen will – auf eine unglaubliche, eine gewaltige Energiequelle. (Jane Roberts, Das Seth-Material, S. 28)

Diese Erfahrung, so berichtet Jane Roberts, gab ihrem Leben eine völlig neue Richtung. Sie begann sich danach mit ihrem Mann zusammen für verschiedene Gebiete der außersinnlichen Wahrnehmung zu interessieren. U. a. besorgten sie sich ein OUIJA-Brett. Am 8. Dezember 1963 hatten sie mit einem Wesen Kontakt, das sich selbst Seth nannte.

Dieses Wesen stellte sich wie folgt vor.

»Ihr könnt mich nennen wie ihr wollt. Ich selbst nenne mich Seth. Es paßt zu meinem Ich, zu meiner Persönlichkeit besser und kommt meinem Gesamtselbst am nächsten und dem, was ich zu sein bemüht bin. Joseph ist dein Gesamtselbst, mehr oder weniger das Summenbild deiner verschiedenen Persönlichkeiten in Vergangenheit und Zukunft.« (Das Seth-Material, S. 35)

Seth gab also dem Ehemann von Jane Roberts, Rob, den Namen Josef. Für Jane benutzte er im Verlauf des weiteren Kontaktes den Namen Ruburt, einen Männernamen. An dieser Stelle ist vielleicht noch darauf hinzuweisen, daß sowohl Jane Roberts als auch ihr Mann zu dieser Zeit weder an Reinkarnation noch an Geister glaubten, so daß sie die Ergebnisse ihrer Arbeit mit dem OUIJA-Brett eher so verstanden, daß das Unbewußte der Teilnehmer sich auf die eine oder andere Art äußerte. Aber schon zu diesem Zeitpunkt bestand ein deutlicher Widerspruch zu dem, was die beiden glaubten, und dem, was Seth von sich selbst behauptete. Er bestand darauf, eine von Jane und Rob unabhängige Lebensform zu sein, und er bestand darauf, daß es Reinkarnation gibt und daß er die beiden aus vielen früheren Leben kennt. Im weiteren Verlauf dieser Sitzung lernte Jane dann, die Stimme Seths direkt in ihrem Kopf zu hören, so daß der umständliche Weg über den Zeiger des OUIJA-Bretts unnötig wurde. Und damit begann eine viele Jahre währende Zusammenarbeit zwischen dem Ehepaar und der Wesenheit Seth, die gewöhnlich zweimal die Woche jeweils am Abend den beiden ihre Lehre diktierte. Der äußere Ablauf dieser Sitzung war wie folgt: Jane Roberts ging spontan in eine sehr tiefe Trance und begann die Lehre von Seth zu diktieren – heute würde man sagen zu channeln –, und ihr Mann Rob schrieb das Gehörte mit.

Der Leser des Seth-Materials steht nun vor einem bekannten Problem: Was soll ich davon halten? Seths Lehre stellt einen gewaltigen kosmologischen Entwurf dar, in dem ein multidimensionales Universum mit multidimensionalen Formen des Psychischen beschrieben wird, was unserer Alltagserfahrung geradezu diametral entgegengesetzt ist. Wir werden später noch einige Elemente dieses Modells näher beschreiben. Wie kam es also, daß so viele Menschen von der Lektüre des Seth-Materials fasziniert waren? Natürlich kann ich diese Frage nicht für die Hunderttausenden von anderen Lesern beantworten, aber mir scheint doch, daß meine eigene Faszination an diesem Material, die ich in den 70er Jahren empfand, und die Faszination, die viele andere Seth-Leser empfanden, mit denen ich mich austauschte, alle etwas gemeinsam hatten: Das Material eröffnete eine Möglichkeit, wie man die eigene Lebenswelt schöpferisch von innen nach außen gestalten kann, an die wir bisher so nicht gedacht hatten.

»Seth zufolge gestalten wir unsere materielle Welt ebenso unwillkürlich, wie wir atmen. Wir sollten sie nicht für ein Gefängnis halten, aus dem wir eines Tages fliehen, auch nicht für eine Todeszelle, aus der jedes Entkommen unmöglich ist. Statt dessen sollten wir uns bewußt sein, daß wir unsere materiellen Bedingungen erschaffen, um in der dreidimensionalen Realität unserer Welt handeln, unsere Fähigkeiten entwickeln und anderen helfen zu können. Alles Materielle sei wie plastischer Stoff, den wir gebrauchen und nach unserem Wunsch formen können, nicht wie eine in Zement gegossene Mulde, in die unser Bewußtsein hineingeschüttet wurde. Ohne es zu bemerken, würden wir unsere Vorstellung nach außen projizieren und damit unsere körperlich-materielle Realität schaffen. Unser Körper sei die Materialisation dessen, was wir zu sein denken. Der Mensch sei schöpferisch, und diese Welt sei unser aller gemeinsame Schöpfung.« (Das Seth-Material, S. 136)

Wenn wir diese Betrachtungsweise übernehmen, bedeutet dies, daß alles, was uns in der Welt begegnet, auf die eine oder andere Weise Produkt der Manifestations-Power von uns selbst und allen anderen Menschen ist. Wenn uns also etwas in unserem Leben nicht gefällt, brauchen wir nur nach innen zu gehen, um unsere Vorstellungen so zu verändern, daß sich die Realität im Sinne unserer Ziele und Wünsche verändert.

Wenn wir diese Formulierung hören, sind wir uns vielleicht als Erwachsene nicht sicher, ob es sich hier nicht um eine Art kindlicher Omnipotenzphantasie handelt, in der wie im Märchen die Gedanken und Wünsche eine magische Kraft über die Wirklichkeit haben, oder ob uns hier ein geheimes esoterisches Wissen zuteil wird.

Damit sind wir auch schon bei einem der zentralen Probleme der Lektüre von Offenbarungstexten oder – wie wir heute sagen würden – von gechannelten Informationen. Es stellt sich nämlich unweigerlich die Frage nach der Legitimität, der Überprüfbarkeit und der Nützlichkeit dieser Informationen. Wenn wir uns in diesem Sinne die von Seth übermittelte Lehre ansehen, so können wir den Inhalt der Lehre grob in drei große Kategorien einteilen:

1. Die Beschreibung von unsichtbaren und für unsere heutige Naturwissenschaft unzugänglichen Bereichen des mehrdimensionalen Universums, und der darin existierenden Zeitstruktur, an die wir nur glauben können, da wir sie nicht direkt überprüfen können.
2. Dasselbe gilt für die Identifikation Seths selbst. Ob die Stimme, die aus Seth heraus spricht, das ist, was sie von sich selbst behauptet, ist etwas, was wir nicht überprüfen können.
3. Die Nützlichkeit der übermittelten Informationen läßt sich leicht dadurch überprüfen, daß wir untersuchen, welche neuen Handlungs- und Erlebnisweisen diese Informationen ermöglichen.

Zum ersten Punkt ist an dieser Stelle noch zu sagen, daß selbst die esoterischen Techniken des Klarträumens oder der sogenannten Out of Body Experiences u. ä. über den Realitätsstatus der so gewonnenen Informationen natürlich wenig aussagen. Das gleiche gilt für durch Drogen hervorgerufene Erlebnisse, wie sie z. B. im Schamanismus vorkommen. Ob diese Erlebnisse ein Aspekt des allgemein Psychischen sind (Archetypen im Sinne

Jungs), ob sie Ausdruck des Zugangs zu einem morphogenetischen Feld (Sheldrake) sind, ob sie Ausdruck individueller unbewußter Ideale sind, oder ob sie eine Art Fernwahrnehmung von anderen Realitätsdimensionen sind, ist letztendlich nicht überprüfbar und bleibt somit im Rahmen des unverbindlichen Glaubens oder Nichtglaubens.

Die Faszination des Sethschen Materials läßt sich so gesehen sicherlich doppelt beschreiben: Sie erweckt bei dem Leser den Eindruck, als wenn er nun in eine geheime Sicht des Lebens und des Universums eingeweiht wurde, die die Trostlosigkeit der modernen Naturwissenschaft weit hinter sich läßt. Allerdings um einen Preis, daß dieses Wissen in keiner Weise die operative Macht des Wissens aufweist, das auf der Basis der Naturwissenschaften erlangt wurde. Dieses Wissen ermöglicht uns, Brücken zu bauen, Autos zu konstruieren und zum Mond zu fliegen. Es ist also im wahrsten Sinne des Wortes praktisch.

Dort allerdings, wo Seth über das Verändern von Glaubenssätzen und Vorstellungen redet, die es uns ermöglichen sollen, unsere Welt so umzugestalten, wie es unseren Wünschen und Bedürfnissen entspricht, wird seine Lehre ebenfalls praktisch anwendbar. Und an diesem Punkt zeigt sich dann auch ihre Macht. Gleichzeitig tritt sie allerdings in Konkurrenz oder in einen Wettbewerb mit all den nicht-esoterischen Lehren, die sich mit diesem Thema beschäftigen, wie unsere psychische Realität unser Verhalten, unser Erleben und unsere materiellen Umweltbedingungen sowie die Interaktionen mit unseren Mitmenschen beeinflußt. Hier insbesondere Philosophie, Psychologie und die verschiedenen psychotherapeutischen Methoden.

Das Verändern von Glaubenssätzen und subjektiven Vorstellungen gehört zum Kernbestand des neurolinguistischen Programmierens (NLP). Und so lag es nahe, daß viele, die sich in den 70er Jahren mit Seth beschäftigt haben, ein spontanes Interesse für NLP entwickelt haben. Denn sie glaubten, und zwar zu Recht, daß sie mit Hilfe des NLP noch besser in der Lage sein würden, ihre inneren Vorstellungen und Glaubenssätze zu verändern.

Wie allerdings der Übertragungsprozeß von Vorstellung und Glaubenssätzen in die Realität zu verstehen ist, darin unterscheiden sich NLP und die Seth-Lehre grundsätzlich. Um dies zu veranschaulichen, möchten wir im folgenden kurz die grundlegenden Vorstellungen skizzieren, die Seth entwickelt, um diesen Zusammenhang verständlich zu machen. Es geht hier also um die Frage, wie ist das Verhältnis von Natur, d. h. der körperlich-materiellen Realität, und dem Inneren, dem subjektiven Erleben oder dem Bewußtsein, zu verstehen.

Für Seth ist das Ursprüngliche immer das Bewußtsein:

»Moleküle und Atome und sogar die noch kleineren Partikel haben ein gleichsam verdichtetes Bewußtsein. Diese bauen Zellen auf und bauen somit auch ein eigenes Bewußtsein der Zelle auf. Diese Verbindung ergibt ein Bewußtsein, das zu reicherer Erfahrung und zur Bewältigung größerer Aufgaben fähig ist, als es einem isolierten Atom oder Molekül möglich wäre. Diese Kombinationskette geht ad infinitum so weiter und baut letztendlich den Mechanismus des Körpers auf. Selbst die kleinsten Partikel behalten ihre Individualität und ihre Fähigkeiten, obwohl diese aufgrund ihrer Zusammenarbeit miteinander millionenfach multipliziert werden.

Alles Stoffliche ist Ausdruck der Manipulation und Transformation psychischer Energie, die gewissermaßen über Bausteine vor sich geht.« (Das Seth-Material, S. 137)

Das Materielle und die ständige Neuschöpfung im materiellen Bereich sind also Ausdruck einer psychischen Energie und mehr noch, die psychische Energie schafft das Stoffliche.

»Wenn die individualisierte Energie Eurem besonderen Erlebnisfeld der Wirklichkeit näherkommt, drückt sie sich aus und erschafft Stoffliches. Doch solche Schöpfung findet, wie gesagt, ständig statt.« (Das Seth-Material, S. 138)

Hier stellt sich sofort die Frage, um wessen psychische Energie es sich hier eigentlich handelt. Um die eines Schöpfergottes einer Weltseele? Der Text klingt so, als wenn es sich um eine direkte Negation oder das Spiegelbild einer materialistischen Weltauffassung handelt. Bei dieser besteht der Urgrund des

Seins aus Materie, und die seelischen oder psychischen Formen sind nur eine Begleiterscheinung davon. In unserem Text scheint es nun gerade umgekehrt zu sein: Der Stoff, die Materie, ist nur ein Oberflächenphänomen des Psychischen. Nach Seth ist die materielle Welt also das Endergebnis innerer Aktivität. Wobei an dieser Stelle schon darauf hingewiesen werden soll, daß der Ausdruck innerer Aktivität nur verständlich ist, wenn eine Vorstellung der äußeren Realität besteht. Um nun erklären zu können, wie die nichtmaterielle Bild- und Vorstellungswelt auf die Materie unserer Körper, also auf unsere Körperchemie, einwirkt, wiederholt Seth eine Konzeption, die wir aus der Biologie und Medizin schon kennen, nämlich den Vitalismus. Er behauptet, es gibt eine Vitalenergie, die die Vermittlung leisten soll zwischen den Gedanken und der biochemischen Realität unseres Körpers.

»Mit der Zirbeldrüse sind geistige Enzyme verbunden. Die im menschlichen Organismus wirkenden Chemikalien sind zwar, wie ihr sie kennt, stofflicher Art, aber die sie antreibende Kraft ist die Vitalenergie, und diese verfügt, in sich gesammelt, über alle notwendigen Antriebskräfte, damit jeder Gedanke oder jedes Vorstellungsbild in materielle Tatsächlichkeit umgesetzt werden kann. Sie bewirken im Körper eine Art Fortpflanzung des inneren Bildes. Sie sind sozusagen die Funken, die die Umsetzung in Gang bringen.

Der Initialgedanke bzw. das Initialbild ist zunächst bloß geistig vorhanden, aber dann werden diese Gedanken oder Bilder durch die Funken der die geistigen Enzyme antreibenden Energie sozusagen entfacht und zur Materialisierung gedrängt.« (Das Seth-Material, S. 146)

Die hier vorgestellte Dynamik und Problematik ist uns aus der Philosophie und Biologie als das altbekannte Leib-Seele-Problem vertraut. Hier handelt es sich um die Frage, wie soll es möglich sein, daß etwas rein Geistiges, also völlig Immaterielles, auf etwas stofflich Materielles einwirkt? Die Lösung dieses Problems war immer die Vorstellung einer dritten vermittelnden Kraft, in diesem Fall die Vitalenergie, die uns als Entelechie aus der Vitalismuskonzeption der Biologie des 19. Jahrhunderts vertraut ist. Wenn also die Vitalenergie den physischen Körper aufbaut plus seine Form und seine Aktionen determiniert, dann stellt sich natürlich sofort die nächste Frage, nämlich wie der Übergang dieser primär geistigen Bilder und Vorstellungen in die materielle Welt zu erfolgen hat, oder anders gefragt: Was passiert an der Körpergrenze der Haut? Die klassische Vorstellung, die jeder von uns jeden Tag zur praktischen Grundlage seines Handelns macht, besteht einfach darin, daß sich Bilder und Vorstellungen dadurch in der materiellen Welt realisieren, daß wir *arbeiten.* Das heißt, wir übersetzen unsere Bilder und Vorstellungen in eine Folge von Handlungen. Wenn ich die Vorstellung habe, daß ich gerne das Geschirr abgewaschen haben möchte, dann beginnt eine Reihe von Handlungen: Wasser einlassen, Spülmittel dazugeben, Geschirr ins Wasser tun, abwaschen, trocknen lassen, einräumen. Diese Folge von Handlung ist notwendig, um in der materiellen Welt eine Vorstellung zur Realität kommen zu lassen. So aber nicht in der Konzeption von Seth. Hier geht der rein geistige Materialisationsprozeß weiter:

»Dann finden durch die Haut Strahlungen zur Außenwelt statt, die verschlüsselten Anweisungen und Informationen.

Die körperlich-materielle Umwelt ist ebenso ein Teil von Euch wie Euer Körper. Ihr beherrscht sie vollständig, denn ihr erschafft sie, wie Ihr Eure Fingerspitzen erschafft. (...) Gegenständliches ist aus dem gleichen Pseudostoff aufgebaut, der Eurem körperlichen Erscheinungsbild entströmt und außerdem strahlt, nur ist die Masse alles Gegenständlichen dichter. Ist die Masse dicht genug, erkennt Ihr sie als Gegenstand. Masse geringerer Dichte ist für Euch nicht wahrnehmbar.« (Das Seth-Material, S. 146)

Wenn wir unter Manifestation die Fähigkeit oder den Prozeß verstehen, Vorstellungen in Wirklichkeit zu übertragen, dann existiert hier ein prinzipieller Unterschied zwischen der Lehre Seths und unserem Alltagsverständnis. In unserem Alltagsverständnis geht diese Manifestation nur über Arbeit, über konkrete Handlung. Bei Seth scheint es allerdings so zu sein, daß er sich vorstellt, allein Denken, Wünschen und Träumen entläßt

Energien in die Umwelt, die sich je nach Intensität mehr oder weniger deutlich sichtbar manifestieren. An dieser Stelle drängt sich die Frage auf, warum es dann nicht möglich ist, bzw. noch nie gemacht wurde, daß sich jemand ein Grundstück kauft, sich dort hinsetzt, sich ein Schloß samt Inneneinrichtung wünscht und es nach einer Weile tatsächlich auf der Wiese steht. Die Art von Manifestation, die Seth hier beschreibt, ist uns übrigens geläufig aus den Beschreibungen verschiedener esoterischer Lehren darüber, wie es angeblich auf anderen Realitätsebenen, z. B. der Astralebene, zugehen soll. Von diesen Ebenen wird häufig behauptet, daß hier zwischen Gedanke und Wunsch und seiner Manifestation praktisch keine Zeitdifferenz existiert. Allerdings gibt Seth nirgends an, was man wie tun soll, oder kann, um in diesem Sinne materielle Realität wie ein Haus, ein Auto, ein Rennpferd oder was auch immer zu erzeugen.

»Jeder Nerv und jede Faser Eures Körpers verfügen über einen inneren Sinn, den man nicht sehen kann, der jedoch dazu dient, das innere Selbst mit der körperlichen Realität zu verbinden, und der dem inneren Selbst die Fähigkeit verleiht, körperlich Materielles zu erschaffen. In einer Hinsicht fliegen sozusagen der Körper und alles Gegenständliche aus dem inneren Kern des gesamten Selbst heraus in alle Richtungen.« (Das Seth-Material, S. 147)

Aus dem Gesagten folgt natürlich, daß das uns umgebende Materielle eine Übersetzung, ein Spiegelbild unseres bewußten und unbewußten Wollens, Wünschens, Vorstellens, Befürchtens usw. darstellt. Wenn wir also die uns umgebende materielle Realität ansehen, sehen wir in übertragener Form uns selbst. Diesen Gedanken kann man auch vom NLP-Standpunkt oder von anderen psychotherapeutischen Standpunkten aus unterschreiben. Allerdings ist die Manifestationstheorie Seths' und unsere grundsätzlich unterschieden. Nach unserer Vorstellung verändern wir die materielle Realität durch Arbeit und nicht durch Vorstellung. Allerdings soll durch diese Behauptung nicht geleugnet oder prinzipiell in Abrede gestellt werden, daß unser subjektives Erleben auf vielfältige Weise mit dem großen Ganzen, in das wir eingebettet sind verbunden ist, so daß Phänomene wie Telepathie, Synchronizität und ähnliches möglich sind. Für diese Vorstellung ist allerdings die Konzeption einer Pseudomaterie, einer Vitalenergie oder ähnlichem nicht notwendig.

»Denn Ihr laßt Eurer Imagination zu viel Freiheit. Ihr müßt sie in den Dienst Eurer Wünsche stellen. Ich habe wiederholt erklärt, daß Eure Lebensumstände und Eure Umgebung das unmittelbare Ergebnis Eurer eigenen inneren Erwartungen sind. Dabei spielt selbstverständlich Eure Imagination eine wichtige Rolle.

Wenn Ihr Euch traurige Lebensumstände vorstellt, wenn Ihr von einem schlechten Gesundheitszustand oder verzweifelter Einsamkeit ausgeht, so werden sich diese Vorstellungen unfehlbar verwirklichen. So schafft Ihr die Bedingungen und den Automatismus für deren Verwirklichung. Wenn Ihr Euch Gesundheit und Wohlbefinden wünscht, müßt Ihr Euch das lebhaft und möglichst bildhaft vorstellen, wie Ihr in Angst Euch das Gegenteil vorstellt.« (Das Seth-Material, S. 189)

Dies würde ein sehr großer Teil von Psychologen und Psychotherapeuten bestätigen, allerdings würden diese davon ausgehen, daß durch die Vorstellungen von Angst oder dem nicht Gelingen einer Freundschaftsbeziehung und ähnlichem unser Verhalten und unsere Handlungen so gestaltet werden, daß sie zu einer selbsterfüllenden Prophezeiung werden. An dieser Stelle könnte man nun den Eindruck bekommen, die Frage nach der Manifestation, nach dem Manifestationsmechanismus, sei von zweitrangiger Bedeutung gegenüber der Erkenntnis, daß wir in Übereinstimmung mit unserer bewußten und unbewußten Vorstellung über uns selbst und die Welt unsere Lebensumstände kreieren. Dies ist teilweise zutreffend, allerdings ist die konsequente Befolgung der Sethschen Konzeption ein ins Absolute gesteigertes positives Denken. Denn wenn es nur notwendig ist, meine inneren Vorstellungen zu verändern, dann bleibt für die Handlung nichts mehr zu tun, und die Vorstellung einer widerständigen Welt, die meinen Vorstellungen eine absolute Grenze setzt, existiert nicht mehr. Dies widerspricht jedoch jeder Alltagserfahrung. Nur weil ich mir vorstelle, daß morgen schönes Wetter wird, oder es mir heftig wünsche, wird es noch lange nicht eintreten. In der Sethschen Vorstellung verschwindet die eigenständige Materialität der Welt und ihrer Eigengesetzlichkeit völlig zugunsten eines Panpsychismus. D. h., da alles beseelt ist und alles Bewußtsein hat und jeder Gedanke meinen Bewußtseinsraum in Form von Pseudomaterie verläßt, ist die Frage der Umgestaltung der materiellen Realität ausschließlich eine Frage der Intensität des Wünschens und Vorstellens.

Dieser Vorstellung entspricht entwicklungspsychologisch die Zeit, als wir als Kleinkind noch keine Grenze zwischen unserer Mutter und den materiellen Dingen drumherum kannten. Es schien selbstverständlich, daß auf unser Schreien nach kurzer Zeit die Antwort in Form der mütterlichen Fürsorge erschien. Jeder innere Impuls wurde im Idealfall sofort oder mit geringer zeitlicher Verzögerung beantwortet. Daß diese Antwort allerdings nicht auf einem Automatismus oder auf einem Mechanismus beruhte, sondern auf der Liebe eines anderen Subjekts, das sich entschloß, auf unsere Signale zu antworten, das dies aber auch genausogut verweigern kann, ist die schmerzliche Erfahrung, der keiner entgeht, der über dieses Entwicklungsstadium hinausgekommen ist. Jeder von uns hat erfahren, daß unser Wünschen, Sehnen und Vorstellen ein innerer Prozeß ist, der sich eben gerade nicht bruchlos in die Welt um uns herum fortsetzt, sondern dessen Fortsetzung gelernt sein will. Mit Mühe, Freude, Enttäuschung, mit dem, was wir lernen und Erfahrung sammeln nennen.

»Ihr könnt Euren Geistes- und Gefühlshaltungen nicht entfliehen, denn sie färben den Inhalt dessen, was Ihr seht. Ihr seht, ganz wörtlich genommen, das, was Ihr sehen wollt. Und Ihr seht dann später den Inhalt Eurer Haltungen materiell verwirklicht. Wenn Wechsel stattfinden sollen, müssen sie zunächst geistig und gefühlsmäßig stattfinden. Negative, d. h. mißtrauische, ängstliche oder herabsetzende Haltung gegen andere, arbeiten gegen das Selbst.« (Das Seth-Material, S. 189)

Auch in diesem Zitat ist eine wichtige Erkenntnis der modernen Psychologie und Psychotherapie ausgesprochen. Nämlich das, was wir gemeinhin Wahrnehmungsfilter nennen. Wahrnehmungsfilter und Erwartungshaltungen, die unsere Wahrnehmung der uns umgebenden Realität färben und beeinflussen. Aber wie das Wort Filter schon sagt, schafft ein Filter nicht das, was er filtert, sondern er läßt eben nur bestimmte Informationen durch und andere nicht, bzw. verzerrt bestimmte Informationen. Bei Seth ist die Vorstellung allerdings viel radikaler, hier sehen wir nur das, was wir zuerst tatsächlich nach draußen projiziert haben. Die Radikalität dieser These ähnelt übrigens einer Position, wie sie z. B. in der Theorie autopoietischer Systeme von Maturana entwickelt worden ist. Hier wird das Gehirn als ein informationell geschlossenes System aufgefaßt, das zwar an seinen äußeren Rändern, den Sinnesorganen, perturbiert, gestört werden kann, das aber nur in der Lage ist, auf seine eigenen systeminternen Reize zu reagieren. Und insofern sieht, fühlt, schmeckt usw. das Gehirn nie ein Objekt draußen in der Welt, sondern es reagiert nur auf seine eigenen internen Reize. In dieser Theorie wird der Kontakt zur materiellen Realität dann über den Begriff der Viabilität hergestellt. D. h., wenn ein System in seinen inneren Konstruktionen zu weit von den Lebensbedingungen seiner Umwelt abweicht, dann stellt sich heraus, daß diese Konstruktionen nicht viabel, lebensfähig sind, was zur Folge hat, daß das Individuum bzw. die gesamte Art ausstirbt. Beispiel: Wenn ein Mensch glaubt, daß er fliegen kann, wenn er davon hundertprozentig überzeugt ist und aus dem Fenster eines Hochhauses springt, so wird sich nach einigen Sekunden herausstellen, daß diese Vorstellung nicht viabel, nicht überlebensfähig ist. Der Organismus wird am Boden zerschellen. Die Frage der Viabilität oder des Realitätsbezugs wird bei Seth selbst nie aufgeworfen. Kommen wir nun zu der Konzeption von Kommunikation und Intersubjektivität, wie wir sie bei Seth vorfinden.

»Du mußt noch etwas verstehen, sagte Seth. Telepathie ist da im Spiel. Wenn Du ständig von einem Menschen erwartest, daß er sich auf eine bestimmte Art verhält, so sind es telepathisch übermittelte Suggestionen, deren Wirkung nicht ausbleiben kann. Jeder Mensch reagiert auf Suggestionen. Den jeweils gegebenen Bedingungen entsprechend wird ein Mensch mehr oder weniger von solchen Fremdsuggestionen überwältigt.« (Das Seth-Material, S. 190)

In der Tat wissen wir heute, daß diese Aussage in weiten Bereichen zutreffend ist. Wenn wir von anderen Menschen eine bestimmte Erwartung haben, wirkt sich diese Erwartung in extrem starker Weise als Suggestion aus.

Das Seth-Material war zu seiner Zeit sicherlich sowohl quantitativ als auch qualitativ das anspruchsvollste gechannelte Material, das es gab. Und es stellt in einem gewissen Sinne den Startpunkt eines Channeling-Booms dar. Nach Seth wurde so ziemlich alles gechannelt, was man sich vorstellen kann. So wurden andere Wesen, wie z. B. Ramtha gechannelt, andere channelten Botschaften von Wesen aus anderen Teilen des Weltraums, z. B. von den Plejaden, wieder andere channelten Botschaften von Walen oder Delphinen. Doch wenn man den großen Bereich des gechannelten Materials sichtet, so macht man – egal, was man über die Möglichkeit von Kontakt mit Außerirdischen, Verstorbenen usw. halten mag – eine recht ernüchternde Feststellung: erstens gehen die philosophisch-religiösen Informationen dieser Texte nirgends über das hinaus, was strukturell und thematisch bereits erreicht worden ist. Und zweitens, was mir persönlich noch viel wichtiger ist, stellen sie an keiner Stelle auf der pragmatischen Ebene Informationen zur Verfügung, die nicht auf die eine oder andere Art und Weise von innerweltlichen Quellen, wie Wissenschaftlern, Psychotherapeuten usw. in qualitativ besserer und genauerer Form bereits entwickelt worden sind. Was sie allerdings leisten, ist, daß sie die gegebenen Informationen in einen neuen Mythos einkleiden, der unserem Bedürfnis nach einem umfassenden Weltverständnis – Woher komme ich? Wohin gehe ich? Was ist der Sinn des Ganzen? – neue Bilder und Motive geben. Insofern ist für mich die Frage, was kann ich mit den gechannelten Informationen tun, was ich ohne sie nicht tun könnte, leicht zu beantworten. Dies sagt allerdings noch gar nichts darüber aus, welchen Wirklichkeitsgehalt wir der Konzeption des multidimensionalen Universums, des multidimensionalen Selbst, der Reinkarnationslehre usw., beimessen.

An dieser Stelle möchte ich allerdings noch eine kleine Überlegung einflechten, die mir von prinzipiellem Interesse zu sein scheint. Da ich mich in den 70er Jahren nicht nur mit Seth, sondern auch mit anderen esoterischen Lehren intensiv beschäftigt habe, scheint mir folgendes Phänomen typisch zu sein. Dadurch, daß die Techniken, die im Rahmen einer spirituellen Lehre gelehrt werden, in dem Bedeutungsbereich von Geheimwissenschaft, Initiation usw. auftauchen, werden sie auf eine andere Weise rezipiert als Techniken, die im Rahmen eines psychologisch-therapeutischen Systems angeboten werden. So erwartet man wie selbstverständlich von Techniken wie autogenem Training, Silva Mind Control, NLP und ähnlichen, daß sie mit einiger Übung und richtiger Anwendung bei den meisten Menschen funktionieren. Und man erwartet eine gewisse Differenziertheit, die es einem ermöglicht, für die unterschiedlichen Formen von Problemen, Aufgaben und Zielsetzungen auch ein entsprechend differenziertes Arsenal von mentalen Techniken zur Verfügung gestellt zu bekommen. Anders bei den Techniken im Bereich der verschiedenen esoterischen Lehren. Hier wird behauptet, daß einfachste Visualisierungsübungen zu geradezu spektakulären Erlebnissen führen sollen. So behaupten verschiedene Lehren, daß man durch einfache Imaginations- oder Kontemplationstechniken außerkörperliche Erfahrungen herbeiführen könne. Andere wiederum behaupten, daß durch die Imagination von Licht, verschiedenen Farben und unterschiedlichen Körperteilen Heilung und Schutz hervorgerufen werden kann.

Die interessante Beobachtung scheint mir nun darin zu bestehen: Was passiert, wenn die Technik nicht den gewünschten Erfolg hat? Bei einer psychologischen Technik würde man nach kurzer Zeit sagen, entweder sie taugt nichts, oder sie ist für mich nicht die geeignete, jedenfalls würde man sie fallenlassen. In esoterischen Kreisen ist mir jedoch immer wieder die Bereitschaft begegnet, an offensichtlich nichtfunktionierenden Techniken festzuhalten. Und selbst etwas so Einfaches wie das monotone innere Aufsagen eines Mantras wird dadurch, daß der Prozeß der Übergabe des Mantras geheimnisvoll und unverständlich bleiben soll, zu etwas ganz Besonderem. Und offensichtlich wird damit ein tiefes Bedürfnis befriedigt. Zwar nicht ein tiefes Bedürfnis nach dem Funktionieren einer Technik, aber ein tiefes Bedürfnis nach der Teilhabe an etwas Heiligem, Magischem, an etwas, was der alltäglichen profanen Wirklichkeit entrückt ist. Mißerfolg der Technik wird dann interpretiert als persönliche Schuld, als unaufgearbeitetes Karma, als Mangel an persönlicher Reife oder einfach als noch nicht genug geübt. Damit ist aber die Technik in ihrer Wirkungsweise gegen jede Kritik immun. Und da sie aus einer Quelle kommt, die entweder außerhalb unserer Welt ist, wie Seth, oder innerhalb unserer Welt, wie ein Guru, aber doch von einem Ort, der eben ganz anders ist, z. B. erleuchtet, wird sie keiner inhaltlich kritischen Prüfung entzogen. Wie kann ein Normalsterblicher es wagen, eine Technik beurteilen zu wollen, die von einer solchen Autorität stammt! Selbst wenn sie noch so sehr völlig gängigen Visualisierungs- oder Mentaltechniken gleicht, die es zu Hunderten auf dem Markt für psychologische Selbsthilfeprogramme gibt.

Insofern ist unser Buch »Seth und NLP« für die Menschen gedacht, die u. a. durch die Lektüre von Seth auf den Geschmack gekommen sind, ihr eigenes Leben selbst in die Hand zu nehmen und dadurch zu gestalten, daß sie beginnen, ihre sowohl bewußte als auch unbewußte Vorstellungswelt zum Gegenstand ihres aktiven Gestaltungswillens zu machen. Die Vielzahl von Techniken und Möglichkeiten, die wir im folgenden aufgelistet haben, haben sich in unserer zehnjährigen Berufserfahrung als die für die Arbeit mit sich selbst am sinnvollsten erwiesen. Wir möchten aber nicht versäumen darauf hinzuweisen, daß es bei sehr schwerwiegenden Problemen meistens notwendig ist, einen Therapeuten zu haben, also ein Gegenüber, das uns hilft, die für die Veränderung nötige Distanz zum Problem aufrechtzuerhalten.

So ist vielen von uns bekannt, daß z. B. das Vorurteil von Lehrern gegenüber Schülern bezüglich ihrer Intelligenz deren Leistungsfähigkeit erheblich beeinflußt. Ob dies allerdings das Resultat von Telepathie ist oder einfach Ausdruck der Reaktion, die wir auf verbale und nonverbale Kommunikation von anderen Menschen zeigen, ist eine ganz andere Frage.

»Wenn ein Mensch in einem Zustand der Verzweiflung ist, bedeutet dies, daß er schon ein Opfer destruktiver Suggestionen ist, die ihm andere oder er sich selbst eingegeben haben. Wenn Du den Mann Deiner Wahl siehst und dabei denkst, er sehe elend aus oder er sei ein unheilbarer Trunkenbold, dann werden diese Suggestionen von ihm unterbewußt empfangen, auch wenn Du kein Wort sagst, und in seinem ohnedies schon geschwächten Zustand wird er sie akzeptieren und sich dementsprechend verhalten.

Statt dessen solltest Du unter allen Umständen Dir selbst Halt gebieten. Denke an ihn wohlwollend und sage Dir: Es geht ihm besser, ich helfe ihm; da er nur trinkt, wenn er verzweifelt ist, sorge ich dafür, daß er voll Hoffnung ist. So unterstützt Du ihn tatkräftig. Aufbauende Suggestion dieser Art werden ihm auf jeden Fall helfen, seine Verzweiflung zu überwinden.« (Das Seth-Material, S. 190)

Auch in diesem Zitat wechselt die Beschreibung Seths zwischen einer Beobachtung, die wir in der heutigen Psychotherapie als Labeling (etwas etikettieren) bezeichnen, und einem geradezu naiv-rührend wirkenden Glauben an die Kraft positiver Erwartungshaltung. Jeder, der therapeutisch mit Alkoholikern gearbeitet hat, wird sich wundern, wie man ernsthaft glauben kann, daß allein diese naiv-wohlwollende Vorstellung von dem anderen eine Heilung bewirken könne. Dabei soll natürlich in keiner Weise abgestritten werden, daß eine solche ressourcenorientierte Haltung einem Klienten oder einem anderen Menschen gegenüber sinnvoll und unterstützend ist. Hier soll lediglich bestritten werden, daß dies als therapeutische Unterstützung in irgendeinem Sinne ausreichend sein könnte. Als nächstes beschreibt Seth das Phänomen der Projektion.

»Ein anderes Beispiel: Ein sehr fleißiger Mensch glaubt, die Mehrzahl der anderen Menschen sei faul und zu nichts gut. Niemand würde von sich selbst denken, er sei faul und zu nichts gut, und doch kann genau dies das Bild eines eigenen Unbewußten sein, gegen das er ständig ankämpft. Und das alles spielt sich ab, ohne daß er sein mißratenes Selbstbild erkennt und ohne sich bewußt zu sein, daß er seine gefürchtete Schwächen nach außen auf andere projiziert.« (Das Seth-Material, S. 191)

Das Phänomen der Projektion ist ein schönes Beispiel dafür, wo die Grenzen des rein positiven Denkens liegen. Hier besteht die Heilung eben nicht darin, die aus dieser Projektion resultierenden Konflikte mit anderen Menschen durch harmonisierende Vorstellung zu übertünchen, was nur zu einem inkongruenten Verhalten führen würde, sondern darin, eine höhere Stufe der Selbsterkenntnis zu erreichen. Wie Seth selbst erkennt:

»Wahre Selbsterkenntnis ist unverzichtbar für Gesundheit und Vitalität. Die Erkenntnis der Wahrheit über sich selbst besteht wesentlich darin, daß Du entdecken mußt, was Du unbewußt von Dir selbst hältst. Ist es ein gutes Selbstbild, baue darauf auf. Ist es kein gutes Bild, erkenne, daß dies nur die Meinung ist, die Du von Dir selbst gebildet hast, keineswegs aber eine unabänderliche Tatsache.« (Das Seth-Material, S. 192)

Hinter die Erkenntnis, daß Gesundheit und Vitalität nur durch Selbsterkenntnis möglich sind, fällt Seth allerdings selbst wieder zurück. So empfiehlt er Jane bezüglich ihrer Kopfschmerzen folgendes:

»Du solltest Dir häufig selbst sagen: ›Ich reagiere nur auf aufbauende Suggestionen.‹ Das bietet Dir einen gewissen Schutz gegen eigenes negatives Denken wie auch gegen das anderer. Negatives Denken zeitigt regelmäßig negative Folgen: Es führt zu depressiven Stimmungen und eben oft auch Kopfschmerzen herbei.

Wenn Du also bei Dir Kopfschmerzen feststellst, sage Dir sofort: ›Das ist Vergangenheit. Jetzt ist ein neuer Augenblick, eine neue Gegenwart, ich fühle mich schon besser.‹ Dann lenke Deine Aufmerksamkeit von Deinem körperlichen Zustand ab. Konzentriere Dich auf etwas Erfreuliches, oder wende Dich einer anderen Arbeit zu. Auf diese Weise suggerierst Du Dir nicht länger, Dein Körper bringe Deine Kopfschmerzen hervor.« (Das Seth-Material, S. 192)

Auch gegen diese Vorstellung, die typisch für positives Denken ist, sei hier mit Seths eigener Einsicht argumentiert. Die Kopfschmerzen können als Symptom eine wichtige Mitteilung über etwas sein, was die Person bisher nicht ins Bewußtsein vordringen lassen wollte. Und insofern ist das Verdrängen bzw. das Umlenken der Aufmerksamkeit gerade ein Ausweichen der von Seth selbst empfohlenen Selbsterkenntnis. Kurz danach allerdings gibt er wieder einen sehr sinnvollen Rat: Ruburt (Seths Name für Jane) sollte versuchen, sich anstauende Haßgefühle zu erkennen und sich ihrer zu erinnern. Dann sollte er aber auch erkennen, daß diese Haßgefühle unnötig sind. Dann sollte er sich vorstellen, wie er seinen Haß an den Wurzeln herausreißt, wobei er sich den Vorgang des Ausreißens bildhaft vorstellen soll. Die Imagination des Vorgangs ist positives Handeln.

»Darin besteht der Unterschied: Statt schädliche Gedanken unterdrücken, positives Handeln. Unterdrückt man Haßgefühle, so werden sie unter den Teppich gekehrt und bleiben unbeachtet. Aber sie schwelen unterbewußt weiter. Werden sie in der Vorstellung als etwas Unerwünschtes ausgerissen, so erlangst Du, Ruburt, Frieden und bist in Deinem inneren Gleichgewicht, und frei können sich Deine Energien entfalten.« (Das Seth-Material, S. 193)

Hier gibt Seth ein Beispiel für eine von ihm empfohlene Visualisierungstechnik. Nämlich die Vorstellung, die Haßgefühle auszureißen. Daß diese Visualisierungstechnik im Einzelfall positive Wirkungen zeitigen könnte, soll hier ausdrücklich anerkannt werden. Und in vielen modernen Psychotherapien werden solche kleinen Visualisierungsübungen benutzt. Allerdings muß man auch darauf hinweisen, daß aus unserer psychotherapeutischen Erfahrung heraus nur ein sehr kleiner Teil von tiefverwurzelten Haßgefühlen durch eine solche simple Visualisierungsübung nachhaltig therapiert werden kann. Des weiteren gibt Seth einige Ratschläge, wie man mit den eigenen Gefühlen umgehen sollte:

»Gefühle fliegen durch Euch hindurch, sie sind wie bedrohliche Sturmwolken oder heiter blauer HImmel. Ihr solltet offen für sie sein und sie zulassen. Versteht aber: Ihr seid nicht der Inhalt Eurer Gefühle. Sie fliegen durch Euch hindurch. Ihr nehmt sie wahr, fühlt sie. Und dann verschwinden sie. Wenn Ihr versucht sie zurückzustauen, baut Ihr sie auf wie Berge.« (Das Seth-Material, S. 194)

Dieser Beschreibung können wir uneingeschränkt zustimmen. Der Mensch ist nicht sein Gefühl, und wenn wir unsere primären Gefühlsäußerungen geschehen lassen, bleiben wir im Fluß mit uns selbst, wenn wir sie aber aufstauen und statt dessen Ersatzgefühle erzeugen, z. B. Wut statt Angst, sind wir mit uns selbst nicht mehr im Fluß und werden krank. Allerdings würde ich nicht sagen, daß diese primären Gefühle nur durch uns hindurchfliegen und mit uns nichts zu tun haben. Sie sind vielmehr die primäre emotionale Reaktion unseres Selbst auf die Situationen, die uns begegnen. Natürlich kann ich mich gedanklich und erlebnismäßig von diesen Gefühlen distanzieren, wie ich mich als denkendes Ich von jeder meiner Erlebnisinhalte distanzieren kann. Aber die Vorstellung, daß deshalb diese Gefühle nicht meine Gefühle sind, führt eher zu einer Entfremdung von unserer inneren Realität.

Es gibt im Werk Seths neben den Vorstellungen, die sehr stark an positives Denken erinnern, allerdings auch ganz andere Sentenzen, die mit den vorher zitierten Vorstellungen zumindest nicht so ohne weiteres unter einen Hut zu bringen sind. So kommentiert er Janes Haltung dem Leben gegenüber wie folgt:

»Du hast das Leben nicht um seiner selbst willen akzeptiert. Du forderst, daß es sich Dir in bestimmter Weise darbieten soll, und zwar genau so, wie Du es beschlossen hast. Du weigerst Dich, das Leben freudig anzunehmen.

Die Vorstellung, daß Du einen Mann finden *mußt*, der Dich liebt, dient der Tarnung Deiner tiefer liegenden Weigerung, das Leben als solches anzunehmen. (...) Du sagst Dir: ›Wenn das Leben meinen Forderungen nicht gehorcht, will ich nicht leben.‹ Doch niemand hat das Recht, sich gegen die vitale Eigendynamik des Lebens aufzulehnen.

Dir kann selbstverständlich zuteil werden, was Du Dir wünschst, aber nicht, indem Du es dem Leben abforderst – zumal noch als Bedingung zum Weiterleben –, sondern indem Du eigendynamisch in Dir die Bedingungen zur Erfüllung Deiner Wünsche schaffst.

Du vergißt, was Du hast: Deine Vitalität. Und Du vergißt Deinen Verstand und Deine Intuition. Das sind Segnungen, die Du mitbekommen hast. Du solltest Dich nicht pervertieren, indem Du Dich ihrer nicht bedienst und Dich dann beklagst, die von Dir gesetzte Bedingung für Dein Weiterleben sei nicht erfüllt. Du mußt in dem Glauben, daß Dein Lebenssinn sich erfüllt, leben, mußt in der Vorwegnahme seiner Erfüllung leben, und er wird sich erfüllen. Du mußt in dem Glauben leben, daß Dein Leben an sich Sinn und Bedeutung hat, denn sonst wärest Du gar nicht hier. Du solltest auch die Einmaligkeit, die Deine Persönlichkeit ausmacht, nicht übersehen und sie hochschätzen. Die besonderen Zwecke Deiner jetzigen Persönlichkeit kannst Du nur unter den gegenwärtigen Bedingungen auf die Art, die die beste ist, erreichen.« (Das Seth-Material, S. 201)

Seth beschreibt hier eine Haltung, die jedem Therapeuten gut bekannt ist. Ein Mensch verweigert die Annahme seines Lebens und stellt dem Leben Bedingungen. Seth begegnet dem mit Ermahnungen und Zurechtweisungen. So richtig die Haltung ist, die Seth hier empfiehlt, nämlich das Leben so anzunehmen, wie es ist, und das Beste daraus zu machen, so sehr übersieht er die psychologischen Verstrickungen in das Familiensystem, die eine solche Haltung hervorgerufen haben. Und insofern wird die Forderung, das Leben anzunehmen, leicht zu einer quasimoralischen Kritik an der Verweigerungshaltung. Erst wenn die familiensystemischen Bedingungen, unter denen eine solche Haltung in einem Menschen entsteht, verstanden und therapeutisch verändert werden konnte, hat das Individuum die reale Möglichkeit, sich einer grundsätzlichen Neuentscheidung dem Leben gegenüber zu stellen.

Aber auch an diesem Beispiel macht Seth deutlich, wie Forderungen und Wünsche (»Ich möchte einen Mann, der so und so ist«), Ausdruck schwerer seelischer Verstrickungen sein können. Und insofern ist die Empfehlung, man solle seine Wünsche nur intensiv genug visualisieren, in dieser Allgemeinheit fragwürdig. Denn sie berücksichtigen nicht, daß Wünsche ihrem Inhalt nach sehr häufig selbst schon Ausdruck einer tiefen seelischen Störung sind. Aus diesem Grund empfahl Seth, daß man sich häufig mit Hilfe einer geeigneten Technik der Selbsthypnose in Trance versetzen sollte, um den inneren Problemen und Konflikten nachzuspüren, um ein tieferes Maß an Selbsterkenntnis zu erreichen, da andernfalls nur ein Krankheitssymptom gegen ein anderes ausgetauscht werden würde. Auch das Verstehen, das Aufzeichnen der Träume spielt in Seths Lehre nicht nur für diesen Bereich eine große Rolle. Dies wollen wir jedoch nicht weiter ausführen, da wir uns in diesem Buch nicht mit Träumen, sondern mit Glaubenssätzen beschäftigen.

Zusammenfassend kann man sagen: Die Seth-Materialien haben in den 60er und 70er Jahren dazu aufgefordert, bei der Gestaltung der eigenen Lebenswirklichkeit im Inneren anzufangen, und die eigenen bewußten und unbewußten Vorstellungen und Glaubenssätze so umzugestalten, daß wir überhaupt eine Chance haben, in einer Welt zu leben, die diesen Wünschen und Vorstellungen entspricht. In politischen Kategorien gedacht, könnte man sagen, daß namentlich nach dem Scheitern der Studentenrevolte sowohl in Amerika als auch in Europa ein spirituelles Vakuum entstanden ist. Hatte man während der Studentenrevolte noch geglaubt und gehofft, daß eine lebenswerte Welt durch politisches Handeln möglich werden könnte, so war nach dem Scheitern dieser Hoffnung ein Rückzug ins Private, Spirituelle fast unvermeidlich.

Die Sethsche Lehre kann insofern als ein psychologisch spirituelles Modell des Selbstentwurfs betrachtet werden. Da aber die Sethsche Lehre nur sehr wenige effektive Methoden hervorgebracht hat, um tiefverwurzelte Glaubenssätze über sich selbst und die Welt erfolgreich zu verändern, war sie eher ein Versprechen eines möglichen besseren Lebens als eine Anleitung dazu. Und wenn man sich durch die vielen Bände des gechannelten Materials hindurch gearbeitet hatte, und das monumentale Weltbild, welches Seth entworfen hat, mehr oder weniger verstanden hatte, fragte man sich unwillkürlich: Was kann ich jetzt tun, um mein Leben in dem von Seth angeregten Sinne zu verändern? Und es stellte sich heraus, daß auf der Ebene des praktisch Machbaren nur wenig Brauchbares bei Seth zu finden ist. Insofern könnte man sagen, der Berg kreißte und gebar eine Maus. Es blieb allerdings bei den Lesern ein tiefes Bedürfnis übrig und ein tiefer Glaube daran, daß die grundsätzliche Einsicht richtig ist: Wir gestalten unser Leben selbst in Übereinstimmung mit bewußter und unbewußter Glaubensvorstellung über uns selbst und die Welt. Und insofern war es natürlich, daß viele Seth-Leser früher oder später nach anderen Methoden Ausschau hielten, die genauere Anweisung gaben, wie man limitierende Glaubenssätze aufspürt und verändert. Nach 30 Jahren kann der Autor, mittlerweile NLP-Trainer und -Therapeut und ehemals begeisterter Seth-Leser, sich selbst die Frage nach dem Wert des Seth-Materials wie folgt beantworten.

Seth und Glaubenssätze

1. Seths Manifestationstheorie und unsere unterscheiden sich grundsätzlich.
2. Seth grenzt sich an verschiedenen Stellen vom positiven Denken ab. Allerdings sind viele seiner Anweisungen so beschrieben, daß man sie leicht mit positivem Denken verwechseln kann.
3. Seine Techniken zur Veränderung von Glaubenssätzen bzw. seine Übungen sind im Verhältnis zu den theoretischen Ausführungen dünn und nicht sehr zahlreich.
4. Im Gegensatz zu diesen kritischen Bemerkung sei hervorgehoben, daß alles Wesentliche, was wir heute über Glaubenssätze wissen, im Prinzip schon bei Seth zu finden ist. Darüber hinaus ist es wichtig, zu bedenken, daß Ende der 60er Jahre das Thema Glaubenssätze weder in der sonstigen esoterischen Literatur, noch bei den Psychotherapeuten eine so wichtige Rolle spielte wie heute.

Nachdem wir Seths Konzeption von Manifestation dargestellt haben – also seine Theorie darüber, wie er sich das Verhältnis von seelischen Vorgängen und materieller Realität vorstellt –, wollen wir nun zu seinen Ausführungen über Glaubenssätze im speziellen kommen. Diese Ausführung werden wiederum in zwei großen Abteilungen vorgenommen:

- die Darstellung der Sethschen Auffassung,
- die Auflistung der von ihm empfohlenen Übungen.

Seth grenzt sich explizit vom positiven Denken ab:

»Nun, Bücher, die sich ausschließlich mit positivem Denken befassen, sich manchmal nutzbringend, lassen aber meist den Gewohnheitscharakter negativer Gefühle, Aggression oder Verdrängungen außer acht. Oft werden diese einfach unter den Teppich gekehrt.

Die Autoren empfehlen Euch, positiv, mitfühlend, stark, optimistisch, fröhlich und enthusiastisch zu sein, ohne Euch jedoch zu verraten, wie Ihr Euch aus der Notlage, in der Ihr vielleicht gerade seid, befreien könnt, und ohne Verständnis dafür zu zeigen, daß Ihr Euch wie in einem Teufelskreis fühlt. Solche Bücher liefern keine Erklärung dafür, wie Gedanken und Gefühle Realität erzeugen. Sie lassen die multidimensionalen Aspekte des Selbst außer Betracht und übersehen die Tatsache, daß jedes Individuum, obschon es bestimmten allgemeinen Gesetzen gehorcht, letzten Endes doch *seinen eigenen* Weg finden und beschreiten muß, um diese Gesetze seiner Persönlichkeit anzupassen.« (Jane Roberts, Die Natur der persönlichen Realität, S. 18–19)

Im weiteren weist Seth – wie wir finden richtigerweise – darauf hin, daß wir häufig unbewußte oder sich widersprechende Glaubenssätze haben, die eben gerade dadurch nicht ausgeschaltet werden, daß wir bewußt positive Suggestionen oder Affirmationen produzieren. Im Gegenteil, solange die negativen und einschränkenden Glaubenssätze existieren, führen positive Affirmationen nur zu einer Verstärkung der inneren Spannung. Erst wenn die Affirmationen durch die bewußten und unbewußten Glaubenssätze gedeckt sind, können sie ihre heilende Wirkung entfalten.

Seth bestimmt nun das Verhalten zwischen seelischen Vorgängen und unseren Erfahrungen näher:

»Ihr bestimmt die Struktur Eurer Erfahrungen durch Eure Glaubensüberzeugungen und Erwartungen selber. Diese persönliche Vorstellung, die Ihr Euch von Euch selbst und der Natur der Realität macht, wirken sich auf die Inhalte Eures Denkens und Empfindens aus. Ihr haltet Eure Ideen für die Realität für wahr und über jeden Zweifel erhaben. Sie scheinen sich von selbst zu verstehen. In Eurer Einbildung sind das feststehende Tatsachen, die auf der Hand liegen, so daß sie nicht überprüfungsbedürftig zu sein scheinen.

Deshalb werden sie gemeinhin als selbstverständlich hingenommen. Sie werden nicht als das, was sie sind, als bloße Glaubensüberzeugungen über die Realität erkannt, sondern für Eigenschaften der Realität gehalten. Solche Vorstellungen scheinen unanfechtbar und scheinen so sehr ein Teil von Euch selbst zu sein, daß es Euch nie in den Sinn kommen würde, über ihre Gültigkeit nachzudenken. Sie erhalten das Gewicht stillschweigender Voraussetzung, und diese färben natürlich auf Eure persönlichen Erfahrungen ab und gestalten sie.« (Die Natur der persönlichen Realität, S. 38–39)

Hier weist Seth auf einen in der Tat sehr wichtigen Aspekt der Wirkungsweise von Glaubenssätzen hin. Nämlich die Tatsache, daß uns die wichtigsten und wirkungsvollsten Glaubenssätze meist nicht als solche bewußt sind, sondern wir halten sie für eine Beschreibung der Realität. Zum Beispiel würden viele Menschen, die den Glaubenssatz teilen »Frauen haben es schwerer als Männer«, diesen Glaubenssatz nicht als solchen bezeichnen, sondern als eine zutreffende Beschreibung der sozialpsychologischen Lebensbedingungen in unserer Gesellschaft.

Als erstes empfiehlt Seth, ein Inventar der Glaubenssätze anzulegen:

»Ich möchte, daß Ihr Eure Überzeugung, die Ihr in den verschiedenen Bereichen Eures Lebens hegt, herausfindet. Ihr müßt nämlich wissen, daß jede Idee, die Euch als *Wahrheit* erscheint, eine von *Euch* zu einem Glaubenssatz erhobene persönliche Überzeugung ist. Ihr solltet dann einen Schritt weitergehen und Euch sagen: ›Obwohl ich das glaube, ist es nicht unbedingt wahr.‹ Ich hoffe, Ihr lernt mit der Zeit, alle Glaubenssätze zu verwerfen, die *grundlegende* Einschränkungen in sich selbst tragen.« (Die Natur der persönlichen Realität, S. 45)

Dieses Ziel entspricht in der Tat dem, worum es auch im NLP geht. Auch hier gilt es als Ideal der persönlichen Entwicklung, alle einschränkenden Glaubenssätze zu überwinden und an ihre Stelle ressourcenorientierte und wachstumsförderliche Glaubenssätze zu installieren.

Im folgenden gibt Seth eine Aufstellung von typischen Glaubenssätzen (Die Natur der persönlichen Realität, S. 46):

1. »Das Leben ist ein Jammertal.«
2. »Der Körper ist minderwertig. Als Seelenvehikel ist er automatisch degradiert und unrein.«
3. »Ich bin meinen Lebensumständen, die sich meiner Kontrolle entziehen, hilflos ausgeliefert.«
4. »Ich bin hilflos, weil meine Persönlichkeit und mein Charakter im Säuglingsalter geprägt wurden, und ich bin meiner Vergangenheit ausgeliefert.«
5. »Ich bin hilflos, weil ich den Ereignissen früherer Leben in anderen Inkarnationen, über die ich heute keine Kontrolle habe, ausgeliefert bin.«
6. »Die Menschen sind ihrem Wesen nach schlecht und gehen darauf aus, mich zu schädigen.«
7. »Ich habe die Wahrheit für mich gepachtet bzw. meine Interessengruppe hat die Wahrheit für sich gepachtet.«
8. »Ich werde mit zunehmendem Alter schwächer, kränker und kraftloser.«
9. »Mein Leben hängt von meinen leiblichen Erfahrungen ab, stirbt mein Körper, so stirbt mit ihm auch mein Bewußtsein.«

Nach dieser Aufzählung von allgemein gehaltenen Glaubenssätzen jetzt einige eher persönliche (Die Natur der persönlichen Realität, S. 46–47):

1. »Ich bin kränklich und war es schon immer.«
2. »Geld stinkt. Leute, die Geld haben, sind habgierig und weniger spirituell als solche, die arm sind; sie sind außerdem weniger glücklich und Snobs.«
3. »Ich bin nicht kreativ. Ich habe keine Phantasie.«
4. »Ich kann nie tun, was ich möchte.«
5. »Die Leute mögen mich nicht.«
6. »Ich bin dick, oder ich bin zu dick.«

Diese Glaubenssätze wirken jetzt nach Seth und auch nach NLP oder der Transaktionsanalyse wie selbsterfüllende Prophezeiungen. Das heißt, wir tun alles dafür, bewußt und unbewußt, damit diese Einstellungen real werden, obwohl wir gleichzeitig nichts mehr fürchten, als daß sie real werden.

Die nächste wichtige Entdeckung, die Seth im Zusammenhang mit Glaubenssätzen mitteilte, und die durch die Erfahrungen im NLP bestätigt wurde, ist die Tatsache, daß es so etwas wie eine Kardinal- oder Grundüberzeugung, oder auch Kernglaubenssätze gibt.

»Der Kernglaubenssatz hat aufgrund seiner Intensität und Eurer Lebensgewohnheiten die Tendenz, andere, gleichgeartete Grundüberzeugungen anzuziehen. Sie bleiben an ihm kleben. Wenn Ihr es nicht gewohnt seid, Eure Gedankeninhalte zu prüfen, dann kann es geschehen, daß sich Wucherungen wilder Vorstellungen um einen Glaubenssatz herum bilden, bis Ihr das eine vom anderen nicht mehr zu unterscheiden vermögt. Das kann solche Ausmaße annehmen, daß Ihr all Eure Erfahrung nur noch im Lichte dieser Vorstellungswucherung seht. Daten, die mit diesen Kernglaubenssätzen anscheinend nichts zu tun haben, werden dann nicht assimiliert, sondern in die hintersten Winkel Eures Geistes abgeschoben, wo sie ungenutzt liegen bleiben. Der Wert dieser Information geht Euch auf diese Art verloren.« (Die Natur der persönlichen Realität, S. 75) (Vergleiche hierzu auch das Kapitel »Glaubenssatz-Moleküle«.)

Auch für die Kernglaubenssätze gilt, daß sie meistens nicht als Glaubenssätze erlebt werden, sondern als Lebenstatsache. Seth weist auch darauf hin, daß wir die ersten Glaubenssätze über uns selbst, die Welt und andere Menschen natürlich im Zusammenhang mit unserer Erziehung und unseren Eltern aufnehmen. Wir teilen die Glaubenssätze unseres Familienverbandes und sichern so die Zugehörigkeit zu unserer Sippe. Gleichzeitig werden durch die Übernahme dieser Glaubenssätze natürlich auch Lebensformen und traditionell erworbenes Wissen über die Welt und die Menschen weitergegeben.

Ein wesentlich anderer Aspekt in der Sethschen Konzeption

von Glaubenssätzen besteht darin, daß er Glaubenssätze wie einen Trancezustand betrachtet. Diese Auffassung wird im NLP geteilt, auch hier werden Glaubenssätze analog zu einer Trance-erfahrung verstanden. In jüngster Zeit hat Stephen Wolinsky mit seinem Begriff der Alltagstrance diese Vorstellung zu einem zentralen Thema seiner Arbeit gemacht. Für ihn sind Symptome generell ein Trancephänomen, weil der Erwachsene im symptomatischen Zustand auf frühkindliche Erfahrungsformen und Gefühlszustände regrediert. Gleichzeitig ist seine Wahrnehmungsfähigkeit durch Wahrnehmungsfilter so eingeschränkt, daß er nur das an Realität wahrnehmen kann, was in Übereinstimmung mit seinen limitierenden und symptombildenden Glaubenssätzen steht.

»Hier möchte ich nur erwähnen, daß Ihr Euch im gewissen Sinne durch Eure eigenen Gedankeninhalte und Eure Suggestionen ständig selbst hypnotisiert. Von Hypnose oder Selbsthypnose läßt sich auch sprechen, wenn Ihr in einem völlig normalen Geisteszustand Eure Aufmerksamkeit konzentriert und Euren Blickwinkel auf einen speziellen Gedanken- oder Glaubensbereich einstellt.

Ihr konzentriert Euch dann mit großer Intensität auf eine Vorstellung, gewöhnlich unter Ausschluß aller anderen. Das ist ein völlig *bewußter Vorgang*. Als solcher veranschaulicht er gut die Bedeutung von Glaubenssätzen. Autohypnotisch füttert Ihr Euch selber gewaltsam mit einem Glaubenssatz, oder Ihr laßt Euch im Wege der Fremdhypnose von einem anderen, eben dem »Hypnotiseur«, so füttern. Ihr konzentriert jedenfalls Eure Aufmerksamkeit auf die eine Vorstellung – z. B. auf die, krank zu sein.« (Die Natur der persönlichen Realität, S. 92)

In diesem Sinne sind unsere Eltern die ersten und besten Hypnotiseure, denen wir in unserem Leben begegnen.

Im folgenden gibt Seth ein Beispiel für die Grenzen rein positiven Denkens:

»Nehmen wir ein einfaches Beispiel: Ihr habt Übergewicht. Ihr habt vergeblich nach Diätvorschriften zu leben versucht. Ihr sagt Euch, daß Ihr abnehmen möchtet. Dann haltet Euch an das bisher

Gesagte. Verändert Euren Glaubenssatz. Sagt Euch: ›Weil ich glaube, daß ich Übergewicht habe, habe ich Übergewicht. Ich werde mir fortan vorstellen, daß ich mein Idealgewicht habe.‹

Aber Ihr findet, daß Ihr immer noch zuviel eßt. Vor Eurem geistigen Auge seht Ihr Euch immer noch übergewichtig, Ihr stellt Euch die Süßigkeiten und leckeren Speisen vor, die Ihr liebt und ›kapituliert‹ Eurer Meinung nach vor Eurer Einbildungskraft – und dann meint Ihr, daß Ihr gegenüber der von Eurem Denken mobilisierten Willenskraft ohnmächtig seid.

Aber stellt Euch vor, daß Ihr diesen Punkt überschreitet. In purer Verzweiflung sagt Ihr Euch: ›Also gut, überprüfe ich meine diesbezüglichen Glaubenssätze nochmals genauer!‹ Nun ist es fast unmöglich das Problem beschränkt anzugehen: Ihr entdeckt jede Menge verschiedenster Glaubenssätze. Ihr könntet z. B. der Überzeugung begegnen, daß Ihr Euch für wertlos haltet und deshalb glaubt, nicht attraktiv aussehen zu dürfen, oder daß Ihr Gesundheit mit Körpergewicht gleichsetzt und meint, es sei gefährlich, schlank zu sein.« (Die Natur der persönlichen Realität, S. 100–101)

Dies ist in der Tat ein schönes Beispiel dafür, wie eine positive Affirmation oder ein »So-tun-als-Ob« ich schon schlank wäre keine Wirkung zeigt, weil ein bis dato unbewußter Glaubenssatz die Wirkung dieser Vorstellung ständig konterkariert. Man kann sich leicht vorstellen, wie diese beiden Tendenzen sozusagen gleichzeitig im Körper wirken und einen dementsprechend heftigen Konflikt auslösen. Danach gibt Seth ein Beispiel für ein sogenanntes Armutsbewußtsein. Er geht in diesem Beispiel davon aus, daß auch Armut oder finanzielle Schwierigkeiten Ausdruck entsprechender Glaubenssätze sind. Dies kann zwar einerseits durch unsere therapeutische Erfahrung bestätigt werden, aber in dieser Absolutheit wird jeder sozialökonomische Einfluß geleugnet. Und damit wird der einzelne Arbeitslose, Sozialhilfeempfänger usw. zu jemandem, der diese Situation durch seine negativen Glaubenssätze sozusagen selbst mit verursacht hat. Dies scheint uns die Komplexität des menschlichen Lebens unzulässig zu vereinfachen.

Die von Seth empfohlenen Übungen

»Die Methoden, die ich empfehle, setzen Konzentration und Anstrengung voraus. Sie fordern und bereichern Euch auch, indem sie Euren Bewußtseinsumfang auf sehr fruchtbare Weise erweitern und verändern. (...) Ich hoffe, Euch Methoden zu lehren, mit deren Hilfe Ihr die Natur Eurer eigenen Realität erfassen könnt, und Euch Wege zu weisen, die Euch erlauben, jene Realität beliebig zu ändern. (...) Das Buch erklärt, wie die persönliche Realität aufgebaut wird, und legt großen Wert auf Methoden, die die negativen Aspekte individueller Erfahrung ändern. (...) Die Methoden, die ich empfehle, sind überaus praktisch und leicht durchführbar und bleiben im Rahmen der Möglichkeiten, die jedem Menschen offenstehen, der sich ernsthaft um eine Lösung der menschlichen Existenz immanenten Problematik bemüht.« (Die Natur der persönlichen Realität, S. 20–21)

1. Übung

In der ersten Übung geht es darum, die eigene Gestimmtheit zu spüren. Seth empfiehlt, daß der Leser sich hinsetzt, die Augen schließt und beginnt, tief in seinem Inneren diese Gestimmtheit zu spüren. Das Ziel ist, sich völlig von vorgefaßten Meinungen und eingeschliffenen Vorstellungen zu befreien und sich ganz der Erfahrung des eigenen Seins und der Dynamik der eigenen Lebenskraft hinzugeben.

»Man fragt sich nicht: ›Ist das auch richtig? Mache ich etwas falsch? Fühle ich, was ich fühlen sollte?‹ Das ist in diesem Buch die erste Übung für Euch. Ihr solltet dabei nicht auf die Maßstäbe anderer Leute zurückgreifen. Es gibt keine anderen Kriterien als Euer eigenes Gefühl.« (Die Natur der persönlichen Realität, S. 43)

2. Übung

»Es gibt verschiedene Methoden, wie man einen Glaubenssatz ändern kann, wie man ihn in sein Gegenteil umwandeln kann. Eine wirksame Methode setzt dreifach an: Man erzeugt Gefühle in sich, die zu denen, die mit dem zu ändernden Glaubenssatz zusammenhängen, in Widerspruch stehen, und gibt seiner Einbildungskraft eine Richtung, die der durch den Glaubenssatz vorgeschriebenen entgegengesetzt ist. Und zugleich macht man sich deutlich bewußt, daß der Glaubenssatz eine *Vorstellung* ist, die man von der Realität hat und kein Aspekt der Realität selbst.« (Die Natur der persönlichen Realität, S. 90)

3. Übung

»Absichtlich kann man von seinem Bewußtsein einen spielerischen Gebrauch machen. Man erfindet ein Spiel, bei dem man ähnlich einem Kind vorübergehend total ignoriert, was nach physischen Kriterien wirklich zu sein *scheint*, und tut so, als wäre das Gewünschte real gegeben. Ist man arm, so tut man absichtlich so, als hätte man alles Geld, das man braucht. Man malt sich aus, wie man das Geld ausgeben würde. Ist man krank, stellt man sich spielerisch vor, man sei geheilt, man sieht sich tun, was man tun würde. Wenn man sich anderen nicht mitteilen kann, denkt man sich, es wäre überhaupt kein Problem. Kommt einem das Leben trist und sinnentleert vor, denkt man sich, es sei erfüllt und voll Freude.

Das mag Euch vielleicht praktisch nicht durchführbar scheinen, aber im täglichen Leben stellt Ihr Phantasie und Gefühl oft in den Dienst von weit weniger vertretbaren Glaubenssätzen, und die Resultate sind deutlich genug und – muß ich beifügen – leider auch praktischer Art.« (Die Natur der persönlichen Realität, S. 90)

Diese Methode, die Seth hier empfiehlt, entspricht dem, was man in der modernen Therapie häufig als Als-ob-Rahmen bezeichnet, bzw. was in der Hypnosetherapie von Milton Erickson als Pseudoorientierung in der Zeit bezeichnet wird. In der Kurzzeittherapie, wie sie von Steve de Shazer entwickelt worden ist, gibt es eine sogenannte Wunderfrage. Hier stellt der Therapeut dem Klienten die Frage: »Stell dir vor, ein Wunder ist geschehen und dein Problem ist gelöst, woran würdest du das merken? Woran würden deine Familienmitglieder merken, daß dein Problem gelöst ist, woran deine Kollegen? Was könntest du tun, was du jetzt nicht tun kannst?« usw. Mit dem Als-ob-Fragen, der Wunderfrage und der Pseudoorientierung in der Zeit wird versucht, dem Klienten auf einer möglichst konkreten Ebene eine Vorstellung davon zu geben, wie es sich anfühlen wird, wenn er das Problem gelöst hat. Im NLP wird diese Technik auch benutzt, um mit dem Klienten eine sensorisch genaue Zieldefinition zu erarbeiten.

»Man wünscht sich etwas und stellt sich dann intensiv vor, daß es passiert. Denkt daran, daß alle Ereignisse erst einmal geistig und psychisch vorhanden sein müssen, bevor sie sich auf physischer Ebene konkretisieren können, aber beobachtet Euch nicht selber. Spielt einfach weiter.

Das gleiche macht Ihr dauernd und ganz automatisch aufgrund Eurer Glaubenssätze, und diese werden *ebenso stetig und automatisch* in Realität umgesetzt. Was jedoch bei allem von Anfang an das wichtigste ist: Ihr müßt Eurer Selbst von allen Glaubenssätzen trennen.« (Die Natur der persönlichen Realität, S. 100)

4. Übung

»Ein richtig genutzter Zeitraum von nur fünf Minuten kann Euch von großem Nutzen sein. Konzentriert Euch während dieser Zeit auf die Tatsache, daß der Kraftpunkt hier in der Gegenwart liegt. Empfindet dies als Gewißheit und legt Nachdruck darauf, daß Eure emotionalen, geistigen und psychischen Fähigkeiten im Fleisch zentriert werden, und richtet dann fünf Minuten lang Eure Aufmerksamkeit auf das, was Ihr Euch wünscht. Formuliert im Geiste Eure Wünsche und stellt Euch bildhaft den Zustand ihrer Verwirklichung vor.

Setzt all Eure Energie und Vorstellungskraft ein. Dann vergeßt alles, prüft nicht nach, ob es wirkt. Sorgt nur dafür, daß während der Übung Eure Absichten klar und eindeutig sind, und macht nach der Übung auf irgendeine Weise, Eurer individuellen Lage entsprechend, eine Geste, die handlungsmäßig auf der Linie Eures Wunsches liegt. Das kann eine ganz simple Handlung sein. Fühlt sich jemand einsam und ungeliebt, so kann sie einfach darin bestehen, daß er einem anderen zulächelt. Ist jemand arm, so kann er z. B. einen gewünschten Gegenstand kaufen, der vielleicht ein Deut mehr kostet, als er hat ausgeben wollen. Tut es mit dem Vertrauen, daß die Mehrkosten irgendwie wieder hereinkommen werden; wichtig ist dabei nur, zu handeln, *als ob* Ihr mehr hättet, als Ihr in Wirklichkeit habt.

Auf die Gesundheit übertragen heißt das, daß Ihr Euch einmal täglich auf eine Euch mögliche Weise so verhaltet, als wärt Ihr nicht krank. Der Glaube an die Gegenwart, fünf Minuten lang in der empfohlenen Weise verstärkt, kann manchmal zusammen mit einer solchen Haltung des Als-ob buchstäblich Wunder wirken.« (Die Natur der persönlichen Realität, S. 353)

Des weiteren empfiehlt Seth Selbsthypnose als eine Möglichkeit zur Installierung neuer Glaubenssätze. Dabei ist darauf hinzuweisen, daß Seth selbst nicht im einzelnen darauf eingeht, wie sich der Übende in einen angemessenen Trancezustand bringen kann.

5. Übung

»Widmet deshalb täglich fünf oder höchstens zehn Minuten der natürlichen Selbsthypnose, um Euch gewünschte neue Glaubenssätze anzueignen. Konzentriert dabei Eure Aufmerksamkeit möglichst bildhaft auf eine einzige, einfache Aussage. Wiederholt die Suggestionsformel während der Übung immer wieder und konzentriert Euch auf ihren Inhalt. Versucht diesen auf jede nur erdenkliche Weise zu fühlen und laßt Euch nicht ablenken. Schweift Ihr trotzdem ab, dann versucht Euch an die Bilder Eurer Suggestion zu halten. Wiederholt laut oder stillschweigend Eure Suggestionsformel. Versucht nichts zu erzwingen.« (Die Natur der persönlichen Realität, S. 363)

6. Übung

»Zu allererst müßt Ihr *Euch klarmachen, daß Ihr Euer Hypnotiseur seid.* Ihr müßt die Initiative ergreifen und Euch sagen: ›Ich lege bis auf weiteres das, was ich ungeprüft für wahr halte, auf Eis und akzeptiere ab jetzt bewußt nur noch den Glaubenssatz, den ich für wünschenswert halte. Ich tue so, als wäre ich unter Hypnose, und suggeriere mir selbst diesen Glaubenssatz. Für mich werden jetzt Wunsch und Glaube ein und dasselbe. Es gibt keinen Konflikt. Ich ändere jetzt meine alten Glaubenssätze. Obwohl ich hier ruhig sitze, kann ich in Gedanken so tun, als hätte ich mir den wünschenswerten Glaubenssatz ganz zu eigen gemacht.‹

Denkt im Moment dieser Übung in Selbsthypnose nur an die Gegenwart – wie auch die vorstehende Suggestionsformel in der Gegenwart gehalten ist. Suggestionsinhalte solltet Ihr inhaltlich immer affirmativ und sprachlich in der Gegenwart halten. Wenn Ihr übergewichtig seid, *stellt Euch* im Zuge einer solchen Übung Euer Idealgewicht vor. Stellt Euch vor, Ihr wäret gesund, wenn Ihr an das Gegenteil glaubt; glaubt an Eure Verbundenheit mit anderen Menschen, wenn Ihr einsam seid. Macht Euch klar, daß Ihr aus eigener Initiative handelt, wenn Ihr Euch solche Situationen vorstellt. Stellt keine Vergleiche mit Eurer Alltagssituation an. Verwendet bildliche Vorstellung oder Worte – was immer Euch am natürlichsten erscheint. Auch für diese Übung genügen zehn Minuten.« (Die Natur der persönlichen Realität, S. 369)

Diese sechs Übungen sind alle Übungen, die wir in dem 500 Seiten starken Buch Die Natur der persönlichen Realität gefunden haben.

An dieser Stelle möchten wir nochmals darauf hinweisen, daß Seth in seinen theoretischen Äußerungen über Glaubenssätze alle wesentlichen Aspekte, die uns heute über die Wirkungsweise von Glaubenssätzen bekannt sind, zumindestens ansatzweise Anfang der 70er Jahre schon dargestellt hat. Die von ihm empfohlenen Techniken, um diese bewußt zu machen und zu verändern, sind jedoch nicht über den Als-ob-Rahmen und positive Suggestionen hinausgekommen. Und wenn es darum geht, unbewußte oder widersprüchliche Glaubenssätze aufzufinden, sind außer dem Erstellen eines Inventars und der Selbstbeobachtung bei ihm keine Techniken zu finden.

Seth und NLP

Das neurolinguistische Programmieren ist ein Modell menschlicher Kommunikation und menschlicher Spitzenleistung. Im NLP geht es darum zu verstehen, was Menschen auf bewußter und unbewußter Ebene tun, um Spitzenleistung hervorzubringen. Dieses Modell wurde Anfang der 70er Jahre von John Grinder (damals Assistenzprofessor für Linguistik an der University of California in Santa Cruz) und Richard Bandler, Student der Psychologie an dieser Universität, entwickelt.

Ihr Ziel war es nicht, eine eigene psychotherapeutische Methode zu entwickeln, vielmehr waren sie daran interessiert zu verstehen, *was* und *wie* Menschen es machen, wenn sie etwas auf hervorragende Weise tun. Sie waren sozusagen dem Geheimnis der Existenz auf der Spur. Dabei begannen sie drei der damals und auch heute noch sehr berühmten Therapeuten zu modellieren: Fritz Pearls, Begründer der Gestalttherapie, Virginia Satir, eine weltberühmte Familientherapeutin, und Milton Erickson, dem wohl bekanntesten Hypnotherapeuten des 20. Jahrhunderts.

Im Zuge ihrer Modellierungsarbeit entdeckten sie eine Menge Muster, die besonders gut geeignet sind, bewußte und unbewußte Prozesse bei sich selbst und anderen schnell und effektiv zu verändern. Dadurch wurde es möglich, in ungewöhnlich kurzer Zeit Störungen und limitierende Verhaltensweisen aufzulösen, von denen man damals noch dachte, daß ihre Veränderung Monate oder Jahre dauern müßte.

Doch trotz all dieser Fortschritte gab es immer wieder Symptome, Verhaltensweisen und innere Einstellungen, die sich mit den ansonsten so effektiven Techniken nicht nachhaltig verändern ließen. Und es ist Robert Dilts, einem der Mitbegründer des NLP zu verdanken, erkannt zu haben, daß es limitierende Glaubenssätze waren, die die Möglichkeit der Veränderung blockierten.

Das heißt, wenn ein übergewichtiger Klient abnehmen möchte, dann konnte man mit den damaligen NLP-Techniken z. B. eine neue Essensstrategie installieren, man konnte seinen Heißhunger auf Süßigkeiten durch Ankern bearbeiten usw. Wenn es aber einen unbewußten Glaubenssatz gab – der dem Klienten selbst gar nicht bewußt sein muß –, der besagt, daß schlank die Gefahr des Krankwerdens erhöht, dann ist klar, warum es massive unbewußte Gegenmaßnahmen gegen jeden Abnehmversuch geben würde. Erst wenn dieser Glaubenssatz erfolgreich verändert worden ist, können die neuen Essensstrategien überhaupt wirken und es könnte durchaus sein, daß sie dann nicht einmal mehr notwendig sind.

Diese Entdeckung der zentralen Rolle von Glaubenssätzen bei der Überwindung von störenden Erlebnisformen und Verhaltensweisen hat das NLP einen großen Schritt vorangebracht. Gleichzeitig mit der Entdeckung der Wichtigkeit von Glaubenssätzen begann man das breitere Repertoire der NLP-Techniken zu nutzen, um Glaubenssatzveränderungstechniken zu entwickeln.

Damit ist der thematische Zusammenhang zwischen NLP und Seth-Materialien leicht zu verstehen. In den von Jane Roberts gechannelten Texten Seths weist dieser mit großer Nachdrücklichkeit auf die enorme Bedeutung von Glaubenssätzen bei der persönlichen Entwicklung hin. Und dies schon Jahre bevor dieses Thema im NLP entdeckt wurde. Allerdings sind die von ihm empfohlenen Veränderungstechniken für Glaubenssätze sehr einfach gestrickt und auch seine Techniken zum Auffinden von unbewußten Glaubenssätzen können, verglichen mit den viel subtileren Techniken des NLP, nur als erste Hinweise verstanden werden.

So ist es leicht verständlich, daß viele begeisterte Seth-Leser enttäuscht waren über das, was Seth in bezug auf die Veränderungsmöglichkeiten von Glaubenssätzen anbot, und gleichzeitig die neuen Möglichkeiten des NLP begeistert begrüßten.

Die Seth-Materialien gehören auch 30 Jahre nach ihrem ersten Erscheinen zu den Klassikern der modernen esoterischen Literatur, und NLP ist die wohl populärste Methode zur Veränderung des subjektiven Erlebens. Da der Autor dieses Buches ein begeisterter Seth-Leser war und seit zehn Jahren NLP unterrichtet, hat es sich angeboten, die NLP-Techniken, die besonders gut zur Selbstanwendung geeignet sind, zusammenzustellen. Dadurch ist ein Arbeitsbuch entstanden, das es sowohl Seth-Enthusiasten als auch jedem anderen, der an der Veränderung seiner limitierenden Glaubenssätze interessiert ist, ermöglicht, diese allein oder mit Hilfe von Freunden zu entdecken und zu verändern.

Für diejenigen, die sich über NLP informieren wollen, sei auf die mittlerweile sehr umfangreiche NLP-Literatur beim Junfermann Verlag hingewiesen. Als Einleitungsbuch empfehlen wir »Neurolinguistisches Programmieren: Gelungene Kommunikation und persönliche Entfaltung« von Josef O'Connor und John Seymour sowie das Buch NLP-Welten der Co-Autorin Susanne Haag. Weitere Literaturhinweise finden Sie am Ende des Buches.

Dort finden Sie auch eine Kontaktadresse: Sollten Sie Informationen oder Hilfe bei der Suche nach einem NLP-Therapeuten benötigen, können Sie sich gerne an uns wenden.

Unsere Glaubenssätze, unsere Welt

Glaube ist eine merkwürdige Sache. Er führte schon zu verheerenden Kriegen, mehr als einmal nur aus der Illusion einer Bedrohung heraus, und kann aus sonst friedlichen Menschen Tötungsmaschinen machen. Andererseits läßt er uns buchstäblich »über uns selbst hinauswachsen«, Dinge vollbringen, die wir zuvor nicht für möglich hielten und oftmals die Grenzen menschlicher Vorstellungskraft sprengen.

Überall dort, wo wir nicht mit Sicherheit wissen können, finden sich Glaubenssätze. In einem gewissen Sinne dienen sie uns als Arbeitshypothesen. Man weiß nicht, wie es wirklich ist oder was künftig kommen wird und bildet Glaubenssätze über

die Welt
die eigene Identität

die entstehen durch

eigene Schlußfolgerungen
Übernahme von Bezugspersonen

und sich inhaltlich beziehen können auf

Bedeutung
Grenzen
Möglichkeiten
Konsequenzen
Erwartungen

Glaubenssätze über die Welt werden als allgemein gültig formuliert, wie beispielsweise: »Das Dasein ist von Leid geprägt« – »Frauen sind nur hinter dem Geld her« – »Männer wollen immer nur das eine.« Glaubenssätze über die eigene Identität treffen Aussagen über das Selbst, wie: »Ich bin ein Verlierer« – »Für mich wird Glück immer ein seltenes Geschenk sein.«

Eigene Glaubenssätze entstehen aus selbst getroffenen Schlußfolgerungen. Wenn sich ein Junge beispielsweise mehrmals hintereinander unglücklich verliebt, könnte er den Glaubenssatz generieren: »Liebe tut weh.« Wenn er aber daran glaubt, weil er diesen Satz immer wieder von Mutter oder Vater hörte, würde es sich um einen übernommenen Glaubenssatz handeln.

Die Bedeutung eines Ereignisses ist nicht von Natur aus gegeben, sondern wird von uns festgelegt. So könnte ein Glaubenssatz über diesen Bereich lauten: »Daß ich meine Arbeit verloren habe, bedeutet für mich großes Unglück.« Er könnte aber genauso lauten: »Daß ich meine Arbeit verloren habe bedeutet, daß ich endlich etwas finden kann, was mir Spaß macht.« Glaubenssätze über Grenzen beinhalten meistens Verhaltensregeln wie: »Man spricht nicht mit vollem Mund.« Glaubenssätze über Möglichkeiten dagegen drücken aus, was wir für möglich bzw. für unmöglich halten, wie beispielsweise: »Es ist für mich möglich, mein Abitur mit Auszeichnung zu bestehen.« – »Es ist nicht möglich, den Untergang der Welt aufzuhalten.« Glaubenssätze über Ursachen drücken unseren Glauben darüber aus, was von was verursacht werden kann. Zum Beispiel: »Wenn man ohne Mantel nach draußen geht, erkältet man sich.« – »Meine Neurodermitis hat ihre Ursache in meinem letzten Leben.« Glaubenssätze über Konsequenzen sagen aus, was unserer Meinung nach durch etwas erfolgen kann, beispielsweise: »Wenn ich morgen wieder zu spät zur Arbeit komme, werde ich gekündigt.« – »Wenn ich zehn Kilogramm abnehme, fühle ich mich viel besser.« Glaubenssätze über Erwartungen drücken aus, welchen Wahrscheinlichkeitsgrad wir einem zukünftigen Ereignis beimessen. So können Sie beispielsweise mit hoher Wahrscheinlichkeit erwarten, daß Sie auch heute abend wieder müde werden und schlafen gehen. Vielleicht erwarten Sie auch für sich selbst, daß der/die Richtige noch in Ihr Leben treten wird, oder glauben vielleicht, daß dies nicht mehr zu erwarten ist.

In einem gewissen Sinne befinden wir uns in einem Zeitalter des Erklärungsnotstands. Der Glaube an die Obrigkeiten und damit an übergeschichtliche, göttliche Erklärungsmodelle schwindet immer mehr dahin und hinterläßt als schwarzes Loch die Beliebigkeit der Realität. Zum Teil sind wir daher tatsächlich auf den Glauben angewiesen. Denn in der Unsicherheit des Nicht-Wissens bieten Glaubenssätze eine Orientierungshilfe. Solange wir sie als Arbeitshypothesen ansehen, die wir wieder verwerfen, wenn sie uns schlechte Dienste erweisen oder neue Erkenntnisse zur Verfügung stehen, ist Glaube eine Bereicherung, die »ermöglicht«. Wird aus der Hypothese aber eine scheinbare Gewißheit, dann schränkt Glaube ein und »entmöglicht« die eigentlich zur Verfügung stehende Vielfalt des Lebens.

Wenn Glauben zur Gewißheit wird

In einem gewissen Sinne scheinen Glaube und Skepsis Gegensätze zu sein. Beides bewirkt aber nur allzuoft, daß das Wahrnehmen und Beobachten durch Glaube oder Skepsis ersetzt wird. Insofern hat Skepsis sehr häufig zur Folge, daß sie uns für Beobachtungen blind macht, die wir für sehr unwahrscheinlich halten. Der Skeptiker möchte verhindern, daß er durch blinden Glauben in einer Wahnwelt lebt. Daß er aber durch seinen Skeptizismus in einer anderen Form von Wahnwelt lebt, bleibt ihm meist verborgen.

Spiegelbildlich dazu ist der Gläubige um seines Glaubens willen bereit und in der Lage, seine erfahrbare Lebenswelt mit seinem glaubensspezifischen Wahn zu überhöhen. Einerseits dadurch, daß den Gläubigen windige Versprechungen auf das Jenseits gegeben werden, die ihn bereit machen sollen, sich im Diesseits zu opfern. Ob das die Heilversprechungen waren, die man den Menschen gab, die in die Kreuzzüge zogen, oder ob das heute die Versprechungen sind, die die Ayatollahs den Kindern, Jugendlichen und Erwachsenen geben, daß ihr Tod sie zu Märtyrern macht im Heiligen Krieg und ihnen damit einen Ehrenplatz im Paradies sicherstellt. Diese Art von Wahn läuft immer darauf hinaus, daß Menschen anderen Menschen etwas versprechen über ein Jenseits, in dem sie selbst nicht waren und von dem sie strenggenommen auch nichts wissen.

Eine andere Form von Wahnwelt entsteht dadurch, daß den alltäglichen Ereignissen entweder Wunder hinzugedichtet werden oder die alltäglichen Ereignisse eingebettet werden in einen kosmischen Erklärungszusammenhang. Der selbst wieder nur durch den Glauben verständlich wird.

Sowohl dem Skeptiker wie dem Gläubigen fehlt die Fähigkeit, anzuerkennen, was ist. Und die ruhige Losgelöstheit, die es ermöglicht, zu dem, was ist, ja zu sagen.

Eine besondere Gruppe von Glaubenssystemen sind die hermetisch abgeschlossenen. Dies sind Glaubenssysteme, die so organisiert sind, daß jedes mögliche Gegenargument schon Teil des Glaubenssystems selbst ist. Oder anders gesagt, es ist prinzipiell nichts denkbar, was den Glauben widerlegen könnte. Dies gilt als erstes für die großen Weltreligionen. Selbst wenn sich zum Dogma erhobene Behauptungen über die Welt, ihr Alter usw. als naturwissenschaftlich falsch erweisen, führt dies nur dazu, daß diese inhaltliche Position geräumt wird. Ohne daß am Selbstverständnis gerüttelt wird. Man weiß sich im Besitz einer göttlich offenbarten Wahrheit, die durch kein innerweltliches Wissen jemals in Frage gestellt werden kann.

Aber auch in den »Wissenschaften« gibt es immer die Gefahr, daß ein Erklärungssystem hermetisch wird. So haben Popper und andere zum Beispiel der Psychoanalyse vorgeworfen, daß sie in dem oben genannten Sinne hermetisch ist. Wer etwas gegen die Psychoanalyse sagt, ist im Widerstand, was selbst ein Konzept aus dieser Theorie ist. Oder allgemein gesagt, wer dagegen ist, ist krank. Damit haben wir zwei der drei großen Immunisierungsstrategien kennengelernt:

- Wer dagegen ist, ist des Teufels
- Wer dagegen ist, ist krank

Und was als drittes noch fehlt ist:

- Wer dagegen ist, ist kriminell

Viabilität von Glaubenssystemen

In der modernen Theorie lebender Systeme geht man davon aus, daß jedes lebende System durch seine Sinnesorgane angeregt ein inneres Modell seiner Umwelt aufbaut. Und auf der Basis dieses Modells handelt. Diese Modelle beschreiben nicht die Wirklichkeit, wie sie wirklich ist, sondern dienen dem Zweck, den Organismus in dieser Umwelt so zu orientieren, daß er überlebensfähig ist. Diese Überlebensfähigkeit von Modellen nennt man Viabilität.

Wir wollen diesen Begriff hier für Glaubenssysteme übernehmen. Glaubenssysteme sind dann viabel, wenn sie dem Glaubenden ermöglichen, mit diesem Glaubenssystem in seiner Umwelt zu überleben. In diesem Sinne sind die schamanistischen Glaubenssysteme, das naturwissenschaftliche und die monotheistischen Weltbilder als viable Modelle verstehbar, obwohl sie sich an vielen Punkten widersprechen. Das bedeutet, alleine die Tatsache, daß ein Modell viabel ist, sagt noch nichts darüber aus, ob es wahr ist. Es ist eher für ein bestimmtes Entwicklungsniveau der Gesellschaft und des Individuums praktikabel. Wenn ein Sechsjähriger glaubt, daß die Kinder vom Storch kommen, ist das sowohl viabel als auch praktikabel. Für einen Gynäkologen wäre dieser Glaube weder viabel noch praktikabel.

Die Viabilität und die Praktikabilität eines Glaubenssystems kommen sich in dem Moment in die Quere, wenn bisher Glaubensinhalte nicht handlungsrelevant waren, jetzt aber durch den technologischen Fortschritt handlungsrelevant werden.

Die moderne Genetik ist ein Beispiel dafür. Der Bereich der Zeugung und der Entwicklung des menschlichen Embryos war lange Zeit ein Mysterium und Gegenstand religiöser Glaubensinhalte. Durch das Klonen, durch künstliche Gebärmütter usw. kommt die Möglichkeit der Menschenproduktion in den Bereich des Machbaren. Und jetzt werden alte Glaubensvorstellungen über diesen Prozeß unpraktikabel. An diesem Beispiel erkennt man leicht, daß ein Großteil der Glaubenssätze, die uns wichtig sind, weil sie existentielle Grundfragen betreffen, bisher die Funktion hatten, Nichtwissen durch Glauben zu ersetzen. Dort wo das Wissen im technologischen Sinne einsetzt, geht es um Praktikabilität.

Paradigmenwechsel

Seit der grundlegenden Arbeit von Kuhn über die Struktur wissenschaftlicher Revolutionen wissen wir, daß einer der wesentlichen Prozesse der Wissenschaftsentwicklung darin besteht, daß die Wissenschaften ihre Paradigmen wechseln. Unter einem Paradigma versteht man eine leitende Grundidee oder einen grundsätzlichen Glauben über den Gegenstandsbereich, den man bearbeitet und erforscht. Ein Paradigma wirkt in der Wissenschaft ähnlich wie unsere individuellen Glaubenssätze über die Welt. Sie fokussieren unsere Aufmerksamkeit, bestimmen, was wichtig und unwichtig, möglich und unmöglich ist.

Da die Wissenschaften von sich den Anspruch haben, gerade keine hermetischen Systeme zu sein, müssen sie so aufgebaut sein, daß ihre Theorie, aber auch ihre Paradigmen, prinzipiell durch Gegenbeispiele widerlegbar sind. Erfahrungsgemäß haben Paradigmen allerdings die Wirkung, Gegenbeispiele lange Zeit auszuschließen, wenn sie nicht in den paradigmatisch vorgegebenen Rahmen passen. Diese Ergebnisse werden dann lächerlich gemacht, ignoriert und denunziert. In diesem Zusammenhang gibt es eine nette Anekdote von Werner Heisenberg, der angeblich auf die Frage eines Studenten, warum es soviel Widerstand von seiten der etablierten Physiker gegen die experimentell und mathematisch gut fundierte Quantenmechanik gibt, geantwortet haben soll: »Junger Mann, neue Theorien setzen sich in der Wissenschaft nicht dadurch durch, daß die Anhänger der alten Theorie überzeugt werden, sondern dadurch, daß die Anhänger der alten Theorie aussterben.« Das heißt, das Durchbrechen alter Glaubenssätze in der Wissenschaft ist häufig genauso schwierig wie in anderen Lebensbereichen.

Wofür Sie Glaubenssatz-Arbeit nutzen können

Als moderne Menschen bewegt uns eine neue Qualität von Problemen. Wir leben in einer Welt, die sich mit geradezu atemberaubender Geschwindigkeit verändert und stehen somit vor der gesellschaftlichen und persönlichen Herausforderung, mit dieser Entwicklung Schritt zu halten. Mit den traditionell bekannten Lösungswegen ist diese Aufgabe nicht mehr zu bewältigen. Was in unserer Lebenszeit gefragt ist, sind Flexibilität und die Bereitschaft, Neues anzunehmen und auszuprobieren. Längst ahnen wir auch durch die Entdeckungen der jüngsten Zeit, daß wir unser volles menschliches Potential bisher noch nicht einmal annähernd ausschöpfen. Es steht also noch vieles zu entdecken aus, bei dem Ihnen die Glaubenssatz-Arbeit wertvolle Dienste leisten kann.

Veralteten Glauben loslassen

Bei dem rasanten Tempo unseres Zeitalters können eben noch gültige Überzeugungen im nächsten Moment schon wieder überholt sein. Stetig werden neue, zum Teil revolutionäre Erkenntnisse gewonnen. Grenzen erweitern sich in immer kürzeren Abständen und die Möglichkeiten, die sich dem einzelnen bieten, werden immer vielfältiger. Flexibilität im Glauben ist für uns daher zu einer wesentlichen Fähigkeit geworden. Veraltete Glaubenssätze müssen über Bord geworfen werden, um einen angemessenen Platz für die neuen Erkenntnisse zu schaffen.

Wenn die Neuerung zu den bereits vorhandenen Glaubenssätzen paßt, geschieht dies häufig leicht und problemlos. Schwierig wird es dagegen, wenn den neuen Erkenntnissen alte verhärtete Überzeugungen entgegenstehen. Oftmals wird in diesen Fällen selbst dann an den alten Glaubenssätzen festgehalten, wenn eindeutige Gegenbeweise geliefert wurden.

Ein gutes Beispiel hierfür ist die Krebsforschung. Viele Menschen teilen auch heute noch die Überzeugung, daß die Diagnose »Krebs im Endstadium« gleichbedeutend mit einem Todesurteil ist. Tatsächlich gibt es mittlerweile aber etliche medizinisch belegte Fälle über ehemalige Krebspatienten, denen mehrere Ärzte die Diagnose »Krebs im Endstadium« stellten, und die wieder völlig metastasenfrei wurden und dies auch blieben. Die Überzeugung, daß ein Mensch mit dieser Diagnose sterben muß, ist damit eindeutig widerlegt, der alte Glaubenssatz wirkt aber dennoch weiter, als gäbe es den Gegenbeweis nicht.

Erweitern Sie Ihr Wachstumspotential und Ihre Lernfähigkeit

Ihre Glaubenssätze haben maßgeblichen Einfluß darauf, wie leicht und schnell Sie Neues erlernen können. Besonders das, was Sie im Bereich des Lernens für sich als unmöglich bzw. möglich erleben, wirkt auf die Grenzen Ihrer Aufnahmefähigkeit. Seien Sie versichert, daß Ihr Wachstumspotential noch viele Möglichkeiten bietet. Allerdings jeweils nur so viele, wie Ihre momentanen Glaubenssätze zulassen wollen. Riskieren Sie daher einen näheren Blick auf Ihre Überzeugungen im Bereich des Lernens und der Fülle Ihrer Fähigkeiten. Es lohnt sich, hie und da eine förderliche Veränderung vorzunehmen. Wachsen Sie also über Ihre bisherige Sicht hinaus und erleben Sie bisher ungeahnte Möglichkeiten.

Lösen Sie innere Konflikte

Innere Spannungen und Konflikte zehren an der Kraft. Oftmals geht bei einem solchen inneren Kampf soviel Energie verloren, daß selbst der normale Alltag zu einer anstrengenden Angelegenheit wird. Hinter solchen inneren Konflikten verbergen sich häufig widersprüchliche Glaubenssätze. In der Arbeit mit diesen Glaubenssätzen können Spannungen gelöst und in Folge davon eine Ausrichtung der Kraft auf ein gewünschtes Ziel erreicht werden.

Einen neuen Lebensabschnitt beginnen

Wenn ein Lebensabschnitt zu Ende geht, steht etwas Neues im Leben an. Die bewußte Arbeit mit Glaubenssätzen kann hier bewirken, den Übergang angstfrei und reibungslos zu gestalten. Je schneller Sie alte Glaubenssätze, die dem neuen Leben nicht mehr angemessen sind, verändern können, und im gleichen Zuge neue, nun passende generieren, desto leichter wird der Neuanfang.

Erreichen Sie Ihre Ziele

Glaubenssätze können das Erreichen eines Zieles verhindern, oder in Ihrem Inneren alles Notwendige aktivieren, um Ihr Ziel schnellstmöglich Wirklichkeit werden zu lassen. Gerade im Hinblick auf Ziele ist das Überprüfen der entsprechenden Glaubenssätze sehr zu empfehlen. Erst wenn eventuell im Wege stehende Überzeugungen gelöst und neue, förderliche an deren Stelle gesetzt werden, wird das Hinarbeiten auf ein Ziel zum Erfolg führen.

Dies sind natürlich nur einige der Möglichkeiten, wie Sie Glaubenssatz-Arbeit für sich nutzen können. Im noch folgenden Kapitel »Schnelle, anhaltende Veränderung« stellen wir Ihnen die NLP-Techniken vor, mit denen Sie gewünschte Veränderungen in kurzer Zeit bewirken können.

Selbsterfüllende Prophezeiungen

Der Bereich der selbsterfüllenden Prophezeiung läßt sich vielleicht am besten durch ein Zitat von Henry Ford charakterisieren:

»If you believe you can do it,
or if you believe you can't,
you are right.«

Glaubenssätze wirken wie Wahrnehmungsfilter und Handlungsanweisungen. Sie wirken sowohl auf der bewußten als auch unbewußten Ebene in die Richtung, daß das Geglaubte eintrifft. Der wohl bekannteste Bereich von unbewußt wirkenden Glaubenssätzen ist der Placeboeffekt. Unter einem Placebo versteht man eine Substanz, die als Arzneimittel verschrieben wird, aber faktisch völlig wirkungslos ist, zum Beispiel Traubenzucker. In allen westlichen Ländern muß jedes Medikament in einer Doppelblindstudie getestet werden, um den Placeboeffekt vom Verumeffekt, also dem tatsächlichen pharmakologischen Effekt zu unterscheiden. Bei diesem Test wissen weder der Arzt noch der Patient, ob ein Verum oder ein Placebo verschrieben wird. Danach wird statistisch ausgewertet, bei wieviel Prozent der Placebopatienten eine Besserung eingetreten ist und bei wieviel der Verumpatienten. Dann zieht man den Placeboprozentsatz vom Verumprozentsatz ab, und was übrigbleibt, ist der Verumeffekt. Aus diesen hunderttausendfach gemachten Untersuchungen ist bekannt, daß der Placeboeffekt 30 bis 70 Prozent der Wirkung ausmachen kann. Dies ist der wohl schlagendste Beweis dafür, daß unsere Erwartungshaltung und unser Glaube sich direkt auf unsere Gesundheit, das heißt auf unsere körperliche Verfassung auswirken. Dies gilt natürlich nicht nur im positiven Sinne, sondern auch im negativen Sinne. Das heißt, wenn jemand glaubt, er sei nicht mehr zu retten oder das Leben sei für ihn sinnlos geworden, dann kann keine ärztliche Kunst diesen Menschen am Leben erhalten.

Die sich selbsterfüllende Kraft des Glaubens endet aber nicht an unserem eigenen Körper. Auch in unserem interaktiven Bereich wirken sich Glaubenssätze als selbsterfüllende Prophezeiungen aus. Wenn ich mit der Vorannahme in ein Gespräch gehe, daß der andere mich übers Ohr hauen will, dann werde ich sehr vorsichtig, sehr zurückhaltend, wenig offen usw. sein. Dies wirkt sich auf mein Gegenüber aus, das jetzt seinerseits mißtrauisch wird, womöglich mir unlautere Absichten unterstellt und nun seinerseits beginnt, seine wahren Absichten nicht sofort preiszugeben.

Ein schönes Beispiel für die Wirkung solcher interaktiver Vorannahmen ist folgendes Experiment: In den USA testete man eine Klasse von Schülern mit einem gängigen Intelligenztest. Danach ordnete man die Ergebnisse genau umgekehrt zu, das heißt, der Schüler mit dem schlechtesten Ergebnis bekam das beste und umgekehrt. Die Lehrer bekamen die Ergebnisse dieses Intelligenztest mit anderen Informationen als Vorinformationen über die Schüler. Am Ende des Jahres wurden die Zensuren der Schüler mit dem offiziellen Intelligenztest verglichen. Und in der Tat hatten die Schüler mit dem vermeintlich höchsten IQ die besten Zensuren, obwohl sie doch »tatsächlich« die schlechtesten Testergebnisse hatten. Dieses und ähnliche Experimente haben immer wieder gezeigt, daß die Erwartungshaltung der Lehrer einen enormen Einfluß auf das Verhalten ihrer Schüler hat. Analoges gilt natürlich in Familien und Unternehmen.

Im Rahmen des positiven Denkens und im Rahmen auch der Sethschen Lehre ist nun die Vorstellung entstanden, daß man auch den Parkplatznöten in der Innenstadt dadurch entgehen kann, daß man sich einen Parkplatz imaginiert. Und den Autoren sind zahlreiche Menschen bekannt, die Stein und Bein schwören, daß sie diese Kunst erfolgreich beherrschen. Bei genauerer Betrachtung stellt sich allerdings ein etwas anderes Bild dar.

1. In der Tat finden diese Personen sehr häufig einen Parkplatz, aber durchaus nicht immer.
2. Wenn sie einen finden, liegt es unter anderem daran, daß es erstens einen gab und sie zweitens in einem inneren Zustand waren, in dem sie auch bereit waren, die Lücke zu finden.
3. Wenn sie keinen finden, was natürlich auch vorkommt, wird das entweder ausgeblendet oder darauf zurückgeführt, daß man nicht intensiv genug imaginiert hat. Hier handelt es sich um eine hermetische Erklärung.

Wir bewegen uns hier in einem Grenzbereich. Und zwar in dem Grenzbereich dessen, was man als akausale, synchronistische Aspekte der Wirklichkeit beschreiben könnte. In unserer therapeutischen Arbeit haben wir diesen Wirkungsbereich Fernwirkung genannt. Damit ist folgende Beobachtung gemeint. Sehr häufig haben uns Klienten berichtet, daß sie in der Therapie die Beziehung zu einem andern Menschen, meistens einem Familienmitglied, geklärt hatten und daß sie danach von dieser Person angerufen oder besucht wurden und sich diese Person völlig anders verhalten hat als vorher, und zwar in Übereinstimmung mit dem, was in der Therapie geschah. Wie diese Art von Kommunikation zu verstehen ist, wissen wir nicht. Wir können solche Fernwirkung jedoch immer wieder beobachten.

Diese Art von Fernwirkung, die wir mangels eines besseren Begriffs vielleicht als »telepathisch« charakterisieren können, hat aber nach unserem Verständnis nichts mit dem zu tun, was Seth mit der Wirkung der Pseudomaterie meint (siehe Kapitel »Seth und Manifestation«). Der Unterschied besteht einfach darin, daß diese Art von Fernwirkung eine ist, die von Bewußtsein zu Bewußtsein zu beobachten ist, aber nicht zwischen Bewußtsein und Materie.

Schnelle, anhaltende Veränderung

Als kleinen Vorgeschmack auf den dritten Teil des Buches möchten wir Ihnen vorab kurz beschreiben, welche NLP-Techniken Ihnen in diesem Buch zur Verfügung stehen. In den jeweiligen Kapiteln finden Sie dann ausführliche Beschreibungen.

Die richtige Frage am richtigen Ort

Im Kapitel »Die Macht der Sprache« geht es um spezielle Fragetechniken. Dadurch, daß wir uns selbst oder anderen eine Frage stellen, lenken wir unsere Aufmerksamkeit auf das, wonach gefragt wird. Mit den richtigen Fragen können wir, was Glaubenssätze betrifft, unsere Aufmerksamkeit leicht auf die kritischen Punkte von Glaubenssätzen lenken. In diesem Kapitel stellen wir Ihnen einige Fragen vor, die sich in unserer therapeutischen Arbeit als besonders erfolgreiche Glaubenssatz-Knacker erwiesen haben. Wenn diese Fragen den in Frage stehenden Glaubenssatz nicht vollständig verändern oder relativieren, so haben sie doch auf jeden Fall die Wirkung, daß sie seinen Absolutheitsstatus relativieren und Sie so in die Lage versetzen, mit den anderen Techniken weiterzuarbeiten.

Umgang mit konfligierenden Glaubenssätzen

Im Kapitel »Das Konfliktintegrationsmodell« lernen Sie eine Technik, die es Ihnen ermöglicht, zwei Glaubenssätze über das gleiche Thema, die miteinander in Widerspruch geraten, aber gleichzeitig in Ihnen am Werk sind, auf einer unbewußten Ebene miteinander zu verschmelzen, zu integrieren. So daß auf einer höheren Ebene eine Lösung entsteht, die mehr ist als ein Kompromiß zwischen beiden.

Positive Gefühlszustände jederzeit zugänglich machen

In dem Kapitel »Anker verschmelzen« werden wir Ihnen eine NLP-Technik vorstellen, die wir uns in dieser Form ausgedacht haben, um eine Anregung von Seth in eine praktikable Übung zu übertragen. Seths Idee war es, einen negativen Glaubenssatz mit einem positiven Gefühl kollaborieren zu lassen, um ihn zu verändern. Diese Übung stellt eine dem NLP gemäße Realisierung dieses Vorschlages dar.

Vier Fragen, die die Welt verändern

Die Fragetechnik im Kapitel »Der Diamond« ist das Ergebnis eines sehr umfangreichen Projekts, mit Hilfe der polykontexturalen Logik das NLP zu erweitern. Diese Arbeit, die im wesentlichen auf Dr. Rudolf Kaehr zurückgeht, kann hier weder in ihrer Breite noch in ihrer Tiefe dargestellt werden. Wir nutzen nur einen kleinen Teil dieses Ansatzes, der sich für die Selbstanwendung besonders gut eignet.

Diese Fragetechnik hilft dem Befragten, das Thema, über das er sich selbst befragt, auf eine Weise zu ergründen, die dem bekannten Einsteinschen Diktum Rechnung trägt, daß die Lösung eines Problems nicht auf der gleichen logischen Ebene liegen kann, wie das Problem selbst. Sie werden vom Problem zur Problemlösung und sodann zur Problemauflösung geführt, was jenseits von Problem und Lösung liegt.

Submodalitäten – die Programmiersprache des subjektiven Erlebens

Submodalitäten gehören zu den neuesten und spektakulärsten Entdeckungen des NLP. Submodalitäten ist der NLP-Fachbegriff für die feinsten wahrnehmbaren Unterschiede wie: Helligkeit oder Farbintensivität beim Sehen, Lautstärke oder Rhythmus beim Hören und Temperatur oder Textur beim Fühlen. Richard Bandler fand heraus, daß diese feinsten Unterscheidungen einen direkten Einfluß auf unser subjektives Erleben haben. Wenn wir beispielsweise ein Bild vor unserem geistigen Auge sehen, übt die Art und Weise, *wie* das Bild aufgebaut ist, weit größeren Einfluß auf unsere Gefühle aus als das, was inhaltlich abgebildet wird. Anhand des folgenden kleinen Experimentes können Sie dies nachvollziehen:

Denken Sie an einen Menschen, in dessen Gegenwart Sie sich bisher unsicher oder sogar ängstlich fühlten. Lenken Sie Ihre Aufmerksamkeit nun auf das, was Sie im Inneren sehen (wenn Sie Ihre inneren Bilder in der Vergangenheit nicht bewußt sehen konnten, stellen Sie sich einfach vor, Sie würden sie sehen). Müssen Sie nach oben oder unten schauen, wenn Sie diese Person betrachten wollen? Erscheint das Bild dieser Person direkt vor Ihnen oder sehen Sie es links oder rechts? Ist es farbig oder schwarzweiß? Wie weit ist das Abbild dieses Menschen von Ihnen entfernt, ist es direkt vor Ihrer Nase oder einige Meter weit weg? Ist die Größenrelation normal oder erscheint er bzw. sie kleiner oder größer als real? Achten Sie jetzt darauf, welche Gefühle in Ihnen entstehen, während Sie diese Person im Inneren betrachten. Wie würden Sie die Gefühlsregungen bezeichnen? Als Unsicherheit, Angst, Panik oder anders? Welche Körperempfindungen werden für Sie spürbar? Wie fühlten sich Ihr Magen und Ihr Brustraum an? Gibt es sonstige körperliche Reaktionen, die für Sie wahrnehmbar werden? Gehen wir nun zur Veränderung des Bildaufbaus über. Stellen Sie sich einen kleinen Schwarzweißfernseher vor, der ungefähr fünf Meter von Ihnen entfernt links unten auf dem Boden steht. Sehen Sie die Person nun in diesem kleinen Schwarzweißfernseher, links unten in einigen Metern Entfernung. Was verändert sich in Ihren Körperempfindungen? Wie würden Sie das jetzt entstandene Gefühl nennen?

In der Regel tritt eine sofortige Besserung ein. Oftmals lösen sich die unangenehmen Empfindungen sogar vollständig auf. Entspricht diese Beschreibung Ihrem eigenen Erleben? Wenn ja, wird Sie dieses Ergebnis wahrscheinlich überraschen. Bevor die Wirkung von Submodalitäten entdeckt wurde, ging man davon aus, daß Gefühle vom Inhalt einer Vorstellung ausgelöst werden.

Mit der Erforschung der Submodalitäten aber wurde offensichtlich, daß das subjektive Erleben bei jedem Menschen nach einer bestimmten Struktur organisiert ist. Dies bezieht sich nicht nur auf innere Bilder, sondern in genau der gleichen Weise auch auf innere Klänge und Empfindungen. Submodalitäten können als Programmiersprache des subjektiven Erlebens bezeichnet werden. Die feinsten wahrnehmbaren Unterschiede wirken dabei wie eine Codierung. Sie signalisieren, welche Bedeutung eine innere Vorstellung trägt und steuern so die Gefühlsreaktion. Verändert man die Submodalitäten, verändern sich Bedeutung und Gefühle automatisch mit.

In unserem obigen Experiment benutzten wir zum Beispiel die Submodalitäten: *kleines Bild, schwarzweiß, links unten, einige Meter entfernt.* Bei vielen Menschen trägt dieses Set an Submodalitäten die Bedeutung: *Inhalt ist unwichtig.* In Folge davon werden Gefühle entweder abgeschwächt oder vollständig neutralisiert. Dies ist allerdings keine Regel. Obwohl es einige Submodalitäten gibt, die bei den meisten Menschen ähnlich wirken, ist der überwiegendere Teil bei jedem einzelnen »individuell programmiert«. Welche Submodalitäten welche Bedeutung tragen, ist demnach bis auf wenige Ausnahmen von Person zu Person verschieden. Wenn Sie bei unserem kleinen Experiment also andere Erfahrungen machten als die beschriebenen, heißt das daher keinesfalls, daß Submodalitätsveränderungen nicht bei Ihnen wirken. Auch Ihr inneres Erleben ist in einer ganz bestimmten Weise strukturiert, nur etwas individueller.

Es gilt also, die Struktur herauszufinden, in der Ihr inneres Erleben organisiert ist. Wenn Sie Ihre Submodalitäten bewußt verändern können, sind Sie in der Lage, auf Ihr inneres Erleben und Ihre Gefühlswelt gezielt Einfluß zu nehmen. Sie halten damit den Schlüssel zur Veränderung Ihres subjektiven Erlebens in der Hand.

Teil 2

Inventar Ihrer Glaubenssätze

Ihre Glaubenssätze beeinflussen in erheblichem Maße, wie Sie sich in dieser Welt fühlen, und in Folge davon, was für ein Leben Sie führen. Für eine bewußte Lebensgestaltung und einen Selbstentwurf des eigenen Lebens ist eine Aufstellung der Glaubenssätze daher überaus nützlich. Auf den folgenden Seiten finden Sie umfangreiches Arbeitsmaterial, mit dessen Hilfe Sie ein detailliertes Inventar Ihrer Glaubenssätze erstellen können. Wir haben das Material in vier Themenblöcke unterteilt:

Glaubenssätze über die Welt
Glaubenssätze über Ihre Identität
Glaubenssätze über Veränderung
Unbewußte Glaubenssätze hervorholen

Im Themenblock »Glaubenssätze über die Welt« geht es um Überzeugungen, die Sie nicht nur auf sich selbst, sondern auf Teile der Welt oder auf die Welt als Ganzes beziehen. Hier werden Sie die meisten Glaubenssätze finden, die Sie von anderen übernommen haben. In der Regel gibt es aber auch in diesem Bereich Überzeugungen, die aus eigenen Schlußfolgerungen entstanden sind. Glaubenssätze über die Welt erkennen Sie an allgemeinen Formulierungen, die sich nicht auf das Erleben einer konkreten Person beziehen. Beispiele hierfür wären: »Status ist schlecht« – »Macht ist alles« – »Autorität gibt Sicherheit« und ähnliches. Bei den »Glaubenssätzen über Ihre Identität« stehen die Überzeugungen im Mittelpunkt, die Aussagen über Ihr eigenes Selbst treffen. Die meisten dieser Glaubenssätze werden wahrscheinlich eigene Schlußfolgerungen sein. Aber auch hier können Sie auf Aussagen stoßen, die andere über Sie getroffen haben, und die Sie für sich bisher als Tatsache akzeptierten. Glaubenssätze über Ihre Identität erkennen Sie an Formulierungen wie: für mich, ich bin, mir ist, mein Leben usw.

Diese beiden Kapitel haben wir als Formblätter für Sie gestaltet, die Sie zum Bewußtmachen Ihrer Glaubenssätze nutzen können. Jedes Formblatt beschäftigt sich mit einem anderen Lebensbereich. Diese greifen teilweise ineinander über und können deshalb nicht eindeutig abgegrenzt werden. Wir schlagen daher vor, daß Sie sich zuerst einen Überblick über die Aufteilung verschaffen, bevor Sie mit Ihrem Inventar loslegen. Zur Anregung haben wir zu jedem Lebensbereich mögliche Glaubenssätze aufgeführt. Sicherlich werden Sie einige darunter finden, die auf Sie zutreffen; die anderen nehmen Sie einfach zur Inspiration, um weitere Glaubenssätze bei sich aufzuspüren.

Das Kapitel »Glaubenssätze über Veränderung« ist etwas anders aufgebaut. Da es in diesem Buch um Lebensgestaltung und Selbstentwurf geht, kommt diesem Thema natürlich eine besondere Bedeutung zu. Neben dem Auffinden der entsprechenden Überzeugungen beschäftigen wir uns daher ebenfalls mit der Frage, welche Glaubenssätze Veränderung fördern und welche sich eher hinderlich auswirken können.

Am Ende dieses Buchteils beschäftigen wir uns mit dem Thema »Unbewußte Glaubenssätze hervorholen«. Bereits Seth betonte, wie wichtig gerade die Überzeugungen sind, die ihre starke Wirkung vom Unterbewußtsein aus entfalten. Da diese Glaubenssätze normalerweise außerhalb des bewußten Zugriffs liegen, benötigen Sie zur Bewußtwerdung entsprechende Vorgehensweisen. Diese sind Gegenstand des letzten Kapitels.

Für alle vier Themenblöcke gilt: Je ehrlicher und eventuell auch schonungsloser Sie an den Bereich Ihrer Überzeugungen herangehen, desto größer wird die Selbsterkenntnis über Ihre jetzige Lebenssituation sein. Vielleicht kann es vorkommen, daß Sie der eine oder andere gefundene Glaubenssatz bestürzt. Desto wichtiger wird es sein, mit ihm zu arbeiten. Denn tief verwurzelten Überzeugungen ist es gleichgültig, ob der Verstand sie gutheißt oder nicht. Sie wirken trotzdem. Und je mehr das Bewußtsein dagegen arbeitet, desto stärker wird der innere Konflikt. Werden Sie sich Ihrer Überzeugungen also bewußt, auch wenn es anfangs unangenehm ist. Mit den später noch folgenden Veränderungstechniken können Sie auch bisher tief verwurzelte Glaubenssätze lösen, und einen solchen Konflikt von der Tiefe her bereinigen.

Sicherlich wird es auch erheiternde Momente beim Erstellen Ihres Inventars geben. Beispielsweise wenn sich Ihnen Kuriositäten offenbaren, wie gegensätzliche Überzeugungen oder auch längst Überholtes, das noch aus der Zeit von Opa und Oma stammen könnte. Humor hilft hier in jedem Fall, und ansonsten stehen Ihnen die verschiedenen Veränderungstechniken zur Verfügung.

Wenn Sie Ihre Glaubenssätze zu den einzelnen Lebensbereichen notieren, können Sie die Unterteilung in die fünf Glaubensbereiche nutzen. Suchen Sie hierzu zu dem Thema jeweils nach:

- Bedeutung
- Grenzen
- Möglichkeiten
- Konsequenzen
- Erwartungen

Für die spätere Veränderungsarbeit ist es nützlich, wenn Sie zu jedem gefundenen Glaubenssatz zusätzlich notieren:

- Ob er durch Ihre eigene Schlußfolgerung entstanden ist
- Ob er übernommen wurde, und wenn ja, von wem oder was
- Ob Sie nicht wissen, woher er stammt

Sie können dafür beispielsweise Kürzel oder Symbole verwenden wie:

F für fremden, übernommenen Glaubenssatz

E für eigene Schlußfolgerung

? für weiß nicht, woher er stammt

Sie erhalten auf diese Weise auch einen klaren Überblick darüber, ob Sie bisher eher fremdbestimmt oder selbstbestimmt waren. Es wird ebenfalls offensichtlich, welche Personen durch von Ihnen übernommene Glaubenssätze auch heute noch einige Ihrer Lebensbereiche mitbestimmen. Und es wird für Sie erkennbar, wo Sie Dinge glauben, ohne zu wissen, woher dieser Glaube kommt bzw. weshalb Sie gerade das glauben.

Ihr Inventar kann Ihnen als umfangreiche Grundlage für jede Veränderungsarbeit dienen. Und es ist ein guter erster Schritt, der alten sokratischen Maxime »Erkenne dich selbst!« näher zu kommen. Einerseits werden Sie bereits beim Erstellen hinderliche Glaubenssätze aufspüren und können diese dann nach Bedarf verändern. Andererseits können Sie das Inventar als Informationsquelle zur Lösung von Problemen nutzen, indem Sie sich mit den Glaubenssätzen des jeweiligen Lebensbereiches auseinandersetzen. Mehr Informationen hierzu finden Sie im Kapitel »Glaubenssatz-Moleküle« im dritten Teil des Buches.

Glaubenssätze über die Welt

Glaubenssätze über Status

- Status ist ein Ersatz für Persönlichkeit
- Wenn man Status hat, ist man wertvoll
- Status ist alles
- Status wird durch Leistung definiert
- Status ist etwas Angeborenes
- Nur mit einem entsprechenden Status wird man respektiert
- Status ist ein Ausdruck der Macht
- Status interessiert mich nicht

Glaubenssätze über Macht

- Macht ist schlecht
- Macht haben immer nur wenige
- Macht bringt das Schlimmste im Menschen zum Vorschein
- Macht ist gut, wenn man sie richtig anwendet
- Macht gehört zum Leben wie Ohnmacht
- Macht korrumpiert selbst die Besten
- Mit den Mächtigen legt man sich besser nicht an
- Macht ist man ohnmächtig ausgeliefert
- Macht ist die Voraussetzung für wirksames Handeln
- Macht ist gesellschaftlich unverzichtbar

Glaubenssätze über Autoritäten

- Autorität gibt Sicherheit
- Menschen wollen geführt werden
- Autorität sollte aus der Kompetenz erwachsen
- Autorität funktioniert nur über Macht
- Autorität wird von anderen verliehen
- Autorität erwirbt man sich durch Leistung
- Autorität entsteht durch die Anerkennung der anderen
- Autorität untergräbt die Solidarität
- Autorität ist immer anmaßend
- Autorität gibt den Geführten Sicherheit

Glaubenssätze über Geld

- Wer Geld hat, hat auch Freunde
- Geld ist schmutzig
- Reichtum verdient jeder
- Geld beruhigt
- Geld ist Unabhängigkeit
- Geld ist notwendig
- Geld ist der Gegenwert für Leistung
- Reich wird man nicht auf ehrliche Art
- Geld macht auch nicht glücklich
- Wenn man viel Geld hat, wollen alle nur dein »Bestes«

Glaubenssätze über zwischenmenschliche Beziehungen

- Tiere sind die besseren Menschen
- Streit schadet jeglicher Art von Beziehung
- Ohne Kontakt mit anderen kann niemand überleben
- Freundschaft ist unser höchstes Gut
- Kein Mensch ist eine Insel
- Der Mensch ist des Menschen Feind
- Man kann sich nur über das Du zu sich selbst verhalten
- Jeder stirbt für sich allein

Glaubenssätze über Liebe

- Liebe ist das Wichtigste im Leben
- Liebe ist schmerzvoll
- Liebe ist die Essenz des Seins
- Liebe ist eine Illusion
- Wahre Liebe ist selbstlos
- Es gibt nur die universelle Liebe
- Liebe zwischen Mann und Frau ist nur Illusion
- Liebe ist nur ein anderes Wort für Begehren
- Liebe ist nur ein anderes Wort für Bedürftigkeit
- Liebe ist etwas für Schwache

Glaubenssätze über Gefühle

- Gefühle zeigen macht schwach
- Der Verstand allein zählt
- Wer Gefühle unterdrückt, wird krank
- Gefühle sind etwas Menschliches
- Intensive Gefühle machen das Leben erst lebenswert
- Gefühle muß man unter Kontrolle behalten
- Gefühle kann man nicht kontrollieren
- Frauen sind gefühlsbetonter als Männer
- Gefühle sind wichtiger als Gedanken

Glaubenssätze über Nähe und Intimität

- Zuviel Nähe ist gefährlich
- Intimität öffnet Tür und Tor für Übergriffe
- Nähe und Intimität haben nichts miteinander zu tun
- Unnahbarkeit wirkt anziehend
- Wenn man Nähe zuläßt, wird man verletzt
- Nähe bedeutet, mit einem anderen zu verschmelzen
- Nähe und Intimität fördern seelisches Wachstum
- Nähe und Intimität sind nicht dasselbe wie Symbiose
- Nur wer sich abgrenzen kann, kann auch nah sein

Glaubenssätze über das Leiden

- Leiden muß nicht sein
- Leben ist Leiden
- Leiden ist ein Teil des Lebens
- Nur durch Leiden kommen wir ins Paradies
- Leiden ist Ausdruck von Bindung
- Leiden ist die Strafe für Sünden
- Leiden ist negatives Karma
- Leiden ist eine Chance für Entwicklung
- Menschen verändern sich nur unter Leidensdruck

Glaubenssätze über Glück

- Glück ist vergänglich
- Zu leben bedeutet glücklich sein
- Glück ist beständig
- Jeder ist seines Glückes Schmied
- Glück ist nur ein flüchtiger Augenblick
- Glück ist kein Gefühl
- Die Jagd nach dem Glück ist eine Sorge
- Fortuna ist eine launenhafte Frau
- Glück hat nur der Tüchtige

Glaubenssätze über Moral und Ethik

- Moral und Ethik sind identisch
- Ethik hat mit Moral nichts zu tun
- Ethik sollte immer der höchste Wert sein
- Moral ist eine zeitgemäße Erscheinung
- Gegen die Moral sollte man nicht verstoßen
- Es gibt nur eine Ethik für alle Menschen
- Ethik ist etwas Individuelles
- Moral ist von Gott gegeben
- Was heute moralisch ist, kann morgen unmoralisch sein
- Das Gute erkennt man an den Folgen

Glaubenssätze über Gott

- Gott existiert
- Gott ist die universelle Liebe
- Gott existiert nicht
- Gott ist eigentlich eine Göttin
- Gott ist ein Außerirdischer
- Gott ist zornig und eifersüchtig
- Gott ist in uns allen
- Gott ist nur ein Wort für die erste Ursache
- Über Gott können wir nichts wissen
- Gott interessiert sich nicht für uns
- Ob wir an Gott glauben oder nicht, ist Geschmackssache
- Meine Religion ist die einzig wahre

Glaubenssätze über Frau/Mann-Sein

- Als Frau zieht man in der Männerwelt immer den kürzeren
- Als Mann darf man keine Schwäche zeigen
- Vater/Mutter sein ist die höchste Erfüllung im Leben
- Frauen sollten ihren Männern untertan sein
- In Wahrheit haben die Frauen die Hosen an
- Hinter jedem erfolgreichen Mann steht eine Frau
- Zum Mann wird man beim Vater, zur Frau bei der Mutter
- Als Frau wird man nicht geboren, man wird dazu gemacht

Glaubenssätze über Partnerschaft

- Mit dem/der Richtigen kommt das Glück ins Leben
- Man sollte das Leben genießen, bevor man heiraten muß
- Kameradschaft ist wichtiger als Leidenschaft
- Jeder von uns hat ein Gegenstück im anderen Geschlecht
- Die Leidenschaft nimmt mit der Zeit ab
- Zwischen Mann und Frau gibt es keine Freundschaft
- Männer brauchen Frauen, und Frauen brauchen Männer
- Die Zukunft gehört den androgynen Menschen

Glaubenssätze über das »andere Geschlecht«

- Frauen (Männern) kann man nicht vertrauen
- Männer wollen immer nur Sex
- Hausfrauen haben es gut
- Männer interessiert doch nur die Karriere
- Männer und Frauen sind so verschieden wie Tag und Nacht
- Männer wollen, daß ihre Frauen so bleiben, wie sie sind
- Frauen hoffen, daß sie die Männer ändern können
- Beide irren sich

Glaubenssätze über Möglichkeiten und Grenzen

- Die Möglichkeiten für den Menschen sind unbegrenzt
- Die Menschheit hat ihre Möglichkeiten fast ausgeschöpft
- Grenzen existieren nur in unserem Kopf
- Nur Genies sind in der Lage, Grenzen zu überschreiten
- Möglichkeit und Grenzen sind von Gott gegeben
- Die Menschen machen ihre Grenzen selbst
- Es lohnt sich nicht, über Grenzen zu spekulieren
- Es ist sinnvoll, Grenzen zu erweitern

Glaubenssätze über Lebenserwartung(en)

- Wie alt man wird, ist schon bei der Geburt festgelegt
- Wie alt man wird, hängt vom Lebensstil ab
- Man sollte besser nicht zuviel vom Leben erwarten
- Was er vom Leben zu erwarten hat, muß jeder selbst wissen
- Der Tod ist unvermeidlich, aber nicht die Art des Sterbens
- Man stirbt, wie man gelebt hat
- Bei uns in der Familie sterben alle früh
- In meiner Familie wird man uralt
- Der Tod ist ein Tor zu einem anderen Leben

Glaubenssätze über die Familie

- Die Familie ist ein Gefängnis
- Verwandte sind lästig
- Deine Familie ist dein Schicksal
- Der Apfel fällt nicht weit vom Stamm
- Aus der Familientradition kann man nicht ausbrechen
- Die Ursprungsfamilie prägt uns mehr als alles andere
- Mein Erbmaterial bestimmt mein Schicksal
- Familie ist das Beständigste im Leben
- Persönliche Entwicklung bedeutet im wesentlichen, sich aus der Programmierung der Familie zu befreien

Glaubenssätze über Gruppen

- Zu welcher Gruppe man gehört, ist Geschmackssache
- Die Geburt in eine Gruppe ist dein Schicksal
- Glaubensgemeinschaften bestimmen das Leben
- Nur wer zu einer Gruppe gehört, ist sicher
- Jeder Berufsstand hat seine eigene Ethik
- Cliquen geben Halt und Mut
- Der Mensch ist ein Herdentier
- Gruppen zwingen zur Konformität
- Der Starke braucht keine Gruppen

Glaubenssätze über Herkunft

- Seine Herkunft kann man nicht verbergen
- Landmenschen sind ungebildet
- Stadtmenschen haben den Bezug zur Natur verloren
- Über die eigene Herkunft kann man nicht hinauswachsen
- Die gesellschaftliche Schicht ist unerheblich
- Adel ist Adel und Volk ist Volk
- Ein Arbeiterkind kann nur ein Arbeiter werden
- Deine Herkunft ist dein Schicksal
- Noblesse oblige – Adel verpflichtet

Glaubenssätze über Körperlichkeit

- Ein gesunder Geist wohnt in einem gesunden Körper
- Ein gesunder Körper ist das wichtigste
- Es gilt, das Körperliche zu überwinden
- Der Geist ist willig, aber das Fleisch ist schwach
- Der Körper ist nur ein Gefäß für die Seele
- Alles Körperliche ist vergänglich
- Der Körper ist Ausdruck der unbewußten Glaubenssätze
- Der Körper ist durch seine Gene definiert
- Körperliche Schönheit ist alles
- Der Geist muß den Körper beherrschen

Glaubenssätze über Gesundheit

- Gesundheit ist das höchste Gut
- Gesundheit ist ein Geschenk Gottes
- Für Gesundheit muß man etwas tun
- Tödliche Krankheiten können jederzeit ausbrechen
- Gesundheit ist der natürlichste Ausdruck des Lebendigen
- Gesundheit und Krankheit gehören zum Leben
- Krankheit ist eine Chance für die Seele
- Krankheit ist ein Ausdruck blockierter Energien
- Gesundheit nimmt mit dem Alter ab

Glaubenssätze über Arbeit und Berufung

- Arbeiten muß jeder, Berufung finden nur wenige
- Jeder Mensch sollte seine Berufung suchen
- Jeder hat eine Berufung
- Arbeit kann keinen Spaß machen
- Arbeit ohne Spaß macht krank
- Wer seine Berufung gefunden hat, arbeitet erfüllt
- Mach aus deinem Hobby deinen Beruf
- Arbeit schändet nicht
- Der Mensch wächst mit seinen Aufgaben
- Ora et labora

Glaubenssätze über Intelligenz und Talent

- Intelligenz ist etwas Angeborenes
- Talent ist etwas genetisch Festgelegtes
- Talente können geweckt und gefördert werden
- Intelligenz kann gesteigert werden
- In jedem Menschen schlummern verborgene Talente
- Glücklich kann nur der werden, der seine Talente lebt
- Es gibt weder Talent noch Intelligenz
- Ich bin (nicht) intelligent
- Ich bin (nicht) talentiert
- Es ist ein Zeichen von Intelligenz, seine Talente zu finden

Glaubenssätze über Leistungsfähigkeit

- Leistung hängt von der körperlichen Verfassung ab
- Wer es mit Dreißig noch nicht geschafft hat, hat verloren
- Die Leistungsfähigkeit nimmt mit zunehmendem Alter ab
- Männer und Frauen können Unterschiedliches leisten
- Leistung macht Spaß
- Ich bin gegen Leistungsterror
- Meine Leistungsfähigkeit ist größer als die der anderen
- Meine Leistungsfähigkeit ist kleiner als die der anderen
- Ich bin mit meiner Leistungsfähigkeit (nicht) zufrieden
- Ich möchte gerne etwas Außergewöhnliches leisten

Glaubenssätze über Sexualität

- Sex ist Sünde
- Sex ist Spaß
- Sex ist schmutzig
- Sex ist Leidenschaft
- Sex sollte nur zur Zeugung stattfinden
- Sexualität ist etwas ganz Natürliches
- Sexualität ist eine tierische Notwendigkeit
- Sex ist die angenehmste Nebensache der Welt
- Nur feurige Liebhaber sind gute Liebhaber
- Sexualität ist ein Weg zur Erleuchtung
- Sexualität ist göttlich
- Sexualität führt zur Bindung

Glaubenssätze über Glauben

- Glauben ist notwendig
- Glauben ist die Grundlage jeder Religion
- Ohne den richtigen Glauben ist man verloren
- Glauben ist ein schlechter Ersatz für Wissen
- Glauben ist etwas, was es zu überwinden gilt
- Glauben ist ein anderes Wort für Wissen
- Glauben ist die Grundlage jeder Moral
- Meine Religion ist die einzig wahre
- Da wir nicht alles wissen können, müssen wir glauben
- Der Glaube ist des Menschen Himmelreich

Glaubenssätze über Gedanken

- Der Mensch denkt und Gott lenkt
- Denken ist Macht
- Die Gedanken reflektieren die Realität
- Denken ist unser machtvollstes Werkzeug
- Denken kann jeder
- Denken kann nicht jeder
- Ich kann (nicht) denken
- Denken und Fühlen sind Gegensätze
- Denken unterscheidet den Menschen vom Tier

Glaubenssätze über Manieren und Höflichkeit

- Man sollte sich seiner guten Kinderstube immer erinnern
- Manieren sind überholt
- Höflichkeit hat immer mit guten Manieren zu tun
- Man kann auch höflich sein und trotzdem ehrlich
- Man sagt anderen nicht, daß sie nerven
- Ein Gentleman hält Frauen immer die Tür auf
- Man spricht nicht mit vollem Mund
- Manieren und Höflichkeit sind gruppenabhängig
- Pünktlichkeit ist die Höflichkeit der Könige

Glaubenssätze über weitere Bereiche

Glaubenssätze über Ihre Identität

Glaubenssätze über mein Verhältnis zu Status

- Ich will wichtig sein
- Ich achte sehr auf Statussymbole
- Ich bemühe mich immer um einen hohen Status
- Ich suche die Nähe von Menschen mit hohem Status
- Status ist mir egal
- Nur mit dem entsprechenden Status werde ich respektiert
- Den Status, den ich mir wünsche, erreiche ich sowieso nie
- Je höher mein Status ist, desto wichtiger fühle ich mich

Glaubenssätze über mein Verhältnis zu Macht

- Nur wenn ich mächtig bin, werde ich respektiert
- Um meine Interessen durchzusetzen, brauche ich Macht
- Ich scheue Macht
- Macht ist mir völlig egal
- Ich halte Macht für etwas extrem Gefährliches
- Ich mag mächtige Menschen nicht
- Ich strebe nach großer Macht in meinem Leben
- Erst wenn ich mächtig bin, werde ich glücklich sein
- Macht garantiert meine Freiheit und Unabhängigkeit
- Entweder ich habe Macht, oder ich werde eingemacht
- Mich interessiert Macht nicht

Glaubenssätze über mein Verhältnis zu Autorität(en)

- Ich bin eine Autorität
- Ich habe Angst vor Autoritäten
- Ich habe immer gegen Autoritäten gekämpft
- Autoritäten machen mich unsicher
- Wenn ich Autorität habe, bin ich wichtig
- Ich befürworte die absolute Antiautorität
- Ohne autoritäre Führung bekomme ich nichts auf die Reihe
- Als Autorität werde ich respektiert
- Wenn ich eine Autorität bin, gehöre ich zu den Wichtigen
- Ich lasse mich nur von einer wirklichen Autorität führen
- Wenn ich autoritär bin, fühle ich mich anmaßend
- Ich kann mir nicht vorstellen, Autorität zu besitzen

Glaubenssätze über mein Verhältnis zu Geld

- Ich werde immer irgendwie genug Geld haben
- Egal, wieviel Geld ich verdiene, es reicht nie
- Mit Geld will ich grundsätzlich nichts zu tun haben
- Viel Geld würde mit Sicherheit meinen Charakter verderben
- Mein verdientes Geld ist der Tauschwert für meine Leistung
- Ich habe ein gestörtes Verhältnis zu Geld
- Ausreichend Geld verdienen ist für mich kein Thema
- Ich würde gerne viel Geld verdienen, aber ich weiß nicht wie
- Geld macht mich unabhängig
- Mit Geld kann ich mir meine Wünsche erfüllen
- Ich habe ständig Angst, zu wenig Geld zu haben

Glaubenssätze über mein Verhältnis zu anderen

- Andere sind wichtiger als ich
- Nichts ist so wichtig wie ich selbst
- Die anderen und ich sind gleichwertig
- Ich brauche Aufmerksamkeit von anderen
- Die anderen bestimmen, was normal ist
- Ich brauche den regen Austausch mit anderen Menschen
- Ich bin weniger wert als andere
- Ich will so sein wie alle
- Nur wenn ich was Besonderes bin, fühle ich mich gut
- Ich werde es allen beweisen
- Ich bin für andere verantwortlich

Glaubenssätze über mein Verhältnis zu Liebe

- Ich weiß nicht, was Liebe ist
- Ich bin noch niemals von jemandem wirklich geliebt worden
- Für mich ist es das wichtigste, geliebt zu werden
- Für mich ist es das wichtigste zu lieben
- Zu lieben war für mich immer schmerzhaft
- Ich verliebe mich sehr gerne
- Ich tue fast alles, um geliebt zu werden
- Ich glaube nicht, daß mich jemand wirklich lieben kann
- Ich wurde mit Liebe immer überschüttet
- In meinem Leben dreht sich alles um Liebe
- Ich bekomme nie genug davon

Glaubenssätze über mein Verhältnis zu Gefühlen

- Ich brauche keine Gefühle
- Ich bin ein Gefühlsmensch
- Ich fühle, also bin ich
- Menschen, die viel Gefühl zeigen, sind mir zuwider
- Ich hätte gerne mehr Zugang zu meinen Gefühlen
- Ich bin mit meinen Gefühlen recht vertraut
- Mein Leben besteht nur aus unangenehmen Gefühlen
- Intensive Gefühle machen mir angst
- Ich bin mir meiner Gefühle nie sicher
- Ich kontrolliere meine Gefühle, so gut ich kann

Glaubenssätze über mein Verhältnis zu Nähe und Intimität

- Ich will niemanden innerhalb meiner Intimsphäre haben
- Ohne intime Nähe kann ich nicht leben
- Nähe laß ich nicht wirklich zu
- Nähe brauche ich nicht
- Am liebsten würde ich mit meinem Partner verschmelzen
- Intimitäten dulde ich nur bei meinen engsten Freunden
- Ich mag es, mit anderen schnell intim zu werden
- Ich brauche lange, bis ich mich jemandem öffne
- Wenn mir jemand zu nahe kommt, bekomme ich Angst
- Nur der Einsame ist stark
- Wenn ich Nähe will, will sie/er nicht und umgekehrt.

Glaubenssätze über mein Verhältnis zu Leiden und Glück

- Ich glaube, ich wurde zum Leiden geboren
- Ich habe noch niemals wirkliches Leiden erfahren
- Wenn ich leide, weiß ich, daß ich lebe
- Ich darf nicht wirklich glücklich sein
- Ich wurde unter einem Glücksstern geboren
- Für mich bedeutet leben, zu leiden und glücklich zu sein
- Ich suche schon fast verzweifelt nach meinem Glück
- Ich kann das Leid in dieser Welt nicht mehr ertragen
- Angesichts des Leids der Welt kann ich nicht glücklich sein
- Ich leide und halte tapfer durch
- Leid macht mich stark

Glaubenssätze über mein Verhältnis zu Moral und Ethik

- Ich handele immer ethisch
- Ich interessiere mich nicht für Moral
- Moralapostel sind mir verhaßt
- Ich lebe nach einem strengen ethischen Kodex
- Ich fühle mich dazu gezwungen, moralisch zu leben
- Nur durch meine Ethik kann ich mich im Leben orientieren
- Moral und Ethik verändern sich mit meinen Bedürfnissen
- Ich bin amoralisch
- Ich muß mich ethisch korrekt verhalten
- Ich versuche mich nach der christlichen Ethik zu richten
- Ich finde, Moral ist etwas Morbides

Glaubenssätze über mein Verhältnis zu Gott

- Über Gott weiß ich nichts
- Gott hat mich verlassen
- Gott ist immer bei mir
- Ich glaube nicht an Gott oder etwas Ähnliches
- Ich fürchte Gott
- Ich weiß nicht, ob ich Gott trauen kann
- Für mich sind Himmel, Hölle und alles andere Schwachsinn
- Ich diene Gott mit dem, was ich tue
- Ich suche seit Jahren vergebens nach Gott
- Bisher hat sich Gott bei mir noch nicht gemeldet
- Mich interessiert das Thema nicht

Glaubenssätze über meine Spiritualität

- Für mich zählt nur das, was beweisbar ist
- Spiritualität ist das wichtigste in meinem Leben
- Ich glaube fest daran, daß ich eine Seele habe
- Ich wurde geboren, ich lebe, ich werde sterben – basta
- Ich bin ein ewig Suchender
- Esoterik und Spiritualität sind für mich nichts
- Ich weiß, daß es Übersinnliches gibt
- Ich sehne mich nach dem großen Ganzen
- Ich hoffe, daß dieses Leben nicht alles war
- Ich lebe einfach nur so vor mich hin
- Manchmal bin ich mir sicher, und meistens zweifle ich

Glaubenssätze über mich als Frau/Mann

- Ich bin kein/e richtige/r... (Mann/Frau)
- Ich fühle mich wohl in meiner Haut
- Ich bin als... genau richtig
- Ich bin nicht so attraktiv wie andere...
- Ich verhalte mich als... genauso, wie ich es zu Hause lernte
- Ich kann mit anderen... nicht mithalten
- Ich muß als... meine Rolle perfekt spielen
- Am liebsten wäre ich androgyn
- Ich versuche beide Komponenten in mir zu realisieren
- Ich bin unsicher, was es für mich bedeutet, ein/e... zu sein

Glaubenssätze über mich als Partner/Gefährten

- Ich versage als (Liebes-)Partner regelmäßig
- Ich bin sehr wertvoll für den/die anderen
- Ich bin sehr zuverlässig
- Auf mich kann man sich nicht wirklich verlassen
- Ich halte jegliche Art von Partnerschaft für unsinnig
- Ich kann eine gute Partnerschaft nicht aufrechterhalten
- Ich gerate immer an die falschen Männer/Frauen
- Ich muß mich für den/die Richtige/n aufsparen
- Es reicht, wenn ich den/die finde, mit dem/r ich glücklich werde
- Wer mich abbekommt, kann sich glücklich schätzen

Glaubenssätze über mich und das »andere Geschlecht«

- Der Mann/die Frau für mich muß noch gebacken werden
- Ich brauche eine/n Partner/in zum Überleben
- Ich werde nie einen so guten Mann finden wie meinen Vater
- Ich werde nie eine so gute Frau finden wie meine Mutter
- Ich und die Frauen/Männer stehen auf Kriegsfuß
- Ich mag Männer/Frauen
- Frauen/Männer sind mir irgendwie suspekt
- Ich kann Männer/Frauen einfach nicht verstehen
- Ich kann nicht mit ihnen, aber auch nicht ohne sie leben
- Wenn es die Sexualität nicht gäbe, ich bräuchte keine/n Mann/Frau
- Erst in der Partnerschaft fühle ich mich vollständig

Glaubenssätze über meine Möglichkeiten und Grenzen

- Meine Möglichkeiten sind unendlich
- Ich lebe weit unter meinen Möglichkeiten
- Was ich auch versuche, ich stoße sofort an meine Grenzen
- Ich würde gerne vieles ändern, aber das geht nicht mehr
- Jede Grenze ist für mich eine Herausforderung
- Grenzen sind für mich wie eine unüberwindliche Mauer
- Ich sehe nicht so attraktiv aus, wie ich eigentlich sein könnte
- In meinem Beruf habe ich alle Möglichkeiten ausgeschöpft
- Ich habe Angst vor neuen Möglichkeiten
- Ich habe Angst, Grenzen zu überschreiten

Glaubenssätze über meine Lebenserwartungen

- Ich sterbe jung
- Ich werde sehr alt
- Ich erwarte grundsätzlich nicht zuviel vom Leben
- Ich erwarte Großes von meinem Leben
- Ich mußte meine Lebenserwartung an die Familie anpassen
- Meine Erwartungen beschränken sich auf das Berufliche
- Ich bin schon über fünfzig, was kann ich da noch erwarten
- Ich hoffe, ich werde friedlich sterben

Glaubenssätze über meine Familie

- Ich brauche keine Familie
- Ich bin stolz auf meine Familie
- Ich überwinde die Prägung meines Erbmaterials
- Ich gehöre nicht zu denen, ich wurde bestimmt adoptiert
- Meine Familie ist das wichtigste für mich auf der Welt
- Ich wollte, sie wären alle tot
- Wenn meine Eltern sterben, weiß ich nicht, was ich tun soll
- Ich bin das wichtigste Mitglied meiner Familie
- Meine Familie kümmert sich einen Dreck um mich
- Ich bin das schwarze Schaf meiner Familie
- Meine Familie ist schuld an meinem ganzen Elend
- Meiner Familie verdanke ich alles

Glaubenssätze über meine Gruppenzugehörigkeit

- Meine Gruppenzugehörigkeit bestimmt mein Leben
- Ein Leben außerhalb meiner Glaubensgemeinschaft ist für mich nicht vorstellbar
- Meine Clique ist alles für mich
- Ich brauche keine Gruppenzugehörigkeit
- Mein Berufsstand macht mich zu etwas Besonderem
- Ich gehöre nirgendwo richtig dazu
- Egal, wo ich bin, ich werde immer sofort aufgenommen
- Ich bin ein Individualist, ich brauche keine Gruppe
- Ich halte es nie lange in einer Gruppe aus
- In einer Gruppe bin ich meist der Führer

Glaubenssätze über meine Herkunft

- Meine Herkunft wird mich immer mittelmäßig bleiben lassen
- Was ich auch tue, meine Herkunft sichert mir Respekt
- Ich kann meine Abstammung einfach nicht verleugnen
- Als Ausländer werde ich niemals richtig anerkannt
- Als Stadtkind habe ich meine Natürlichkeit verloren
- Als »Landei« kann ich nie wirklich elegant werden
- Menschen verachten mich wegen meiner Herkunft
- Meine Herkunft öffnet mir alle Türen
- Ich bin stolz auf meine Herkunft
- Trotz meiner Herkunft habe ich es zu was gebracht
- Ich bin mir meiner Herkunft bewußt

Glaubenssätze über meinen Körper

- Ich liebe meinen Körper
- Ich mag meinen Körper nicht
- Ich bin mein Körper
- Ich bin mehr als mein Körper
- Ich muß meinen Körper mit großer Sorgfalt pflegen
- Mein Körper ist absolute Nebensache
- Ich bin häßlich
- Ich bin schön
- Ich muß nicht schön sein
- Meine Schönheit öffnet mir die Tore
- Mein Körper interessiert mich wenig
- Mein Körper ist der Tempel meiner Seele

Glaubenssätze über meine Gesundheit

- Ich werde niemals wirklich krank werden
- Ich muß mich gesund ernähren
- Ohne Sport verfällt mein Körper langsam
- Für meine Gesundheit kann ich nichts tun
- Ich weiß, ich werde irgendwann sehr krank werden
- Ich darf nicht krank werden
- Ich habe eine konstitutionell gute Gesundheit
- Gesundheit war für mich immer selbstverständlich
- Gesundheit ist der natürlichste Zustand für mich
- Meine Gesundheit ist mein größtes Kapital
- Meine Gesundheit wird mich im Alter im Stich lassen

Glaubenssätze über meine Arbeit und meine Berufung

- Ich arbeite nur, um Geld zu verdienen
- Meine Arbeit ist mein Lebensinhalt
- Ich habe meine Berufung noch nicht gefunden
- So etwas wie Berufung kann es für mich nicht geben
- Ich arbeite erst, wenn ich meine Berufung gefunden habe
- Ich tue alles, um Arbeit weitestgehend zu vermeiden
- Mein Leben ist eine einzige Party
- Ich lebe meine Berufung, aber sie macht mich unglücklich
- Mein Beruf ist meine Berufung
- Nur in meiner Arbeit finde ich wirklich Sinn

Glaubenssätze über meine Intelligenz und meine Talente

- Ich kann meine Intelligenz durch Übungen steigern
- Meine Intelligenz ist ein unveränderlicher Faktor
- Ich besitze keinerlei Talente
- Ich stecke voller Talente
- Ich habe die Intelligenz eines Genies
- Ich liege weit unter dem Durchschnitt mit meiner Intelligenz
- Meine Talente entfalte ich jeden Tag etwas mehr
- Mein größtes Talent durfte ich nie entfalten
- Ich gehöre nicht zu denen, die ein großes Talent besitzen
- Wenn ich meine Talente entfalte, werde ich glücklich
- Ich bin mir über meine Intelligenz und meine Talente unsicher
- Ich bin dumm und habe ein Talent zum Faulenzen

Glaubenssätze über meine Leistungsfähigkeit

- Ich kann meine Leistungsfähigkeit beliebig steuern
- Ich habe nur wenig Einfluß auf meine Leistung
- Ich bin zum Erfolg geboren
- Ich könnte jederzeit im Beruf versagen
- Ich habe nur wenig Energie für meinen Alltag
- Ich habe unerschöpfliche Energiereserven
- Meine Leistungsgrenze ist sehr niedrig
- Meine Leistungsgrenze ist extrem hoch
- Ich freue mich über meine hohe Leistungsfähigkeit
- Meine Leistungsfähigkeit ist mein größtes Kapital

Glaubenssätze über meine Sexualität

- Meine Sexualität ist ganz entfaltet
- Meine Sexualität konnte sich nicht voll entfalten
- Ich bekomme Zärtlichkeit nur über Sex
- Sex hat für mich mit Liebe nichts zu tun
- Ich finde mein sexuelles Verhalten nicht ganz normal
- Ich bin irgendwie verklemmt in dieser Hinsicht
- Mit meiner Sexualität bin ich voll und ganz zufrieden
- Ich schöpfe viel Kraft aus meiner Sexualität
- Sex hat mich mein Leben lang beherrscht
- Ich beherrsche Sex gut
- Für mich ist Sex nicht so wichtig
- Sexualität ist mein Weg zur Erleuchtung

Glaubenssätze über meinen Glauben

- Ich kämpfe für meine Glaubensüberzeugungen
- Nur im religiösen Glauben kann ich Erfüllung finden
- Im Glauben bin ich mit anderen vereint
- Meine Glaubenssätze kann ich nach Bedarf ändern
- Ich glaube sowenig wie möglich
- Ich bin ein absoluter Skeptiker
- An meinen Glaubensüberzeugungen halte ich eisern fest
- Mein Glauben ist in einer ständigen Entwicklung begriffen
- Ich glaube nur da, wo ich nicht wissen kann
- Ich habe meinen Glauben verloren
- Glauben ist etwas für Kinder und alte Leute

Glaubenssätze über mein Denken

- Ich denke, also bin ich
- Meine Gedanken sind verworren
- Meine Gedanken formen meine Realität
- Ich fühle mich durch meine Gedanken gefangen
- Meine Gedanken sind die Gedanken meiner Erzieher
- Meine Gedanken sind ganz anders als die der andern
- Mir ist es wichtig, was andere über mich denken
- Mit meinen Gedanken werde ich alles erreichen, was ich will
- Ich denke immer kristallklar
- Denken ist nichts für mich, ich fühle lieber
- Es denkt in mir – denke ich – oder?

Glaubenssätze über mein Sein

- Ich bin ein Einzelgänger
- Ich bin ein Herdentier
- Ich bin ein Versager
- Ich bin ein Gewinner
- Wenn ich unauffällig bin, bin ich sicher
- Die Welt schuldet mir etwas
- Ich hasse mich selbst
- Ich bin böse
- Ich bin gut
- Ich liebe mich selbst
- Ich habe keine Existenzberechtigung
- Es wäre besser, wenn ich nicht da wäre
- Ich wurde geboren, um zu leben
- Ich wurde geboren, um eine bestimmte Aufgabe zu erfüllen
- Ich muß mich um andere kümmern, um leben zu dürfen
- Meine Mission ist es, anderen zu dienen
- Dem Club, der mich aufnimmt, würde ich nicht beitreten
- Ich bin nicht liebenswert
- Diese Welt ist ein feindlicher Ort für mich
- Diese Welt ist ein sicherer Ort für mich

Glaubenssätze über weitere Bereiche

Glaubenssätze über Veränderung

Was glauben Sie persönlich über Veränderung? Um diese Frage dreht sich dieses Kapitel. Wenn Sie Ihr Leben bewußt gestalten möchten, ist die Fähigkeit sich zu verändern eine wesentliche Voraussetzung. Finden Sie deshalb heraus, welche Glaubenssätze Sie zu diesem Thema haben. Die folgenden Fragen können Sie nutzen, um sich der Thematik zu nähern.

- Welchen Stellenwert hatte Veränderung bisher in Ihrem Leben?
- Ist Veränderung etwas völlig Natürliches für Sie oder war es bisher eher etwas, das Sie zu vermeiden versuchten?
- Freuen Sie sich auf anstehende Veränderungen oder machten diese Ihnen in der Vergangenheit eher angst?
- Wie ist für Sie der Zusammenhang zwischen Veränderungen und Ihrer Identität?
- Wenn sich ein Verhalten von Ihnen sehr schnell verändert, fühlen Sie sich dann immer noch wie Sie selbst, oder wissen Sie dann nicht mehr genau, wer Sie sind?

Nutzen Sie auch hier die Vorgehensweisen aus dem nächsten Kapitel, um unbewußte Glaubenssätze bewußtzumachen. Wenn Sie Überzeugungen haben, die einer schnellen und tiefgreifenden Veränderung entgegenstehen, werden diese das Verändern Ihrer Glaubenssätze erheblich erschweren.

Generelle Glaubenssätze über Veränderung

- Wer sich verändern muß, ist reif für die Klapsmühle
- Veränderung ist das Beständigste im Leben
- Veränderungen brauchen lang und tun weh
- Veränderungen sind einfach
- Mit dem Gewußt-wie kann man sich schnell verändern
- Veränderungen passieren, man kann sie nicht herbeiführen
- Veränderung ist das Wesen des Lebendigen
- Stillstand bedeutet Tod

Glaubenssätze über mein Verhältnis zu Veränderung

- Wenn ich mich verändere, verliere ich meine Identität
- Ich verändere mich ständig
- Veränderungen machen mir angst
- Ich strebe Veränderungen an, wo ich nur kann
- Nur wenn ich mich ständig verändere, lebe ich
- Wenn sich mein Verhalten zu plötzlich verändert, weiß ich nicht mehr, wer ich bin
- Ich kann mich nur verändern, wenn ich sehr leide
- Ich kann mich nur verändern, wenn es meine Umwelt zuläßt

Glaube, der Veränderung unterstützt

Im folgenden wollen wir Ihnen einige Beispiele dafür geben, welche Art von Glaubenssätzen sich eher hinderlich auf Veränderungsprozesse auswirken. Und welche Glaubenssätze Sie sich einbauen können, um Ihre Veränderungsarbeit optimal zu unterstützen.

»Veränderungsprozesse dauern lange und sind schmerzhaft«

Diese Überzeugung ist auch heute noch weit verbreitet. Allerdings ist sie schon seit einiger Zeit überholt. Die neuen Kurzzeittherapien ermöglichen in vielen Fällen schnelle und anhaltende Veränderungen. Die in diesem Buch beschriebenen NLP-Techniken gehören dazu. Natürlich kann es sein, daß im Zuge der Veränderungsarbeit auch verdrängte Gefühle an die Oberfläche kommen. Geben Sie einem solchen Gefühl einfach Raum, dann werden Sie die Erfahrung machen, daß es sich sehr schnell auflöst. Wenn Sie einem Glaubenssatz dieser Art auf die Spur kommen, sollten Sie ihn auf jeden Fall verändern. Denn einerseits ist mit dieser Überzeugung schnelle Veränderung kaum möglich, und andererseits wird Veränderung vermieden, wo immer es geht, da diese mit Schmerz in Verbindung gebracht wird.

»Man ist eben wie man ist, wirklich tiefgreifende Veränderungen sind da gar nicht möglich«

Nun, zum einen ist man nicht, wie man ist, sondern man wurde dazu erzogen, hat es also gelernt. Und dieses kann man auch wieder »entlernen« bzw. Neues dazulernen. Zum anderen kommt es tagtäglich vor, daß Menschen sich durch einschneidende Erfahrungen tiefgreifend verändern. Die NLP-Techniken nutzen genau diese Fähigkeit von uns Menschen zur Veränderung. Allerdings hat man Vorgehensweisen gefunden, die sanft und trotzdem schnell zu tiefgreifenden Wandlungen führen. Auch dieser Glaubenssatz gehört zu der Kategorie, die Sie schnellstmöglich verändern sollten. Denn mit einer solchen Überzeugung würde das Unterbewußtsein einen Weg finden, jegliche tiefer gehende Veränderungsarbeit zu sabotieren.

»Wenn sich mein Verhalten verändert, erkenne ich mich nicht wieder, mein Verhalten ist meine Identität«

Ein solcher Glaubenssatz ist für jegliche Veränderungsarbeit ein absolutes Hindernis. Jede etwas tiefer gehende Veränderung bewirkt automatisch anderes Verhalten. Dadurch wird mit einer solchen Überzeugung bei jeder Veränderung die eigene Identität bedroht und muß möglichst vermieden werden. Wenn Sie einen solchen Glaubenssatz bei sich entdecken, können Sie dies als Chance nutzen, um eine völlig neue Lebenshaltung zu gewinnen. Solange Veränderungen derart bedrohlich sind, kann man nicht wirklich am Leben teilnehmen, denn Leben bedeutet ständige Veränderung. Das Auflösen eines solchen Glaubenssatzes hat also viel weitreichendere Auswirkungen, als nur bewußte Veränderungsarbeit möglich zu machen. Wenn Sie einen Glaubenssatz über Ihre Identität verändern möchten, ist es immer zu empfehlen, mit Glaubenssatz-Molekülen zu arbeiten. Anleitungen hierzu finden Sie im dritten Teil des Buches.

»Wenn ich mich verändere, werde ich nicht mehr geliebt«

Ein Glaubenssatz dieser Art verbannt Veränderung in den Bereich des Unmöglichen, da für die meisten Menschen Liebe das höchste Gut darstellt. Hier wäre es wichtig festzustellen, was der Ursprung dieser Überzeugung ist und diesen Ursprung entsprechend zu verändern. Im Kapitel »Ökologiecheck« finden Sie ausführliche Informationen darüber, wie Sie mit einem solchen Glaubenssatz verfahren können.

Wenn Sie sicherstellen möchten, daß Ihr Glaubenssystem die von Ihnen angestrebte Veränderungsarbeit wirklich unterstützen kann, sollten Sie ein Glaubenssatz-Molekül für diesen Bereich erstellen. Falls es notwendig sein sollte, können Sie mit dieser Vorgehensweise am wichtigsten Punkt ansetzen und für förderliche Glaubenssätze rund um das Verändern sorgen. Hier nun noch einige Beispiele für Glaubenssätze, die sich auf Veränderungsarbeit unterstützend auswirken können:

- Mit dem Gewußt-wie und entsprechender Übung kann ich auch tiefgreifende Veränderungen schnell herbeiführen
- Gute Veränderungsarbeit geht schnell
- Wenn eine Veränderung gut gemacht wurde, hält sie an
- Mein Unterbewußtsein weiß ganz genau, welche Veränderungen meinem jetzigen Können entsprechen und läßt mich nur solche vornehmen
- Meine Identität ist etwas Unveränderliches. Auch wenn ich mein Verhalten schnell verändere, bin ich immer noch ich
- Zu leben heißt, sich ständig zu verändern
- Ich kann eine gewünschte Veränderung mit den entsprechenden Vorgehensweisen bewußt herbeiführen.

Unbewußte Glaubenssätze hervorholen

In diesem Kapitel finden Sie Übungen, mit deren Hilfe Sie bisher unbewußte Glaubenssätze ins Bewußtsein bringen können. Diese Anleitungen stellen äußerst wirkungsvolle Werkzeuge dar. Zu Beginn sind die einfacher durchzuführenden Übungen beschrieben, die komplexeren folgen nach. Auch hier gilt, was für Übungen im allgemeinen zutrifft: Je öfter Sie sie durchführen, desto leichter und schneller wird es gehen. Wenn es am Anfang also etwas länger dauert, die einzelnen Übungsschritte zu durchlaufen, haben Sie einfach ein wenig Geduld. Schon bald werden Sie Ihr Unterbewußtsein wie ein Profi nach verdeckten Glaubenssätzen durchforsten können.

Unserer Erfahrung nach ist es durchaus möglich, die eigenen Glaubenssätze im Alleingang zu erforschen. Es ist aber sicherlich amüsanter und im Regelfall auch erhellender, wenn zwei Menschen, die sich gut kennen und sich sehr wohlgesonnen sind, diese Arbeit im Dialog erledigen. So ist es leichter, nicht dem eigenen »blinden Fleck« zum Opfer zu fallen.

Die Übungen führen Sie jeweils bis zur Bewußtwerdung eines Glaubenssatzes durch. Dort ist Ihre Glaubenssatzarbeit aber natürlich noch nicht beendet. Die Bewußtwerdung ist der erste wichtige Schritt auf dem Weg zu Ihrem neuen Glauben. Für die nächsten Schritte werden Sie dann im dritten Teil des Buches umfangreiche NLP-Techniken vorfinden, die Sie zur Veränderung hinderlicher Glaubenssätze nutzen können.

Bis hierhin wünschen wir Ihnen viel Spaß und erleuchtete Erkenntnisse auf Ihrer Entdeckungsreise.

Kindheitserinnerungen

Glaubenssätze können sich aus Zuschreibungen bilden, die man in der Kindheit des öfteren zu hören bekam. Die Überzeugung: »Ich bin ein fauler Mensch!« kann beispielsweise leicht entstehen, wenn häufig Aussagen wie: »Ständig liegst du faul herum.« – »Du bringst schlechte Noten nach Hause, das heißt, du bist faul.« – »Du bist genauso faul wie dein Vater« und ähnliches fallen. Nehmen wir ein weiteres Beispiel. Der Glaubenssatz: »Die Bedürfnisse anderer sind wichtiger als meine eigenen«, kann entstehen, wenn ein Kind ständig gemaßregelt wird durch Aussagen wie: »Wenn andere ihre Ruhe haben wollen, mußt du dich zurücknehmen.« – »Nimm dich nicht so wichtig.« – »Zuerst denkt man an die anderen und dann erst an sich selbst« und ähnliche.

Um zu ermitteln, ob sich hinter einem bereits bewußten Glaubenssatz eine Zuschreibung aus der Kindheit verbirgt, gehen Sie wie folgt vor:

1. Lenken Sie Ihre Aufmerksamkeit auf den Glaubenssatz und fragen Sie sich, ob Sie diese Aussage von früher her kennen. Woher kommt sie Ihnen bekannt vor? Haben Bezugspersonen ähnliche Aussagen über das entsprechende Thema getroffen?
2. Notieren Sie sich, was Ihnen dazu einfällt und notieren Sie sich ebenfalls, von wem die Zuschreibungen kamen.
3. Überprüfen Sie dann, ob aus diesen damaligen Aussagen Glaubenssätze für Sie wurden, die bis jetzt immer noch Gültigkeit haben.

Die magische Frage

Glaubenssätze stellen in der Regel eine Behauptung auf, ohne anzugeben, woher dieses »Wissen« stammt. Eine wichtige Frage, um »den Glaubenssatz hinter dem Glaubenssatz« zu finden ist daher: **»Woher weiß ich das?«** Nehmen wir als Beispiel den Glaubenssatz: »Ich muß den Mann, den ich liebe, umsorgen«. Auf die Frage:

»Woher weiß ich, daß ich das muß?« könnten beispielsweise dahinter liegende Glaubenssätze wie: »Wenn man einen Menschen nicht verlieren will, muß man sich gut um ihn kümmern« – »Männer lieben eine Frau nur, solange sie von ihr umsorgt werden«, zutage treten. Ein weiteres Beispiel: »Ich bin nur dann leistungsfähig, wenn ich für meine Leistung auch Lob bekomme.« Auf die Frage: »Woher weiß ich das?« könnte der Glaubenssatz bewußt werden: »Leistung erbringt man, um Zuwendung zu erhalten.« An dieser Stelle könnte man wiederum den gefundenen Glaubenssatz mit der magischen Frage weiter hinterfragen.

Gehen Sie wie folgt vor, um mit der magischen Frage unbewußte Glaubenssätze hervorzuholen:

1. Lenken Sie Ihre Aufmerksamkeit auf den Glaubenssatz, den Sie nach dahinter liegenden Überzeugungen hinterfragen möchten.
2. Stellen Sie sich selbst die Frage: »Woher weiß ich das?«, bzw. »Woher weiß ich, daß...?«
3. Notieren Sie sich die Antwort und hinterfragen Sie den gefundenen Glaubenssatz eventuell noch weiter.

Die Frage nach der Notwendigkeit

Glaubenssätze, die eine Notwendigkeit beschreiben oder aussagen, daß etwas nicht möglich ist, können Sie in einer speziellen Weise hinterfragen. Überzeugungen dieser Art enthalten Formulierungen wie: *ich muß, man soll, es ist notwendig, es ist unmöglich, ich kann nicht, man darf nicht* u. ä. Bei diesen Glaubenssätzen fehlt in der Regel ein wesentlicher Teil, nämlich der Grund, weshalb etwas notwendig oder unmöglich ist. Diesen Grund können Sie mit der Frage: **»Sonst passiert was?«** erfragen. Einige Beispiele dazu: »Man muß wichtig sein« – »Sonst passiert was?« – »Wenn man nicht wichtig ist, wird man nicht beachtet.«

»Es ist notwendig, daß ich viel leiste« – »Was würde passieren, wenn ich nicht viel leiste?« – »Wenn ich nicht viel leiste, bin ich ein Versager.«

»Ich kann nicht wirklich lieben« – ... – »Wenn ich wirklich liebe, verliere ich mich im anderen.«

»Ich darf nicht wütend werden« – ... – »Wenn ich wütend werde, hören die anderen auf mich zu lieben.«

Diese Art der Hinterfragung können Sie wie folgt anwenden:

1. Überprüfen Sie, ob der Glaubenssatz mit einem Modaloperator formuliert ist, der etwas als notwendig oder nicht möglich anzeigt.
2. Fragen Sie sich: »Was würde sonst passieren?« oder: »Was würde passieren, wenn...?«
3. Notieren Sie sich die Antwort bzw. die Antworten.
4. Hinterfragen Sie den Glaubenssatz, der Ihnen bewußtgeworden ist, mit einer passenden Vorgehensweise weiter.

Folgen Sie der Bedeutungsspur

Eine weitere Möglichkeit, unbewußten Glaubenssätzen auf die Spur zu kommen, ist mittels Assoziation eine Bedeutungskette aufzubauen. Hierzu gehen Sie von einer Tatsache aus, die Sie als problematisch erleben. Beispielsweise: »Ich mache nicht soviel Umsatz wie geplant.« Tatsachen werden erst dadurch zu einem Problem, daß ihnen eine bestimmte Bedeutung gegeben wird. In unserem ersten Beispiel könnte dies sein: »Ich mache nicht soviel Umsatz wie geplant, das bedeutet, ich bin kein guter Verkäufer.« – »Ich bin kein guter Verkäufer bedeutet, ich bin ein Versager.« – »Ich bin ein Versager bedeutet, ich habe keine Existenzberechtigung.« Wenn Sie bei der tiefsten Bedeutungsebene angekommen sind, erleben Sie einen Aha-Effekt. Dieser macht Ihnen verständlich, weshalb Sie eine Tatsache wie »nicht soviel Umsatz wie geplant gemacht zu haben«, so stark verunsichern konnte. So stellt sich häufig heraus, daß eine solche Tatsache auf einer unbewußten Ebene als ein erneuter Beweis für einen limitierenden Glauben angesehen wird. Durch die Frage: **»Was bedeutet das?«** kommen Sie diesem unbewußten Glaubenssatz über eine Kette von Bedeutungen näher.

Eine zweite Möglichkeit, einer Bedeutungsspur zu folgen, besteht darin, die Negation eines bewußten Glaubenssatzes oder einer Handlungsmaxime zu hinterfragen. Hierzu stellen Sie sich die Frage, was es bedeuten würde, wenn Sie die Aussage des Glaubenssatzes oder der Handlungsmaxime nicht einhalten. Wenn ein Glaubenssatz lautet: »Ich muß erfolgreich sein« wäre die Frage: »Was würde es für mich bedeuten, wenn ich *nicht* erfolgreich wäre?« »Wenn ich nicht erfolgreich bin, würde das bedeuten, daß ich nicht so gut bin wie mein älterer Bruder.« – »Das würde bedeuten, ich habe meine Eltern enttäuscht.« usw.

Die Bedeutung einer Tatsache oder eines Glaubenssatzes zu erfragen ist jedoch etwas anderes, als nach den Konsequenzen zu fragen. Konsequenzen sind handlungsmäßige Folgen und keine anderen Bedeutungen. So ist beispielsweise eine Folge von weniger Umsatz, daß ich weniger Einkommen habe. Hingegen ist es eine mögliche Bedeutung von weniger Umsatz, daß ich ein schlechter Verkäufer bin. Es könnte auch bedeuten, daß der Markt gesättigt ist, oder daß ich mit weniger Engagement bei der Sache war. Und es ist ein wesentlicher Unterschied, ob eine Angst entsteht, weil Sie die Konsequenzen fürchten, oder ob Sie Ängste, Unsicherheiten oder ähnliches spüren, weil Sie sich vor Ihren eigenen Bedeutungsgespenstern erschrecken.

1. Richten Sie Ihre Aufmerksamkeit auf einen Tatbestand oder auf die Negation eines Glaubenssatzes, den Sie nach unbewußten Überzeugungen hinterfragen möchten.
2. Stellen Sie sich die Frage: »Was bedeutet das?« oder ausführlicher: »Was bedeutet es für mich, daß...?«
3. Hinterfragen Sie die Antwort jeweils wieder mit der Bedeutungsfrage, bis Sie auf einen Glaubenssatz stoßen, der eine Aussage über Ihre Identität trifft, oder in einer anderen Weise mit starken Emotionen verbunden ist.

Sie können auf diese Weise auch ein Glaubenssatz-Molekül, wie es im zweiten Teil des Buches beschrieben wird, erstellen.

Konsequenzen

Wie schon angedeutet, beunruhigen uns Tatsachen unter anderem deshalb, weil wir glauben zu wissen, was deren wahrscheinliche Konsequenzen sind. Da wir uns vor diesen Konsequenzen fürchten, bekommen wir es mit der Angst zu tun, wenn die ersten Anzeichen auftauchen. So kann man beispielsweise beobachten, daß selbst sehr wohlhabende Menschen schnell in Panikzustände geraten, wenn sich ihre Einkommensverhältnisse verschlechtern. Unbewußt geschieht in einem solchen Fall folgendes: Die betroffene Person stellt sich vor, daß diese Tendenz unaufhaltsam weitergeht und sie in letzter Konsequenz obdachlos als Penner endet. Solche Konsequenzen sind zwar rein theoretisch möglich, aber faktisch höchst unwahrscheinlich. Was allerdings keinen Einfluß auf die Ängste hat. Im Regelfall ist die Angst aus dem Familiensystem übernommen. Wenn zum Beispiel die Familie ihr Vermögen in einer Wirtschaftskrise verloren hat, kann der Betroffene dieses Trauma übernommen haben. Beim kleinsten Anzeichen einer wirtschaftlichen Krise läuft dann das entsprechende Untergangsszenario ab. Um solche Muster bei sich entdecken zu können, stellen Sie sich konsequent die Frage: »**Und was hat das im schlimmsten Fall für mich zur Konsequenz?**« Diese Frage wiederholen Sie, bis Sie beim ultimativen Schreckensszenario angekommen sind. Höchstwahrscheinlich werden Sie im Laufe dieser Kette die Reaktion bei sich finden: »Ich weiß zwar, daß das Quatsch ist, ich befürchte es aber trotzdem.« Spätestens jetzt wissen Sie, daß Ihre Angst nicht Ausdruck einer realistischen Befürchtung war.

Vorannahmen

Als Vorannahmen bezeichnet man das, was in einem Satz als wahr vorausgesetzt wird, das heißt was wahr sein muß, damit eine Aussage überhaupt einen Sinn ergibt. Hierzu ein Beispiel: Bei dem Glaubenssatz: »Ich warte, bis der Richtige kommt«, gibt es gleich mehrere Vorannahmen:

- Es gibt den Richtigen
- Ich werde den Richtigen erkennen
- Mit einem Falschen zusammensein ist nicht richtig

Neben der doch sehr fragwürdigen ersten Vorannahme ist die Frage interessant, woran Sie denn überhaupt erkennen würden, daß jemand der Richtige ist. Respektive daß jemand *nicht* der Richtige ist. Vor allem in Hinblick darauf, daß Sie sich ja gar nicht auf ihn eingelassen haben. Oder anders gefragt, wie wollen Sie denn den Richtigen erkennen, ohne sich vorher auf ihn eingelassen zu haben? Man könnte hier auch noch die Frage anschließen: »Wofür könnte es gut sein, sich auf jemanden einzulassen, von dem man nicht sicher ist, ob er der Richtige sein könnte?«

Um Vorannahmen zu ermitteln, gehen Sie wie folgt vor:

1. Wählen Sie einen Glaubenssatz aus, den Sie weiter hinterfragen wollen.
2. Fragen Sie sich, was wahr sein muß, damit dieser Satz überhaupt sinnvoll ist bzw. was der Satz als gegeben oder wahr voraussetzt.
3. Notieren Sie sich die ermittelten Vorannahmen und überprüfen Sie, ob diese Vorannahmen wichtige Glaubenssätze sind.

Finden Sie Ihre Kernfrage

Mit einer Kernfrage ist hier eine Frage gemeint, die das Verhalten innerhalb eines Lebensbereiches organisiert. Es handelt sich hierbei um Fragen, die Sie bewußt oder unbewußt im Sinn haben, um sich gemäß Ihrer Glaubenssätze zu verhalten. Die Kernfrage wird auch des öfteren »virtuelle« Frage genannt, womit angedeutet sein soll, daß man sich diese Frage nicht unbedingt bewußt stellen muß. Man kann sich ihr auch nähern, indem man sich fragt: »Wenn ich mir in dieser Situation eine handlungsleitende Frage stellen würde, welche wäre das?« Wenn Sie die Kernfragen eines Lebensbereiches kennen, können Sie dadurch auf wichtige Glaubenssätze rückschließen. Lassen Sie uns dies an drei Beispielen verdeutlichen:

Nehmen wir an, ein Verkäufer würde bei sich in bezug auf Verkauf die folgenden Kernfragen finden: »Was muß ich machen, um den Kunden zu überzeugen?« – »Sage ich das Richtige und verhalte ich mich richtig?« – »Was ist der nächste Schritt, der Richtung Abschluß führt?«

Die erste Kernfrage beinhaltet die Vorannahme, daß es etwas gibt, was er als Verkäufer tun muß, um den Kunden zu überzeugen. Was soviel bedeutet wie: Es gibt die richtige Vorgehensweise, die den Kunden überzeugen wird, und die *muß* ich finden. Auch die zweite Kernfrage zielt auf dieses Thema ab, sie sucht nach *dem* Richtigen, ebenso wie die dritte. Auch diese Formulierung impliziert, daß es einen richtigen Schritt gibt, der jetzt in Richtung Abschluß führt. Bei allen drei Fragen wird übersehen, daß viele Wege nach Rom führen. Statt dessen wird ausgesagt, daß es d*en richtigen Weg* gibt und dieser gefunden werden muß. An dieser Stelle könnte der Verkäufer sich nun die magische Frage stellen: »Woher weiß ich überhaupt, daß ich beim Verkaufen alles ›richtig‹ machen muß?« Er könnte den Glaubenssatz finden: »Ich muß im Leben generell alles richtig machen.«

Nehmen wir als zweites Beispiel an, eine frisch verliebte Frau würde sich im Zusammensein mit ihrem Freund die folgenden Kernfragen stellen: »Was kann ich machen, damit er mich weiterhin mag?« – »Was muß ich tun, um ihn zu beeindrucken?« – »Was denkt er von mir, wenn ich mich so benehme?«

Die erste Kernfrage setzt voraus, daß sie etwas tun muß, um weiterhin von ihm gemocht zu werden. Die Vorannahme hiervon wiederum ist der Glaubenssatz: »Um gemocht zu werden reicht es nicht aus, mich so zu verhalten, wie mir gerade ist, sondern ich muß ein Verhalten zeigen, das den Bedürfnissen des anderen angepaßt ist.« Auch die beiden anderen Kernfragen gehen in diese Richtung. Wenn sich die Frau nun fragen würde, woher sie weiß, daß sie sich so verhalten muß, könnte der Glaubenssatz zum Vorschein kommen: »So wie ich bin, bin ich nicht liebenswert.« Da sie aber trotzdem gemocht werden will, muß sie einen Weg finden, die Liebe eines Mannes zu erschmeicheln. Was letztendlich bedeutet, manipulative Verhaltensweisen anzuwenden.

Als drittes Beispiel nehmen wir an, ein Mann hätte in jeder Interaktion mit anderen Menschen folgende Kernfrage: »Was kann ich tun, damit der andere mir gibt, was ich will?«

Dieser Satz geht einerseits von der Voranname aus, daß es möglich ist, durch geschicktes Verhalten von einem anderen das zu bekommen, was man haben will. Das ist in der Tat auch oft der Fall. Wenn man beispielsweise ins Kino gehen möchte, kann man sich überlegen, wie man dem anderen den Film so schmackhaft macht, daß er mitgeht. Dies ist in vielen Fällen völlig unproblematisch. Steckt dahinter allerdings wie in der obigen Kernfrage eine generelle Strategie, kommt die zweite Voranname des Satzes zum Tragen. Nämlich, ich muß den anderen dazu bringen, daß er mir gibt, was ich will. Und das bedeutet soviel wie: »Ich bekomme das, was ich brauche, von anderen nicht freiwillig.« Wenn unser Mann diese Aussage nun weiter hinterfragen würde, könnte ein Glaubenssatz zum Vorschein kommen wie: »Meine Bedürfnisse interessieren ja sowieso keinen.« Wenn er wirklich Mut hätte, könnte er sich die Frage stellen: »Wie geht es mir mit dem, was ich aufgrund meiner Manipulationen bekomme?« Höchstwahrscheinlich würde er entdecken, daß das, was er bekommt »vergiftet« ist. Denn eigentlich ersehnt er sich von dem anderen etwas »Freiwilliges«. Da er für das, was er bekommt, aber trickst, ist es nicht wirklich nährend.

Jede dieser Kernfragen lenkt die Aufmerksamkeit in eine bestimmte Richtung. Und jede enthält bestimmte Vorannahmen, die der Sprecher bewußt oder unbewußt für richtig halten muß, um diese Frage sinnvollerweise überhaupt stellen zu können. Des weiteren kann eine Kernfrage als der zusammengefaßte Sinn der Lebenserfahrungen auf dem jeweiligen Gebiet verstanden werden.

Um eine Kernfrage und die dahinterliegenden Glaubenssätze zu erkennen, gehen Sie wie folgt vor:

1. Wählen Sie einen Lebensbereich aus, zu dem Sie sich Ihrer unbewußten Glaubenssätze bewußt werden wollen.
2. Erinnern Sie sich an Situationen, die typisch für diesen Bereich Ihres Lebens sind. Erinnern Sie sich assoziiert, das heißt erleben Sie die Erinnerungen so, als wären Sie jetzt gerade wieder mitten drin. Sehen Sie, was Sie in dieser Situation gesehen haben, hören Sie, was es zu hören gab, und fühlen Sie, was Sie gefühlt haben.
3. Finden Sie nun die Frage, die Sie im Sinn haben, um zu entscheiden, wie Sie sich verhalten sollen?
4. Die gefundenen Kernfragen können Sie nun mit den bereits beschriebenen Vorgehensweisen hinterfragen, um die dahinterstehenden Glaubenssätze hervorzuholen.

Die Wahrheit im Verhalten

Ein weiterer Weg, sich unbewußter Überzeugungen bewußt zu werden ist, das eigene Verhalten zu beobachten. Nehmen wir an, ein junger Selbständiger wollte sich seine Glaubenssätze in bezug auf Geldverdienen bewußt machen. Er könnte sich dazu einige typische Situationen aus seinem Berufsalltag anschauen, in denen es um genau dieses Thema geht. Er stellt sich vor, er sitzt in einem Kino und sieht in dem Film sich selbst, wie er seine Leistungen in Rechnung stellt. Dabei wird ihm bewußt, daß sich dieser Typ auf der Leinwand, der so aussieht wie er, jedesmal schämt, wenn er einem Kunden den Endbetrag für die erbrachte Leistung mitteilt. Der junge Mann auf der Leinwand druckst in diesen Kundengesprächen herum, wird jedesmal ein wenig rot und fragt den Kunden sogar in manchen Szenen, ob er einen Rabatt vom Endbetrag abziehen soll. Unser junger Selbständiger fragt sich nun, was dieser Mann dort auf der Leinwand von sich und/oder von der Welt glauben muß, um sich so verhalten zu können. Ihm wird der Glaubenssatz bewußt: »Eigentlich dürfte ich für meine Leistungen kein Geld nehmen, auch wenn sie gut sind.«

Ein weiteres Beispiel. Eine Frau möchte sich Ihrer Glaubenssätze in bezug auf Partnerschaften bewußt werden. Sie erinnert sich an typische Situationen und stellt sich vor, sie sitzt bequem im Fernsehsessel und betrachtet sich selbst auf dem Bildschirm. Sie erkennt, daß sie auf jeden schiefen Blick ihres Partners ängstlich reagiert. Ihr wird bewußt, daß Sie bei jeder aufkommenden Disharmonie in der Beziehung sofort fürchtet, der andere könnte gehen. Der Glaubenssatz: »Ein Mann bleibt nur bei mir, solange er sich wohl fühlt« kommt hervor.

Glaubenssätze können Sie wie folgt über das Beobachten Ihres Verhaltens in bestimmten Situationen aufspüren:

1. Wählen Sie dazu einen Lebensbereich aus, den Sie nach unbewußten Glaubenssätzen absuchen möchten.
2. Werden Sie sich Ihrer generellen Verhaltensweisen bewußt. Erinnern Sie sich dazu an typische Situationen und betrachten Sie diese wie einen Kinofilm, so daß Sie sich selbst von außen beobachten können. Wie verhält sich dieser Mann/diese Frau dort in diesem Film? Was macht er/sie und was läßt er/sie mit sich tun?
3. Fragen Sie sich nun: Was muß dieser Mann/diese Frau von sich und der Welt glauben, um sich so zu verhalten, respektive sich so behandeln zu lassen.
4. Notieren Sie sich die Glaubenssätze, die sie gefunden haben, und hinterfragen Sie diese eventuell mittels geeigneter Vorgehensweise weiter.

Was für ein Ort ist die Welt?

Nehmen Sie sich einen Augenblick Zeit, um darüber nachzudenken, was für ein Ort diese Welt für Sie ist. Stellen Sie sich dazu Fragen wie: »Fühle ich mich hier geborgen?« – »Oder geht von der Welt eine ständige Bedrohung aus?« – »Fühle ich mich diesem Planeten zugehörig?« – »Oder habe ich den Eindruck, eigentlich gar nicht hierher zu passen?« Hierzu einige Beispiele:

- Die Erde ist ein Jammertal
- Sie ist ein Prüfstein

- Sie ist eine riesige Party
- Ein absurdes Theater
- Eine Strafkolonie
- Einer von Gottes Fehlversuchen, um die er sich nicht mehr kümmert
- Ein Zoo, der von Außerirdischen angelegt wurde
- Das Paradies im Universum
- Ein allseits beliebtes Ausflugsziel am Rande der Milchstraße
- Ein genetisches Versuchslabor der außerirdischen Mächte
- Ein riesiger Spielplatz
- Sie birgt für mich nur Leid
- Sie ermöglicht mir Leben zu erleben
- Ich fühle mich in ihr wie Sisyphus, der sich wieder und wieder abmüht, aber kurz vor dem Ziel wieder alles verliert
- Sie schenkt mir das, was ich brauche

Gehen Sie dann genau wie in der obigen Übung vor und fragen Sie sich, was Sie glauben müssen, um die Welt als einen solchen Ort anzusehen.

Überzeugungen, die aus den Glaubenssätzen folgen

Bisher haben wir uns damit beschäftigt, Glaubenssätze hinter Glaubenssätzen hervorzuholen. In dieser Übung geht es um die entgegengesetzte Richtung, nämlich darum, welche Glaubenssätze durch einen Glaubenssatz entstehen können. Im folgenden werden wir uns beschäftigen mit:

- Handlungsmaxime
- Selbstbild
- Beurteilung anderer

Gehen wir diese drei Themen anhand eines Beispiels durch: Das Verständnis von Sexualität wird zwar immer freier, aber hin und wieder trifft man immer noch auf Glaubenssätze wie: »Sex ist eine Sünde«. Lassen Sie uns als erstes nachschauen, welche Handlungsmaximen aus einem solchen Glaubenssatz entstehen können. Wenn man dieser Überzeugung entsprechen will, müßte auf Sexualität eigentlich ganz verzichtet werden. Was nun aber tun, wenn ein Mensch mit einem solchen Glaubenssatz trotzdem Verlangen hat und dieses auch stillt? Er wird Regeln für sich aufstellen, um diesen inneren Konflikt zwischen Glauben und Tun unter Kontrolle zu halten. Er könnte beispielsweise die Regel für sich aufstellen, nur sehr kurzen Sex zu haben. Damit ist dann der Trieb gestillt, aber er hatte nicht wirklich Spaß daran. Er könnte sich auch dazu entscheiden, für dieses Vergehen anderweitig zu sühnen. Beispielsweise sich zu bestrafen, indem er seelisch schmerzvolle Erfahrungen sucht, oder sich körperliche Verletzungen zuzieht. Eine solche Handlungsmaxime kann dem Betroffenen bewußt sein, aber auch aus dem Unterbewußtsein wirken.

Kommen wir zum Selbstbild. Was für Glaubenssätze könnten in einer Person entstehen, wenn sie Sex für eine Sünde hält und ihn trotzdem braucht? Sie könnte den Glaubenssatz generieren: »Ich habe einen schwachen Willen« oder: »Ich bin nicht so stark, wie ich sein müßte.« Sie könnte zu der Überzeugung gelangen: »Ich bin von Grund auf schlecht« oder: »Ich verdiene es, bestraft zu werden.« Sie könnte aber auch beginnen von sich zu glauben: »Wenn andere wüßten, was ich tue, könnten Sie mich nicht mehr lieben.« Und dieser Glaubenssatz greift bereits in das nächste Thema über.

Welche Beurteilungen oder auch Verurteilungen können aus einem Glaubenssatz entstehen? In unserem Beispiel würde der Betroffene sicherlich nicht gut über Menschen denken, die freizügig mit Sexualität umgehen. Er könnte über solche Personen beispielsweise glauben: »Sie sind schlecht.« – »Sie sind Sünder.« Vielleicht würde er auch äußerst gereizt darauf reagieren, wenn ein solcher Mensch in seine Nähe käme. Glaubenssätze wie: »Er/sie will mich zur Sünde verführen.« oder sogar: »Er/sie trägt die Schuld daran, daß ich mich versündigen muß.« und ähnliches könnten hervorgebracht werden.

Nicht jeder Glaubenssatz bringt Glaubenssätze über das eigene

Selbstbild, die Beurteilung anderer oder Handlungsmaximen hervor. Aber stark wirkende Glaubenssätze haben dies oftmals zur Folge. Es lohnt sich bei wichtigen Themen respektive bei starken Glaubenssätzen also immer, etwas näher hinzuschauen, und den Bereich rund um diese Überzeugung zu ergründen.

Um zu erforschen, welche Glaubenssätze auf diese Weise entstanden sind, gehen Sie folgendermaßen vor:

1. Lenken Sie Ihre Aufmerksamkeit auf den Glaubenssatz, den Sie hinterfragen möchten.
2. Fragen Sie sich, welche Handlungsmaximen aus dieser Überzeugung eigentlich entstehen müßten. Werden Sie sich bewußt, welche Regeln Sie für sich aufgestellt haben, wenn Sie sich entgegen der Handlungsmaximen verhalten.
3. Welche Glaubenssätze über Ihr Selbstbild sind infolge des Ursprungs-Glaubenssatzes entstanden? Wenn es Konflikte zwischen dem Glauben und Ihrem Tun gibt, welche Rückschlüsse haben Sie dann über sich selbst aus dieser Situation heraus getroffen?
4. Welche Überzeugungen sind aus dem Ursprungs-Glaubenssatz in bezug auf andere entstanden? Gibt es Überzeugungen, die Be- oder Verurteilungen formulieren? Was glauben Sie über Menschen, die Ihren Glauben nicht teilen und sich infolgedessen auch nicht an Ihre Handlungsmaximen halten?
5. Notieren Sie sich, was Ihnen dazu einfällt, und erstellen Sie eventuell ein Glaubenssatz-Molekül, wie im dritten Teil des Buches beschrieben.

Teil 3

Arbeit mit Glaubenssätzen

In diesem Teil des Buches geht es um die Möglichkeiten, die Ihnen zur Verfügung stehen, um einen limitierenden Glaubenssatz zu verändern. Folgende Themen werden ausgeführt:

Verwirklichung von Zielen

Hier finden Sie eine detaillierte Anleitung, um mit Zielvorstellungen effektiv zu arbeiten.

Glaubenssatz-Moleküle

In diesem Kapitel lernen Sie, einen Themenbereich grundlegend zu verändern, indem Sie alle wichtigen Glaubenssätze dieses Themas zusammenstellen und gemeinsam verändern.

Die Macht der Sprache

Hier finden Sie Vorgehensweisen, mit denen Sie Glaubenssatz-Veränderung mittels der Sprache bewirken können.

Konfliktintegrations-Modell

Hier wird eine NLP-Technik beschrieben, mit der Sie einen Konflikt zwischen zwei Glaubenssätzen lösen können.

Anker verschmelzen

Mit dieser NLP-Technik können Sie Gefühlszustände verändern, die mit einem Glaubenssatz verknüpft sind.

Der Diamond

Diese NLP-Übung wird Ihnen helfen, mit vier einfachen Fragen tiefgreifende Bedeutungsveränderungen zu bewirken.

Arbeit mit Submodalitäten

Die Anleitungen in diesem Kapitel setzen Sie in die Lage, die Repräsentation eines Glaubenssatzes nach Belieben zu verändern.

Wie Sie Ihre Glaubenssätze verändern können

Überprüfen Sie zu Beginn jeder Glaubenssatzarbeit, zu welcher der drei untenstehenden Kategorien der Glaubenssatz, den Sie verändern möchten, gehört.

1. Handelt es sich bei dem Glaubenssatz um ein Ziel?
2. Wollen Sie einen einzelnen Glaubenssatz verändern?
3. Wollen Sie an einem wichtigen Thema, bzw. an einem ganzen Lebensbereich arbeiten?

Wenn es sich bei dem zu verändernden Glaubenssatz um ein Ziel handelt, gehen Sie bitte zu dem Kapitel »Verwirklichung von Zielen« weiter. In diesem Kapitel finden Sie zum einen wertvolle Hinweise rund um das Thema Ziele und zum anderen eine Anleitung zum Arbeiten mit Ziel-Glaubenssätzen.

Wenn Sie an einem einzelnen Glaubenssatz arbeiten möchten, finden Sie direkt anschließend in der »Anleitung zur Glaubenssatz-Arbeit« eine Auflistung der zu empfehlenden Schritte.

Wenn es sich um einen Themenbereich handelt, mit dem Sie arbeiten möchten, oder um einen Glaubenssatz über ein zentrales Thema, empfehlen wir Ihnen, direkt zum Kapitel »Glaubenssatz-Moleküle« zu gehen und vor der Veränderungsarbeit ein solches zu erstellen. Auf diese Weise können Sie direkt zu den wichtigsten Glaubenssätzen des jeweiligen Themas vordringen und zudem einen sehr erhellenden Überblick Ihrer bisherigen Glaubenssätze in diesem Bereich erhalten.

Zum Abschluß möchten wir Ihnen noch ein geflügeltes Wort aus dem NLP mit auf den Arbeitsweg geben:

**Wenn das, was du tust, nicht funktioniert,
mache etwas anderes!**

Anleitung zur Glaubenssatz-Arbeit

Nachdem Sie sich entschieden haben, mit welchem Glaubenssatz oder Themenbereich Sie arbeiten möchten, gibt es zwei Möglichkeiten:

- Sie erstellen ein Glaubenssatz-Molekül. Beginnen Sie in diesem Fall bei Schritt 1.
- Sie beginnen mit der Veränderung eines einzelnen Glaubenssatzes. Gehen Sie in diesem Fall bitte zu Schritt 2.

1. Erstellen Sie ein Glaubenssatz-Molekül für das Thema, mit dem Sie arbeiten möchten. Nutzen Sie hierfür die Anleitung, die Sie im Kapitel »Glaubenssatz-Moleküle« finden. Wenn Sie mit dem Erstellen des Moleküls fertig sind und zur Veränderungsarbeit übergehen möchten, beginnen Sie bei Schritt 2.
2. Führen Sie einen Ökologiecheck wie im gleichnamigen Abschnitt dieses Kapitels beschrieben durch. Achten Sie sehr sorgfältig darauf, die einzelnen Schritte einzuhalten!
3. Ihnen stehen nun drei verschiedene NLP-Techniken zum Verändern Ihrer Glaubenssätze zur Verfügung. Grundsätzlich können Sie aus dieser Vielfalt die Vorgehensweise auswählen, die Sie am meisten anspricht.

   Hier jedoch einige Tips für die Auswahl:

   - Es lohnt sich immer, als erstes die Sprachtechniken auszuprobieren. Bei vielen Glaubenssätzen führen diese Vorgehensweisen zu bemerkenswerten Veränderungen. Und selbst wenn Sie dort keine nennenswerte Änderung des Glaubens erzielen sollten, werden Ihnen die Übungen zu einer größeren Klarheit bezüglich des Glaubenssatzes verholfen haben.
   - Wenn sich die Wirkung des Glaubenssatzes nach der sprachlichen Bearbeitung noch nicht zu Ihrer Zufriedenheit verändert hat, stehen Ihnen noch die Submodalitätsarbeit und die vier Fragen zur Verfügung. Bei für Sie wichtigen oder zentralen Themen empfehlen wir Ihnen, die Technik der vier Fragen auf jeden Fall zu benutzen. Sie ermöglicht sowohl tiefgreifende Einsichten als auch Veränderungen auf Bewußtseinsebenen, die Sie bisher sehr

wahrscheinlich noch nicht einmal erahnen. Sie können beide Techniken auch parallel zueinander einsetzen. Nutzen Sie zur Erreichung Ihres Zieles einfach alles, was Ihnen in diesem Buch zur Verfügung steht.

Probleme bei der Glaubenssatz-Arbeit

Es kann vorkommen, daß Sie während des Arbeitens Störungen unterschiedlicher Gestalt erleben. Beispielsweise kann es passieren, daß plötzlich eine Art »Nebelwand« Ihr Denkvermögen und Ihre Wahrnehmung für sich selbst vernebelt. Es kann auch vorkommen, daß Sie unvermittelt vor einer inneren »Wand« stehen, die jegliches Weiterarbeiten unmöglich erscheinen läßt. Oder Sie verlieren von einer Sekunde auf die nächste die Lust am Weiterarbeiten, ohne daß ein ersichtlicher Grund vorzuliegen scheint. Dies kann auf zwei unterschiedliche Dinge hinweisen:

1. Sie stehen kurz vor dem Kern des Problems und die Störung ist ein Schutzmechanismus, der bisher die Aufgabe hatte, Ihr Bewußtsein vor schmerzhaften Gefühlen abzuschirmen. Wenn Sie stark emotionsbeladene Themen bearbeiten, kann ein Teil der Veränderungsarbeit darin bestehen, verdrängten Gefühlen Raum zu geben, bevor diese sich dann endgültig lösen. Atmen Sie in einem solchen Fall einige Male tief durch, lassen Sie sich etwas Zeit und gehen Sie dann behutsam zum nächsten anstehenden Übungsschritt weiter. Manchmal kann es auch sein, daß das Unterbewußtsein etwas Zeit braucht, um das Anstehende »im voraus zu verarbeiten«. In einem solchen Fall kann es hilfreich sein, die Übung abzubrechen und eine Nacht darüber zu schlafen. Folgen Sie hier einfach Ihrer Intuition. Sie sollten das tun, was in diesem Moment für Sie selbst das richtige ist.
2. Es ist ein Einwand aufgetaucht, der erst bearbeitet werden muß, bevor Sie mit der Veränderung fortfahren können. Es

besteht immer die Möglichkeit, daß ein wichtiger Einwand während der Veränderungsarbeit auftaucht. Wie wir im folgenden Abschnitt noch eingehend ausführen werden, sollte ein solcher Einwand in keinem Fall übergangen werden. Im Gegenteil, er ist in vielen Fällen der Wegweiser zu den psychischen Ebenen, auf denen die Lösung des Problems vorgenommen werden kann.

Beispielsweise kann ein solcher Einwand auf einen bisher noch unbewußten Glaubenssatz hinweisen, der das entsprechende Thema erheblich beeinflußt. Führen Sie in diesem Fall einen weiteren Ökologiecheck durch und gehen Sie erst weiter, wenn der Einwand bearbeitet ist.

Ökologiecheck

Der Ökologiecheck ist eine wesentliche Voraussetzung zum Gelingen einer Glaubenssatz-Arbeit. Mit diesem Arbeitsschritt »checken« Sie zu Beginn der Veränderungsarbeit, ob das angestrebte Ergebnis für Ihre »Geist-Körper-Seele« stimmig ist, oder ob durch die Veränderungen anderweitige Störungen auftauchen würden. Es geht hier also um Einwände, die Ihr Unterbewußtsein gegen eine geplante Veränderung haben könnte.

Einwände werden von vielen Menschen als etwas Störendes empfunden. Wenn man sich für die Durchführung eines Vorhabens entschieden hat und bereits in den Startlöchern steht, kann der Hinweis »so geht das nicht« als Ärgernis empfunden werden. Aber genau das Gegenteil ist der Fall. Bei Ihrer Veränderungsarbeit ist ein Einwand keine Schikane des Unterbewußtseins, sondern eine überaus wichtige Mitteilung einer Instanz, die den »größeren Überblick« über Ihr Innenleben hat. Ihr Unterbewußtsein hat Zugriff auf seelische Ebenen, die Ihrem Alltagsbewußtsein verschlossen sind. Es ist in der Lage, Zusammenhänge zu knüpfen und zu erkennen, die Sie bewußt noch nicht einmal erahnen. Und – es ist Ihnen mehr als wohlgesonnen. Auf einen solch mächtigen Verbündeten sollte man hören, meinen Sie nicht auch?!

Schenken Sie eventuellen Einwänden also Gehör, spüren Sie ihnen nach und betrachten Sie sie gründlich. Je sorgfältiger Sie den Ökologiecheck durchführen, desto besser und leichter wird Ihnen die Arbeit gelingen.

Anleitung zum Ökologiecheck

1. Stellen Sie als erstes sicher, ob Sie die angestrebte Veränderung mit Ihrer momentanen Kompetenz durchführen können. Lenken Sie dazu Ihre Aufmerksamkeit nach innen. Stellen Sie Ihrem Unterbewußtsein die Frage:

   ***»Reicht meine Kompetenz aus,
   um diese Veränderungsarbeit durchzuführen?«***

   Geben Sie Ihrem Unterbewußtsein den Raum, diese Frage zu beantworten. Erhalten Sie ein Ja, gehen Sie weiter zu Schritt 2. Erhalten Sie jedoch ein Nein, gibt es zwei Möglichkeiten. Entweder Sie verschieben diese Arbeit auf einen späteren Zeitpunkt, und führen bis dahin mehrere leichtere Glaubenssatz-Arbeiten durch. Wenn Sie genug Übung und damit auch Kompetenz haben, können Sie sich wieder dieses Themas annehmen. Wenn das Thema eher dringend ist oder sehr komplex und kompliziert anmutet, empfehlen wir Ihnen, die Hilfe eines Therapieprofis in Anspruch zu nehmen. Mehr hierzu finden Sie in einem späteren Abschnitt.
2. Stellen Sie sich vor, wie es sein wird, wenn Sie die angestrebte Veränderung erreicht haben. Stellen Sie sich dies assoziiert vor, also so, als würden Sie das Vorgestellte jetzt gerade in diesem Moment tatsächlich erleben:
   - Wenn Sie einen Glaubenssatz neutralisieren möchten, stellen Sie sich vor, wie es sein wird, wenn diese Überzeugung ihre Wirkung verloren hat.
   - Wenn Sie einen neuen Glauben an die Stelle des alten setzen wollen, stellen Sie sich vor, wie es sein wird, auf diese neue Art zu glauben

Erleben Sie diese Vorstellung so lebendig wie möglich. Sehen Sie, als wären Sie bereits dort, hören Sie das, was es dort zu hören gibt, und fühlen Sie, was sich verändert haben wird.

3. Bleiben Sie in dieser assoziierten Vorstellung und fragen Sie sich, ob es einen Einwand dagegen gibt, diese Veränderung tatsächlich zu vollziehen.

   • Wenn Ihnen kein Einwand bewußt wird, gehen Sie weiter zu Schritt 4.

   • Wenn ein Einwand ins Bewußtsein kommt, notieren Sie sich diesen für eine spätere Arbeit. Gehen Sie nun weiter zu Schritt 4.

4. Bleiben Sie weiterhin in der assoziierten Vorstellung. Lenken Sie Ihre Aufmerksamkeit auf Ihre Empfindungen. Fühlt sich diese Veränderungen stimmig an, haben Sie ein eher gleichgültiges oder belangloses Gefühl, oder spüren Sie gar ein Störgefühl? Diese können sein: Magendruck, Zusammenkrampfen im Bauch, Herzrasen, schweres Atmen, Spannung in beispielsweise der Kiefermuskulatur u. ä.

   • Wenn Sie rundum ein wohliges angenehmes Gefühl haben, gehen Sie weiter zu Schritt 5.

   • Wenn Sie an dieser Stelle ein gleichgültiges oder belangloses Gefühl haben, notieren Sie sich dieses unbedingt. In der Regel ist dies ein Hinweis auf eine bestimmte Art Einwand, zu dem wir später noch kommen werden. Gehen Sie nun weiter zu Schritt 5.

   • Wenn ein solches Störgefühl vorhanden ist, lenken Sie Ihre Aufmerksamkeit auf diese Empfindung und lassen Sie sich den Einwand hinter diesem Gefühl ins Bewußtsein kommen. Nehmen Sie sich dazu ausreichend Zeit, während Sie mit Ihrer Aufmerksamkeit ganz bei der Empfindung bleiben. Notieren Sie sich, was Ihnen bewußt wird. Wenn das Gefühl vage bleibt, notieren Sie sich, daß ein Störgefühl vorhanden ist und die Art des Störgefühles für weitere spätere Arbeiten. Gehen Sie nun weiter zu Schritt 5.

5. Bleiben Sie weiterhin assoziiert in der Vorstellung, die Veränderung bereits erreicht zu haben. Durchdenken Sie nun die Konsequenzen, die diese Veränderung für Sie mit sich bringen wird:

- Welche Auswirkungen wird die Veränderung auf das Verhältnis zu Ihren Bezugspersonen haben? Wie Frau/Mann, Kindern, Eltern, Freunde, Arbeitskollegen u. ä.
- Welche Auswirkungen wird die Veränderung auf Ihre Gesundheit haben?
- Welche Auswirkungen wird die Veränderung auf Ihren beruflichen Erfolg haben?
- Was wird durch diese Veränderung möglich werden?
- Was wird nach dieser Veränderung nicht mehr möglich sein?

Notieren Sie sich jeweils, was Ihnen zu den obigen Fragen einfällt.

6. Wenn Sie keinerlei Einwände gefunden haben, ist der Ökologiecheck beendet.
   Sie können nun zu der Veränderung des Glaubenssatzes übergehen.
   Wenn Sie Einwände gefunden haben, gehen Sie weiter zur Übung »Arbeit mit bewußten Einwänden«.

Arbeit mit bewußten Einwänden

Bearbeiten Sie zuerst Einwände, deren Inhalt Ihnen bereits bewußt geworden ist. Später folgen dann Hinweise, wie Sie mit vagen Störgefühlen, deren Inhalt die Bewußtseinsschwelle noch nicht überschritten hat, umgehen können.

1. Gibt es etwas, das Sie vor Beginn der Veränderungsarbeit noch sicherstellen müssen?
   Befriedigen Sie den Einwand, indem Sie die entsprechenden Vorbereitungen treffen.
   - *Z. B. mehr Zeit einplanen, Schreibzeug bereitlegen, Telefon leise stellen, vorab eine Entspannungsübung durchführen, sich besser vorbereiten usw.*
2. Gibt es etwas, was Sie bisher nicht berücksichtigt haben, was aber während des Arbeitens sichergestellt sein muß?

• *Z. B. ungestört sein, jemanden zum Vorlesen der Anleitung und zum Notieren zu haben, die Übung abzubrechen, wenn die inneren Prozesse die momentane Kompetenz überschreiten usw.*

Befriedigen Sie solche Einwände, indem Sie die geforderten Vorbereitungen treffen.

3. Wird es für Sie nach der Glaubenssatz-Veränderung etwas zu erledigen geben?

   • Gibt es neue Verhaltensweisen, die dann »antrainiert« werden sollen? *(Siehe das Kapitel »Anwendungsbeispiele«)*

   • Wird nach der Veränderung eine Handlung anstehen, die noch durchdacht werden muß? *(Siehe das Kapitel »Anwendungsbeispiele«)*

   • Gibt es sonst etwas, was Sie im Anschluß an die Glaubenssatz-Veränderung tun müssen?

   Stellen Sie sicher, daß Sie nach vollzogener Veränderung das Entsprechende in die Wege leiten.

4. Hat die angestrebte Veränderung Konsequenzen, die so nicht tragbar sind? Spielen Sie gedanklich die Konsequenzen für die folgenden Lebensbereiche durch:

   • Welche Konsequenzen ergeben sich durch die Veränderung in meiner Partnerschaft?

   • Welche Konsequenzen hat die Veränderung in meinem Verhältnis zu meinen Bezugspersonen (Mann/Frau, Kinder, Eltern, Arbeitskollegen, Freunde usw.)?

   • Welche Konsequenzen hat die Veränderung für meinen beruflichen Erfolg?

   • Welche Konsequenzen hat die Veränderung bezüglich meiner Gesundheit und meines körperlichen Wohlbefindens?

   • Welche Konsequenzen hat die Veränderung für mein sonstiges Umfeld?

   Wenn Sie Konsequenzen finden, die für Sie nicht tragbar sind, können Sie in zweierlei Richtung gehen:

   • Arbeiten Sie mit den Konsequenzen, bis diese für Sie tragbar sind. Verändern Sie beispielsweise die Glaubenssätze, die diese Konsequenzen betreffen.

- Passen Sie das Veränderungsziel Ihren neu gewonnenen Erkenntnissen an und durchlaufen Sie den Ökologiecheck damit erneut.

  Zu beiden Möglichkeiten finden Sie Vorschläge im Kapitel »Anwendungsbeispiele«.

5. Testen Sie mit Ihrem jetzigen Kenntnisstand erneut, ob Sie die Veränderung für sich selbst durchführen können, oder ob Sie dazu professionelle Unterstützung benötigen.

Hinweis: Manchmal erscheinen bewußte Einwände in einer sich wiederholenden Ja-Aber-Form. Wenn Sie feststellen, daß Sie bereits mehrfach einen Einwand befriedigt haben und dahinter sofort der nächste mit – ja, aber – erscheint, sollten Sie mit der Einwandbearbeitung innehalten. Hinter nörgelnden, destruktiven Einwänden verbirgt sich in der Regel ein Einwand gegen die gesamte angestrebte Veränderung. Wenn der Einwand nicht auf eine noch zu berücksichtigende Handlung hinweist (z. B. das Telefon leiser stellen, oder da ist eine Konsequenz, die noch bedacht werden muß usw.), sondern einen Grund nach dem anderen hervorbringt, weshalb die Veränderung nicht durchgeführt werden kann, *soll* die Veränderung unbewußt nicht sein! Überprüfen Sie in einem solchen Fall, ob Sie die Veränderung *wirklich wollen*. Und mit wirklich wollen ist hier gemeint, mit all den Konsequenzen, mit all den Handlungen und all den Veränderungen, die sich aus dem angestrebten Ergebnis für Sie ergeben werden.

Umgang mit vagen Störgefühlen

Wenn beim Ökologiecheck vage Störgefühle aufgetreten sind, weist dies oftmals auf tieferliegende Einwände hin. Im folgenden werden wir Ihnen einige Beispiele dafür nennen, worin ein solcher Einwand bestehen kann.

Es ist möglich, daß Ihnen aufgrund dieser Beispiele der Inhalt eines Störgefühles bewußt wird und Sie den Einwand daraufhin bearbeiten können. Es ist aber auch möglich, daß Sie den Inhalt nur erahnen. Oder sich des Inhalts zwar bewußt werden, die Lösung aber Ihr momentanes Können überschreitet. In beiden Fällen empfehlen wir Ihnen, die Hilfe eines Therapieprofis in Anspruch zu nehmen. Denn die Lösung eines solchen Einwandes bewirkt in den meisten Fällen eine tiefgreifende Veränderung, die über die Grenzen des ursprünglichen Themas weit hinausgeht.

Mögliche tieferliegende Einwände

Veränderungen ziehen weitere Veränderungen nach sich. Oftmals sprengen sie auch Grenzen, deren Einhaltung bisher wichtig war. Wenn eine solche Grenze überschritten zu werden droht, bauen sich im Inneren Widerstände auf. Über diese Widerstände kann in der Regel nicht »hinweggearbeitet« werden. Sinnvoller ist es daher, zuerst mit dem zu arbeiten, was den Widerstand erzeugt und erst danach die ursprünglich angestrebte Veränderung anzugehen. Um eine solche Grenze aufzuspüren, können Sie sich folgende Fragen stellen:

- Bewege ich mich mit dieser Veränderung von bisher wichtigen Vorbildern weg?
- Befürchte ich, eine Grenze zu überschreiten, die in meiner Familie bisher für jeden Gültigkeit hatte?
- Befürchte ich, dann nicht mehr zu meiner Familie zu gehören?
- Befürchte ich, nach dieser Veränderung nicht mehr den Vorstellungen von Menschen zu entsprechen, die mir am Herzen liegen (Vater, Mutter, Partner usw.)?
- Entspreche ich dann vielleicht meinen eigenen bisherigen Vorstellungen nicht mehr?
- Verletzt diese Veränderung hohe Werte von mir?

Gleichgültigkeit oder Belanglosigkeit

Wenn Sie eine Überzeugung verändern, von der Sie bisher behindert oder blockiert wurden, stellt sich zumindest ein Gefühl von Erleichterung ein. Je größer die unangenehme Wirkung des Glaubenssatzes war, desto größer sind nach vollendeter Arbeit Erleichterung und Freude. Wenn sich nun aber in der assoziierten Vorstellung der Lösung keine solchen Gefühle aufbauen, sondern die Veränderung als etwas Belangloses erscheint, ist das häufig ein Hinweis auf einen inneren Konflikt. In der Regel verbirgt sich hinter einer solchen Reaktion eine ganz bestimmte Form von Einwand, den wir als Loyalitätskonflikt bezeichnen. Die betreffende Person ist dann zwischen zwei wichtigen Bedürfnissen hin- und hergerissen. Einerseits ist die angestrebte Veränderung wichtig für sie. Andererseits würde diese Veränderung aber bedeuten, die Loyalität zu einem wichtigen Menschen zu »verraten«. Lassen Sie uns dies anhand eines Beispieles verdeutlichen.

Vor einiger Zeit kam eine junge Frau in unsere Praxis, um ihrer »inneren Zerrissenheit Herr zu werden«, wie sie es ausdrückte. Sie war Orchestermusikerin und dort von einem sehr bekannten Dirigenten »entdeckt« worden. Dieser hatte sie in seine Obhut genommen und versuchte nun seit geraumer Zeit, ihr eine Solokarriere schmackhaft zu machen. Nach seiner Meinung hatte sie ein »begnadetes Talent«, das auf jeden Fall gefördert werden mußte. Sie berichtete, daß eine Karriere als Solistin immer ihr größter Wunsch gewesen sei. Und sie hatte deshalb umgehend alles in die Wege geleitet, um diese sich ihr bietende Chance zu nutzen. Doch bereits nach kurzer Zeit brachte sie nur noch mit äußerster Mühe die Disziplin auf, ihr tägliches Übungspensum zu absolvieren. Obwohl sie sich einerseits weiterhin sehnlichst wünschte, Solistin zu werden, kam andererseits ein immer stärker werdendes Gefühl von Gleichgültigkeit auf, wenn sie sich ihre Zukunft vorstellte. Sie hatte das Gefühl, sich in einem Dilemma zu befinden, ohne zu wissen, was der Auslöser dafür war.

Es stellte sich heraus, daß sie sich in einem starken Loyalitätskonflikt mit ihrem Vater befand. Ihr Vater hatte ein »begnadetes Talent« zur Schriftstellerei. Bereits in seiner frühen Jugend war er durch seine außergewöhnlichen Fähigkeiten aufgefallen. Doch als sein Vater im Krieg fiel, fanden seine Träume von einer Zukunft als Schriftsteller ein jähes Ende. Mit fünfzehn Jahren wurde er zum Ernährer seiner Herkunftsfamilie, was ihm jede Möglichkeit nahm, sein Talent zu entfalten. Der Vater hatte diesen Schicksalsschlag nach eigenen Aussagen niemals verwunden. Er fühlte sich seiner Zukunft beraubt und die Klientin wuchs in dem Bewußtsein auf, daß ihr Vater seinen größten Wunsch nicht hatte leben dürfen. Nun stand sie selbst vor der Möglichkeit, ihren größten Wunsch realisieren zu können. Bewußt war sie damit am Ziel ihrer Träume angelangt. Unbewußt jedoch wollte sie es ihrem Vater nicht antun, ihren eigenen Traum zu leben, angesichts der Tatsache, daß ihm doch genau das verwehrt worden war. Aus einer falsch verstandenen Liebe, wollte sie sich selbst ihre größte Erfüllung verwehren, um an der »Seite« ihres Vaters bleiben zu können. Diese unbewußte Entscheidung führte dazu, daß ihr die Vorstellung, das Ziel zu erreichen, belanglos und wenig anziehend erschien.

Nach der Auflösung dieses Konflikts konnte sie ihre Solokarriere mit ganzer Kraft aufnehmen. Sie lernte, der Liebe zu ihrem Vater auf eine neue Weise Ausdruck zu verleihen und gleichzeitig ihren Lebenstraum zu verwirklichen.

Die hierzu notwendige Arbeit ist in der Regel zu komplex, um sie ohne therapeutische Hilfe auszuführen. Sie können aber für sich überprüfen, ob ein Gefühl der Belanglosigkeit der Ausdruck eines Loyalitätskonfliktes ist. Gehen Sie dazu noch einmal assoziiert in die Vorstellung, Sie hätten die Veränderung bereits vorgenommen. Lenken Sie Ihre Aufmerksamkeit auf das »Belanglosigkeitsgefühl«. Verweilen Sie dort einen kurzen Augenblick und fragen Sie sich dann: *»Wen würde ich damit verraten?«*

Wenn Sie auf diese Frage eine starke Gefühlsreaktion haben, können Sie davon ausgehen, daß Sie sich in einem Loyalitätskonflikt befinden. Wir empfehlen Ihnen in diesem Fall, die Unterstützung eines Therapieprofis zur Lösung dieses Konflikts in Anspruch zu nehmen.

Anwendungsbeispiele

In diesem Abschnitt folgen nun einige Beispiele, die verschiedene Aspekte der Arbeit mit Einwänden veranschaulichen.

Neue Verhaltensweisen trainieren

Wenn Sie einen Glaubenssatz verändert haben, entstehen dadurch nicht automatisch neue Verhaltensweisen. Oftmals ist jetzt zwar der Weg frei, aber das neue Verhalten muß erst noch »erlernt« werden. Hierzu ein Beispiel:

Ein junger Mann litt in der Vergangenheit darunter, daß seine Mutter ihn regelmäßig anrief, um ihm zu erzählen, was wieder einmal Schlimmes passiert sei in der Nachbarschaft, in der Verwandtschaft oder ähnliches. Bisher glaubte er, dieses Gespräch über sich ergehen lassen zu müssen, obwohl er sich hinterher jedesmal für Stunden miserabel fühlte. Er entscheidet sich, den gefundenen Glaubenssatz: »Ich muß meiner Mutter zuhören, auch wenn es mir hinterher schlechtgeht«, zu verändern. Nach erfolgreicher Veränderung ist es für ihn selbstverständlich, daß er sich gegen ein solches Gespräch zur Wehr setzen darf. Damit hat er allerdings noch keinerlei Verhaltensreaktionen, mit denen er dies zustandebringen kann. Ein »Verhaltenstraining« ist hier also angesagt. Er könnte beispielsweise seine Lebensgefährtin darum bitten, die Rolle der Mutter zu übernehmen und genauso zu sprechen, wie diese es für gewöhnlich tut. Nun kann unser junger Mann im »Trockentraining« üben, auf das gewohnte Verhalten der Mutter auf neue Art zu reagieren, um das Gespräch beispielsweise in eine Richtung zu lenken, die ihnen beiden guttut.

Ein weiteres Beispiel: Ein Angestellter will sich gegen die ständigen verbalen Übergriffe seines Vorgesetzten zur Wehr setzen, getraute sich dies aber bisher nicht. Er verändert den Glaubenssatz, der bisher die Angst erzeugte, und hat nun innerlich die Erlaubnis, sich zur Wehr zu setzen. Da er sich aber in der Vergangenheit so gut wie nie gegen Autoritätspersonen gewehrt hat, steht ihm nur ein sehr begrenztes Verhaltensrepertoire für eine solche Situation zur Verfügung. Er könnte dieses Repertoire nun erweitern, indem er einen Freund bittet, in die Rolle des Vorgesetzten zu schlüpfen und sich so zu verhalten, wie dieser es normalerweise tut. Er könnte dann so lange mögliche Reaktionsweisen ausprobieren und üben, bis er mehrere angemessene Verhaltensweisen sicher beherrscht.

Wenn nach der Veränderung eine Handlung ansteht

Oftmals wird eine anstehende Handlung durch blockierende Glaubenssätze verhindert. So bleiben Menschen beispielsweise in einer zerrütteten Ehe, weil sie gelernt haben »durchzuhalten, auch wenn es weh tut«; oder sie halten eine Beziehung aufrecht, die eigentlich vorbei ist, aus Angst vor dem Alleinsein; sie üben Berufe aus, an denen sie keinerlei Spaß haben, weil sie glauben, Arbeit könne keine Freude bereiten; ertragen verletzende Verhaltensweisen anderer, weil sie glauben, kein Recht dazu zu haben, sich zur Wehr zu setzen usw.

Vor allem nach einer tiefgreifenden Veränderung kann ein Handlungsschritt anstehen, der schon seit langem fällig ist. Nehmen Sie sich in einem solchen Fall nach der Veränderung genug Zeit, den Handlungsschritt zu planen.

Mögliche Konsequenzen

Veränderung bringen Konsequenzen mit sich. Einige davon sind unproblematisch, andere bedürfen unserer Aufmerksamkeit. Wenn das Unterbewußtsein die Konsequenzen einer Veränderung nicht tragen will, wird es einen Weg finden, die Veränderung zu verhindern!

Ein sehr anschauliches Beispiel für Konsequenzen in der Partnerschaft konnten wir erst vor kurzer Zeit in unserer Praxis erleben. Eine Frau mit multiplen Phobien (als Phobien werden übertriebene irrationale Ängste bezeichnet wie Spinnenangst, Höhenangst, Platzangst usw.; multipel bedeutet mehrere) konnte durch entsprechende NLP-Techniken ihre phobischen Reaktionen abstellen. Nun trat aber ein wichtiger Einwand zutage. Sie beschrieb, daß ihr Mann sie bisher aufgrund der vielen Ängste stark unterstützen mußte, was er auch immer gerne getan hatte. Ihr wurde bewußt, daß ihr Mann einen großen Teil seines Selbstwertgefühles innerhalb der Beziehung aus dieser Unterstützung gewonnen hatte. Nun, da sie dieser Unterstützung nicht mehr bedurfte, befürchtete sie, daß diese Veränderung für ihren Mann zu einem großen Problem werden könnte. Sie befürchtete sogar, daß dies ihre Ehe gefährden könnte. Und wenn sie zwischen dieser Konsequenz und den Phobien wählen müßte, würde sie lieber weiter die Phobien haben. Es war also notwendig, einen Weg zu finden, der ihrem Mann das notwendige Selbstwertgefühl geben konnte, ohne daß sie weiterhin phobische Reaktionen haben würde. Erst als sie diesen Weg innerhalb der Therapiesitzung gefunden hatte, konnte die Veränderung erfolgreich abgeschlossen werden.

Veränderungen können natürlich auch Konsequenzen auf das Verhältnis zu den Bezugspersonen haben. Wenn beispielsweise ein Glaubenssatz wie: »Ich darf nicht wütend werden«, aufgelöst wurde, wird sich das eigene Verhalten von Grund auf ändern. Sowohl die eigene Familie wird mit einem Verhalten konfrontiert, das sie zuvor noch nie erlebt hat, als auch die Arbeitskollegen und die Freunde. Im Beruf könnte sich ein Problem ergeben, wenn der Betreffende bisher unter einem Vorgesetzten arbeitete, der keine Widerworte duldet usw. Hier gilt es, eventuell Entscheidungen über das eigene zukünftige Verhalten zu treffen und/oder neue Verhaltensweisen zu trainieren.

Auch der berufliche Erfolg kann von einer Veränderung betroffen sein. Beispielsweise könnte sich bei der Veränderung des

Glaubenssatzes: »Arbeit kann keinen Spaß machen«, die Sichtweise des bisherigen Arbeitsplatzes von Grund auf ändern. Mit dem obigen Glaubenssatz wird man wahrscheinlich irgend etwas arbeiten, ohne jeden Spaß. Mit einem Glauben wie: »Arbeit ist Spaß« oder: »Arbeit ist nur dann für mich gut, wenn ich Spaß daran habe«, wird die alte Arbeit nicht mehr zufriedenstellend sein. Trotzdem wäre es in einem solchen Fall für beispielsweise einen Familienvater ohne finanzielle Rücklagen sicherlich nicht ratsam, am nächsten Tag zu kündigen, ohne etwas Geeignetes in Aussicht zu haben. Auf Konsequenzen dieser Art sollten Sie vor Beginn der Veränderungsarbeit vorbereitet sein, um zu verhindern, daß Sie im Begeisterungsgefühl der Veränderung vorschnelle und vielleicht unkluge Entscheidungen treffen.

Gesundheit ist eines unserer höchsten Güter. Konsequenzen bezüglich der Gesundheit sollten daher sorgfältig bedacht werden. Bedenklich wäre beispielsweise ein Glaubenssatz wie: »Ich bin in der Lage, sechzehn Stunden am Tag, sieben Tage die Woche zu arbeiten«, ohne vorher genauestens die gesundheitlichen Konsequenzen gecheckt zu haben. Den körperlichen Bedürfnissen muß so oder so Rechnung getragen werden.

Therapieprofis

In der heutigen Zeit ist die Vorstellung, Therapie hätten nur Irre oder Kranke nötig, schon lange überholt. Effektive therapeutische Unterstützung kann Ihnen helfen, Prozesse innerhalb kürzester Zeit zu vollziehen, für die Sie ansonsten Jahre brauchen würden oder die Sie vielleicht niemals bewerkstelligen könnten.

Wenn Sie die Hilfe eines Therapieprofis in Anspruch nehmen möchten, empfehlen wir Ihnen, einen Therapeuten zu wählen, der *in den Techniken des NLP und in der Systemischen Familientherapie nach Bert Hellinger* ausgebildet wurde. Wir helfen Ihnen gerne, einen geeigneten Therapeuten in Ihrer Umgebung zu finden. Am Ende des Buches finden Sie eine Kontaktadresse.

Verwirklichung von Zielen

Zielearbeit ist eine der schönsten Anwendungen im Bereich der Glaubenssatz-Veränderungen. Hier geht es um die Dinge, die wir für uns erreichen möchten, um unser Leben zu bereichern. Im NLP wurden einige sehr wesentliche Punkte herausgefunden, die bei der Verwirklichung von Zielen beachtet werden sollten. Im folgenden werden wir diese Themen näher erläutern.

Positives Denken und effektive Zielarbeit

Die Technik des positiven Denkens besteht im wesentlichen aus drei Schritten. Als erstes stellt man sich das Ziel vor und erlebt es assoziiert, das heißt so als ob man es jetzt in diesem Moment bereits erreicht hätte. Wenn das Ziel beispielsweise das Erlangen des Idealgewichts ist, würde man sich vorstellen, bereits 60 Kilo zu wiegen. Als zweites benutzt man positive Affirmationen, man sagt sich auf das Ziel bezogene positiv formulierte Sätze, welche die Zielerreichung unterstützen sollen. In unserem Beispiel könnte das sein. »Ich wiege 60 Kilo, fühle mich wohl und mir geht es von Tag zu Tag besser und besser.« Als dritten Schritt wiederholt man die ersten beiden Schritte, sooft es geht, möglichst aber mindestens einmal am Tag.

Wir wollen nun die Möglichkeiten, die Grenzen und auch die Gefahr dieser Methodik etwas näher betrachten. Hinter der oben beschriebenen Vorgehensweise steht die folgende Voranname:

Wenn ich mir ein Ziel nur intensiv genug vorstelle, wird mein Unbewußtes es Wirklichkeit werden lassen!

Dieser Glaube reflektiert zwar einen der Aspekte, wie willentlich kreierte Glaubenssätze wirken können, übersieht aber mehrere wesentliche Gesichtspunkte. Hier geht es um die »Manifestationskraft«, das heißt die Fähigkeit, eine Vorstellung in die Realität umzusetzen. Manifestationskraft hängt davon ab, wie konzentriert die gedanklichen, psychischen und handlungsaktiven Kräfte auf ein bestimmtes Ziel ausgerichtet werden können. Und dies wiederum hängt von mehreren Faktoren ab.

Als erstes muß gewährleistet sein, daß der Zielerreichung kein starker negativer Glaubenssatz entgegensteht. Wenn ein solcher vorhanden ist, »verpufft« die erbrachte Energie, ohne nennenswerte Resultate zu erzielen. In Verbindung mit positiven Affirmationen wird in einem solchen Fall obendrein der bereits bestehende Konflikt zwischen den bewußten Zielen und den unbewußten Absichten noch verschärft. Lassen Sie uns dies anhand eines Beispiels veranschaulichen.

Stellen Sie sich vor, ein Mann hätte den sehr tiefsitzenden Glaubenssatz: »Ich muß ein Verlierer sein.« Natürlich wäre ihm dieser Glaubenssatz nicht bewußt, dieser würde von unterbewußten Ebenen der Psyche auf ihn wirken. Wenn dieser Mann sich nun zum Ziel macht, beruflich erfolgreich zu sein und damit zu einem »Gewinner« zu werden, widerspricht diese Zielvorstellung einem seiner stärksten Glaubenssätze. Hier hilft weder tagtägliches Imaginieren, noch positive Affirmationen. Im Gegenteil, je mehr Energie durch Imaginieren und Affirmationen im Bewußtsein aufgebaut werden, desto größer wird die innere Spannung. Solange dieser Glaubenssatz wirkt, wird das Unterbewußtsein einen Weg finden, jeden Ansatz zum beruflichen Erfolg zu vereiteln. Die Vorstellung, daß positive Affirmationen die Macht hätten, einen solchen Glaubenssatz mit dem nötigen Fleiß und Durchhaltevermögen aufzulösen, ist eine Illusion. Hier ist es notwendig, den negativen Glaubenssatz zu finden und zu verändern. Steht der Zielerreichung dann kein Glaubenssatz mehr entgegen, können die Affirmationen ihre förderliche Wirkung entfalten. Die Vorstellung, daß das Imaginieren allein zu einer automatischen Veränderung der unbewußten Glaubenssätze führt, hat sich in der Praxis als falsch erwiesen.

Affirmationen lenken die Aufmerksamkeit in die Richtung des Zieles. Aber auch hier gibt es Wichtiges zu beachten. Die Formulierungen der Affirmationen sollten nicht kontrafaktisch sein, sondern einen tatsächlichen Prozeß beschreiben. Wenn eine Person 80 Kilo wiegt, führt eine Affirmation wie: »Ich wiege 60 Kilo«, eher zu einem Wirklichkeitsverlust, als zur Motivation abzunehmen. Wenn man dem Unterbewußtsein vorgaukelt, bereits am Ziel zu sein, was für einen Grund sollte es dann noch geben, sich für die Zielerreichung anzustrengen, man ist ja schon da! Hier würde eine Affirmation wie: »Ich nutze meine natürliche Fähigkeit, mein Gewicht zu kontrollieren, jeden Tag mehr und fühle mich dabei wohl«, einen sehr viel größeren Dienst erweisen.

Das Imaginieren, also assoziiert in die Zielvorstellung zu gehen, ist für mehrere Dinge gut. Zum einen können Sie auf diese Weise erkunden, ob sich die Anstrengungen für das Ziel wirklich lohnen. Wenn Sie sich vorstellen, bereits dort zu sein, können Sie sehen, hören und fühlen wie es sein wird und aufgrund dieser Informationen entscheiden, ob sich die notwendigen Mühen auszahlen werden. Zum anderen können Sie über die assoziierte Vorstellung die Motivation aufbauen, die Sie zum Umsetzen des Zieles brauchen. Wenn man öfter hineinspürt, wie wundervoll es sein wird, dort zu sein, verstärkt das den Ansporn, die dafür notwendigen Taten zu vollbringen. Des weiteren ermöglicht eine wiederholte assoziierte Vorstellung, daß Sie sich an die angestrebte Veränderung gewöhnen, was ein sehr wichtiger Aspekt sein kann. Sicherlich kennen Sie die Aussage: »Lieber im gewohnten Elend als im ungewohnten Glück.« Ungewohntes macht oft angst. Angst wiederum erzeugt Widerstand, der vermindert werden kann, wenn Sie sich schon mal an den Gedanken des Zieles gewöhnen.

Ob das Imaginieren nun aber tatsächlich die Kraft freisetzt, um das Ziel zu erreichen, hängt im wesentlichen davon ab, wie das Ziel in Ihrem Inneren repräsentiert ist. Wenn Sie nicht wirklich daran glauben können, es zu erreichen, werden Sie es nicht erreichen. Da »glauben können« aber nicht, wie viele meinen, eine bewußte Entscheidung ist, muß die Repräsentation des Zieles auf einer tieferen Ebene ansetzen. Dies ist die Ebene der Programmiersprache des subjektiven Erlebens, die Ebene der Submodalitäten. Mit dieser NLP-Technik sind Sie in der Lage, eine Vorstellung mit einer von Ihnen gewählten Bedeutung zu versehen. Ausführliche Informationen hierüber finden Sie im Kapitel »Arbeiten mit Submodalitäten«.

Mit der korrekten Repräsentation des Zieles alleine ist es aber im Regelfall nicht getan. Menschen mit einer hohen Manifestationskraft belassen es nicht beim Imaginieren. Sie nutzen das Imaginieren vielmehr dazu, um die anfallenden Handlungsschritte zum Ziel zu koordinieren und die Aufmerksamkeit auf die sich bietenden Möglichkeiten zu lenken. Menschen mit hoher Manifestationskraft *tun* etwas für ihre Ziele, und zwar sehr viel. Aufgrund ihrer äußerst wirkungsvollen Ziele-Erreichungsstrategie, zu der auch ein sehr effektives Imaginieren gehört, empfinden sie dieses Tun allerdings nicht als »schwerlastende« Arbeit, sondern als Freude, Herausforderung, Wachstumschance usw. (An dieser Stelle sei auf das Buch »Der Neugier-Erfolgsloop« von Klaus Grochowiak und Katja Dyckhoff hingewiesen, in dem es um die Installation einer bewährten Erfolgsstrategie geht.)

Eine große Gefahr beim positiven Denken besteht aber gerade darin, die Notwendigkeit des Handelns und die Anstrengungen als nicht erforderlich beiseite zu schieben. Und statt dessen zu glauben, intensives Imaginieren könne das Tun ersetzen. Dies trifft nach unserer Erfahrung jedoch auf kaum eine Zielvorstellung zu. Stellen Sie sich nur einmal vor, jemand würde zu Ihnen kommen und Ihnen begeistert berichten, er lerne jetzt Schreibmaschine schreiben. Er müsse dafür aber nicht üben, sondern sich lediglich hinsetzen, sich vorstellen, er könne es bereits perfekt, und sich dazu den Satz sagen: »Ich kann flink wie ein Wiesel Schreibmaschine schreiben und es geht mir gut dabei!« Anhand dieses Beispiels klingt das völlig absurd. Aber viele Menschen gehen im übertragenen Sinne auf genau diese Weise vor. Beispielsweise kann es vorkommen, daß eine Person mit genau dieser Methodik attraktiv zu werden versucht. Sie imaginiert und affirmiert, kommt aber nicht auf die Idee zum Friseur zu gehen, sich eine Make-up-Beratung angedeihen zu lassen, Sport zu treiben, um die Figur »attraktiv zu gestalten«, sich neue Kleidung zu kaufen usw.

Oder jemand versucht, mit positivem Denken seine Schüchternheit zu überwinden, denkt aber nicht daran, daß er lernen muß, sich statt des Schüchternseins anders zu verhalten. Viele Menschen glauben, daß intensives Imaginieren neue Verhaltensweisen hervorbringt. Das tut es nicht. Wenn eine solche Verhaltensweise bereits vorhanden ist und nur verdeckt war, kann sie natürlich hervorgeholt werden. Wenn aber ein Mensch in der Vergangenheit noch nie eine andere Verhaltensweise als Schüchternheit kannte, muß er erst lernen, sich anders zu verhalten.

In allen drei Fällen kann Imagination eine große Hilfe sein. Aber sie ist immer nur eine Unterstützung und nicht Ersatz für das anstehende Handeln.

Zielearbeit

Ein Problem bei der Zielerreichung, welches uns bei einigen Klienten aufgefallen ist, besteht darin, daß sie zu viele Ziele haben. So viele, daß sie aus rein zeitlichen Gründen gar nicht realisiert werden können. Was damit eng zusammenhängt, ist die Gleichsetzung von Wunsch und Ziel. Wünsche sind eher Ziele in Warteposition. Das heißt, sie repräsentieren etwas, was wir gerne hätten, wofür wir im Moment aber nicht bereit oder in der Lage sind, etwas zu tun. Zum Beispiel kann man sich wünschen, besser Englisch zu sprechen, ohne daß man daraus das Ziel macht, an einer Volkshochschule o. ä. einen Englischkurs zu belegen. Insofern ist es für uns sehr wichtig, daß wir im Inneren klar zwischen Zielen und Wünschen unterscheiden (siehe auch das Kapitel über Submodalitäten) und daß wir darauf achten, nicht zu viele Ziele auf einmal zu haben.

Ein großer Energiefresser sind die sogenannten offenen Handlungszyklen. Darunter verstehen wir Projekte, die man entweder angekündigt oder angefangen, aber nicht beendet hat. Diese offenen Projekte ziehen ständig einen Teil der inneren Aufmerksamkeit auf sich, ohne daß daraus eine Handlung folgt. Dadurch gehen uns Aufmerksamkeit, Konzentration und Handlungsenergie für die Projekte verloren, an denen wir tatsächlich arbeiten. Darum ist es sinnvoll, von Zeit zu Zeit eine Liste aufzustellen von angekündigten oder angefangenen Projekten, die nicht beendet worden sind, um dann ganz offiziell diese Projekte ad acta zu legen oder die Weiterführung zu einem realistischen späteren Zeitpunkt zu beschließen. Sie werden spüren, wie Sie das sofort entlastet und Handlungsenergie für andere Dinge freimacht.

Als letztes möchten wir hier noch auf ein Phänomen aufmerksam machen, das man als »sich aus der Alltäglichkeit herausträumen« bezeichnen könnte. Damit meinen wir Ziele, von denen im Grunde genommen klar ist, daß die Person weder über die Mittel noch die Fähigkeiten verfügt, diese Ziele zu erreichen. Trotzdem werden solche Ziele gerne als süße Illusion behalten, da diese Trugbilder aufrechtzuerhalten von Bedeutung ist und für die Person wichtig, etwas Besonderes zu sein usw. Häufig wechseln diese phantastischen Ziele rasch und der Befragte, nach einiger Zeit auf dieses Ziel angesprochen, winkt dann nur ab und sagt etwas wie: »Das hat sich doch nicht als so gut herausgestellt, aber das neue Ziel, das neue Projekt, das ist der ultimative Durchbruch.« Wenn Sie dieses Muster bei sich oder anderen feststellen, dann sollten Sie die Frage stellen, wofür es gut ist, solche »Scheinziele« immer wieder aufs neue aufzubauen. Oder: Was würde in Ihrem Leben anders sein, wenn Sie damit aufhören würden?

Wohlgeformtheitskriterien für Ziele

Die fünf folgenden Kriterien haben sich bei der Arbeit mit Zielen als sehr wirkungsvoll erwiesen. Wir empfehlen Ihnen daher, diese fünf Punkte bei Ihrer Zielsetzung zu beachten.

1. *Formulieren Sie Ihr Ziel in positiven Worten.*
   Vermeiden Sie Formulierungen wie: »Ich will nicht mehr so viele Süßigkeiten essen« oder: »Ich möchte mich nicht mehr soviel über XY ärgern«. Benutzen Sie statt dessen Formulierungen wie: »Ich werde mich gesund ernähren« oder: »Ich werde auf das Verhalten von XY gelassen reagieren«. Negative Formulierungen haben einen doppelten Nachteil. Zum einen muß man, um an diese denken zu können, zuerst an das denken, was man nicht mehr möchte und dies dann entweder durchstreichen, wegschieben oder ähnliches. Dadurch denkt man unnötig häufig an das, was man eben nicht mehr will. Zum anderen drücken Negativformulierungen nicht aus, was wir statt dessen wollen und sind insofern unbestimmt.
2. *Das Ziel muß durch Ihre eigenen Aktivitäten erreicht und aufrechterhalten werden können.*
   Wenn ich mir wünsche oder wenn ich als Ziel habe, daß mein Mann rücksichtsvoller sein soll, dann liegt diese Aktivität ganz bei ihm. Ich kann also nur hoffen, daß er rücksichtsvoller wird. Im Gegensatz dazu könnte ich mir überlegen, was ich tun kann, damit mein Mann rücksichtsvoller wird. Ein Ziel, das wir nicht initiieren und aufrechterhalten können ist letztendlich außerhalb unserer Kontrolle und daher kein Ziel.
3. *Das Ziel soll sinnspezifisch beschrieben werden.*
   Formulierungen wie: »Ich möchte glücklich sein«, sind nicht sinnspezifisch genug, damit wir wissen:
   - Was wir dafür tun sollen
   - Wann wir das Ziel erreicht haben

   Hingegen sind Ziele wie: »Ich möchte eine Liebesbeziehung

haben, in der es uns beiden gutgeht« oder: »Ich möchte einen Beruf haben, in dem ich eigene Projekte realisieren kann und mindestens 100 000 Mark im Jahr verdiene« solche, bei denen wir wissen, was wir tun können, um sie zu erreichen.

4. *Das Ziel soll in angemessene Teilziele aufgeteilt sein.*
   Wenn wir sehr hoch gesteckte Ziele haben, wie zum Beispiel die Vorstellung eines Medizinstudenten, einmal eine Klinik für Kinderheilkunde zu führen, dann ist klar, daß dieses Ziel nur erreicht werden kann, wenn viele Zwischenschritte erfolgreich gemeistert sind. Bei solchen Zielen ist es wichtig, sich vom Ziel aus rückwärts bis in die Gegenwart die wesentlichen Zwischenziele klarzumachen und sicherzustellen, daß auch für die Zwischenziele genug Motivation und Handlungsimpulse vorhanden sind.
5. *Das Ziel soll mit übergeordneten Zielen (Metaziele) und Werten verträglich sein.*
   In dem Maße, in dem unsere Ziele auf sinnvolle Weise mit übergeordneten Lebenszielen und Werten übereinstimmen, werden sie wichtiger und bekommen mehr Kraft. Umgekehrt kann es allerdings auch geschehen, daß wir Ziele anstreben, weil wir hoffen, damit ein übergeordnetes Ziel zu erreichen, obwohl dieser Zusammenhang äußerst fragwürdig ist. Zum Beispiel sagt jemand: »Ich möchte gerne Kommunikationstrainer werden.« Auf die Frage nach seinem Metaziel: »Wofür ist es gut, Kommunikationstrainer zu sein?« antwortet er: »Dann habe ich mehr Glück bei den Frauen.« Um das Metaziel »Glück bei den Frauen« zu erreichen, ist »Kommunikationstrainer werden« sicherlich nicht der sinnvollste Zwischenschritt.

Anleitung zum Arbeiten mit Zielen

1. Formulieren Sie Ihr Ziel unter Beachtung der fünf Wohlgeformtheitskriterien:
   - Gebrauchen Sie positive Wörter

- Die Lösung muß von Ihnen selbst erreicht und aufrechterhalten werden können
- Formulieren Sie Ihr Ziel sinnspezifisch
- Achten Sie auf angemessene Teilziele
- Bringen Sie Ihr Ziel in Übereinstimmung mit einem sinnvollen Metaziel

2. Führen Sie einen Ökologiecheck durch. Fragen Sie sich, was sich in Ihrem Leben durch die Zielerreichung verändern würde. Behandeln Sie eventuelle Einwände mit Sorgfalt, wenn dem Ziel ein starker Einwand entgegensteht, ist es äußerst fraglich, ob Sie wirklich dort ankommen!
   Wenn es sich bei Ihrem Ziel um neue Verhaltensweisen handelt, stellen Sie sich zusätzlich die folgenden Fragen:
   - *Wo möchte ich das neue Verhalten?*
   - *Wann möchte ich das neue Verhalten?*
   - *Mit wem möchte ich das neue Verhalten?*
   - *In welchen Kontexten möchte ich das alte Verhalten eventuell behalten?*
3. Stellen Sie sich Ihr Ziel nun assoziiert vor. Stellen Sie sich vor, wie es sein wird, wenn Sie dort angekommen sind. Sehen Sie, was es dort zu sehen gibt, hören, empfinden, riechen und schmecken Sie es.
4. Dissoziieren Sie sich nun von dieser Vorstellung. Sehen Sie sich selbst von außen in dieser Situation, in der Sie das Ziel bereits erreicht haben. Achten Sie darauf, diese Vorstellung in dem Submodalitätenset »ist zu erwarten« zu repräsentieren (siehe im Kapitel über Submodalitäten den Abschnitt »Glaubensbereich Erwartungen«).
5. Finden Sie eine positive Affirmation zur Unterstützung, wie beispielsweise: »Ich erreiche dieses Ziel« – »Ich werde es schaffen« – »Ich habe alle Ressourcen, um an meinem Ziel anzukommen« usw.
6. Wiederholen Sie die Schritte 3 bis 5 in regelmäßigen Abständen oder immer dann, wenn Sie neue Kraft und frischen Mut für das Ziel gebrauchen können.

Glaubenssatz-Moleküle

Glaubenssätze treten nur selten isoliert auf. Die selbsterfüllende Struktur eines Glaubenssatzes führt zu bestimmten Lebenserfahrungen, die wiederum durch die bereits bestehenden Glaubenssätze interpretiert werden und neue Überzeugungen entstehen lassen. Diese formieren sich wie ein Molekül um den ursprünglichen Kern-Glaubenssatz.

Wenn Sie zentrale Themen wie Liebesfähigkeit, Partnerschaft, Erfolgsmöglichkeiten, Gesundheit usw. bearbeiten möchten, ist es daher ratsam, vor der Veränderungsarbeit ein Glaubenssatz-Molekül zu erstellen. Diese Vorgehensweise ermöglicht Ihnen, sich anhand der bewußteren Glaubenssätze an den Glaubenskern heranzutasten. Haben Sie diesen gefunden, können Sie den Kernsatz mit einer entsprechenden Vorgehensweise auflösen. Infolge dieser tiefgreifenden Veränderung transformiert sich oftmals ein Teil des restlichen Moleküls von alleine mit.

Durch das Aufzeichnen des Moleküls entsteht darüber hinaus eine bildliche Darstellung des entsprechenden Lebensbereiches. Oftmals ist es geradezu eine Offenbarung zu erkennen, wie die Lebensumstände durch die ineinandergreifenden Glaubenssätze hervorgerufen wurden. Hinter »widrigen Umständen«, »schlechtem Karma«, »bösen Menschen« usw. wird eine in sich völlig schlüssige Struktur sichtbar. Es wird transparent, wie Sie nach der eisernen Logik Ihrer Glaubenssätze das Gespinst Ihres Schicksals selbst gewoben haben.

Dazu ist allerdings notwendig, das gesamte Molekül »auszupacken«. Erst dann können die Zusammenhänge wirklich deutlich werden. Dies gilt insbesondere, wenn Sie Glaubenssätze bei sich entdeckt haben, die auf den ersten Blick widersprüchlich erscheinen. Ein Beispiel: Nehmen wir an, eine junge Frau würde auf einen bestimmten Typ Mann extrem gegensätzlich reagieren. Wenn Männer sie höflich und respektvoll behandeln, würde sie sich in einer Situation zu einem solchen Mann hingezogen fühlen. In einer anderen Situation fände sie das gleiche Verhalten eines Mannes geradezu abstoßend. Auf den ersten Blick ist hier kein Muster zu erkennen, im Gegenteil. Das Verhalten der jungen Frau scheint wahllos und würde vielleicht von dem einen oder anderen sogar als zickig bezeichnet werden. Wenn wir das Glaubenssatz-Molekül dieser jungen Frau nun enthüllen würden, könnten folgende Überzeugungen zum Vorschein kommen:

Männer, die eine Frau respektvoll und höflich behandeln, sind gute Liebhaber.	Männer über vierzig, die nett zu einer jungen Frau sind, wollen nur mit ihr ins Bett.

Der erste Glaubenssatz erklärt, weshalb sich die junge Frau zu einem Mann hingezogen fühlt, der sie respektvoll und höflich behandelt – das Verhalten macht ihn für sie zu einem potentiellen Liebespartner, sie fühlt sich von ihm angezogen. Der zweite Glaubenssatz erklärt, weshalb es bei den Männern mit diesem Verhalten Ausnahmen gibt – bei Männern über vierzig deutet sie das gleiche Verhalten in eine billige Anmache um, was sie abstoßend findet und entsprechend reagiert.

Ein weiteres Beispiel könnte ein Mann sein, der eine gewisse Zeit seine eigene Firma höchst erfolgreich führt, dann aber eine Reihe von Fehlentscheidungen trifft, die das Unternehmen an den Rand des Konkurses bringen. Kurz vor dem Konkurs fängt er sich wieder und führt das Unternehmen innerhalb kurzer Zeit wieder zum Erfolg. Spätestens, wenn sich diese Strategie mehrmals wiederholt, würde man die Geschäftsfähigkeit dieses Mannes sicherlich anzweifeln. Das Erstellen seines Glaubenssatz-Moleküls für Erfolg könnte nun die folgenden miteinander in Konflikt stehenden Glaubenssätze zutage bringen.

Ohne den entsprechenden Hintergrund zu kennen, kann eine solche Ansammlung von Glaubenssätzen vielleicht etwas merkwürdig erscheinen. Oftmals unterschätzen Erwachsene die Lernfähigkeit eines Kindes. Ein Kind lernt sehr schnell, sich auf die grundsätzlichen Haltungen der Eltern einzustellen. Es spürt, was von ihm erwartet wird, und paßt sein eigenes Verhalten den Verhaltensmustern von Vater und Mutter an. Der bewußte Anteil der Kommunikation ist dabei der harmlosere Aspekt. Tiefgreifender und prägender ist das, was von dem Elternteil nonverbal, und ihm selbst meistens unbewußt, mitgeteilt wird. So wundern sich Eltern oftmals über das Verhalten ihrer Sprößlinge und ahnen nicht einmal, daß das Kind exakt das tut, was ihm »vermittelt« wurde. Lassen Sie uns dies anhand der obigen Glaubenssätze einmal veranschaulichen.

Diese drei Glaubenssätze stammen von einem Klienten, der aus dem oben bereits angedeuteten Grund in unsere Praxis kam. Nachdem er zum wiederholten Male fast Konkurs gemacht hatte, begann er an seiner Geschäftsfähigkeit zu zweifeln. Da er seine Firma aber andererseits jedesmal innerhalb kürzester Zeit wieder zum Erfolg geführt hatte, vermutete er eine »Strategie« hinter seinem Verhalten. Dieser Strategie wollte er mit unserer Hilfe auf die Spur kommen. Es stellte sich heraus, daß er schon von klein auf von seinem Vater zur Leistung animiert wurde. Der Vater förderte seine Talente und ließ ihm freien Raum, um seine Fähigkeiten zu entfalten. In dieser unterstützenden Atmosphäre war es kein Wunder, daß der Junge schon bald ungewöhnliches Geschick und überdurchschnittliche Intelligenz zeigte. Der Vater war stolz.

Bis zu dem Tag, den der Klient als »Ende seiner Freiheit« in Erinnerung hatte. An diesem Tag spielten der mittlerweile achtjährige Junge und sein Vater mit der elektrischen Eisenbahn, die sie zusammen gebaut hatten. Der Trafo ging kaputt und der Vater gab es nach mehreren Stunden vergeblicher Bemühungen schließlich auf, diesen wieder in Gang zu setzen. Er forderte seinen Sohn scherzhaft auf: »Versuche du es mal«, und ging aus dem Zimmer. Zehn Minuten später kam der Kleine strahlend zu seinem Vater und hielt ihm fast platzend vor Stolz den reparierten Trafo entgegen. Aber er erhielt dafür kein Lob von seinem Vater, im Gegenteil. Der Vater reagierte äußerst kühl und schien verärgert darüber, daß der Achtjährige in wenigen Minuten etwas geschafft hatte, was er selbst in mehreren Stunden nicht zuwege gebracht hatte. Er schimpfte mit dem Kind, er solle in Zukunft gefälligst die Finger von solchen Sachen lassen. Dem Klienten war dieser Tag noch sehr lebhaft in Erinnerung. Er berichtete, daß sich das Verhalten seines Vaters von dieser Stunde an änderte. Brachte der Junge aus der Schule die gewohnten Einsen nach Hause, reagierte der Vater reserviert und ließ ihn sogar oftmals einige Zeit links liegen. Wollte sich das Kind mit Dingen beschäftigen, die seinem Alter voraus waren, verbot ihm dies der Vater mit der Erklärung, dazu wäre er noch zu jung. Erzählte der Junge von Erlebnissen aus der Schule, in denen er wieder einmal viel besser war als die meisten anderen Kinder, wurde er vom Vater gerügt, er solle nicht immer so angeben usw. Nach einiger Zeit schloß der Junge aus dem Wandel im Verhalten seines Vaters, daß dieser nicht mehr wollte, daß er gute Leistungen erbringt. Also hörte er damit auf. Anstatt imposante Gebilde aus komplizierten Bausätzen zu errichten, zeigte er nun Interesse am Töpfern, dem Hobby seiner Mutter. Statt sich mit Büchern für Erwachsene zu beschäftigen, verbrachte er den Tag mit dem Lesen von Comic-Heften. Er machte keine Hausaufgaben mehr und paßte im Unterricht überhaupt nicht mehr auf, was nach einiger Zeit trotz seines wachen Verstandes dazu führte, daß er nur noch Vieren und Fünfen schrieb.

Aber auch das schien seinem Vater nicht zu gefallen. Er schimpfte seinen Sohn aus, daß er ihn all die Jahre nicht dafür gefördert hätte, um nun zuzusehen, wie er seine Talente verkommen läßt. Für die schlechten Noten bestrafte er ihn sogar. Der Junge merkte, daß auch dieses Verhalten von seinem Vater nicht erwünscht war. Er begann sich wieder mit den Dingen von früher zu beschäftigen, wußte nun allerdings überhaupt nicht mehr, wie er sich verhalten sollte. Die Lösung kam in Form einer Zensur, die er für eine der nächsten Klassenarbeiten erhielt. Als er seinem Vater die erreichte Zwei zeigte, fing dieser an zu strahlen, lobte ihn über alle Maßen und ging mit ihm zur Belohnung in den Zoo. Sein Vater erzählte ihm, daß er selbst in der Schule auch immer Zweien geschrieben hätte und daß das eine wirklich gute Note wäre. Ab diesem Tag achtete der Klient darauf, gute Leistungen zu erbringen, aber niemals bessere als sein Vater. Was dazu führte, daß die Beziehung zwischen Vater und Sohn wieder ins Lot kam. Der Junge hatte im Laufe dieser Zeit also drei Dinge gelernt. Wenn er die Liebe seines Vaters haben wollte, mußte er erfolgreich sein, durfte aber nicht erfolgreicher sein als sein Vater und durfte andererseits nicht versagen!

Verhalten erscheint nur so lange widersprüchlich, bis das Muster hinter dem Verhalten offensichtlich wird. Oftmals reagieren wir in sehr ähnlichen Situationen unterschiedlich oder sogar gegensätzlich. Aber auch dann folgen wir einer festgelegten Struktur. Hier gilt es die Logik zu ergründen, die sich hinter dem »wahllosen« Verhalten verbirgt.

Die Arbeit mit Glaubenssatz-Molekülen ist bei zentralen Themen auch wesentlich ökonomischer als das Verändern einzelner Glaubenssätze. Transformiert sich ein einzelner Glaubenssatz, hängt die daraufhin eintretende Veränderung von seiner bisherigen Wirkungsstärke ab. Von den Kernsätzen abgesehen, entfalten die meisten Glaubenssätze ihre Kraft jedoch erst durch das Zusammenspiel mit anderen Glaubenssätzen. Löst man einen dieser Glaubenssätze auf, ist die Verhaltensveränderung häufig nur wenig spürbar, da das restliche Molekül »dagegenhält«. Verändern Sie jedoch ein ganzes Molekül mit dem Kernsatz, wird eine tiefgreifende Veränderung in Ihrem Verhalten auftreten.

Die folgenden Beispiele veranschaulichen, wie ein Kernsatz neue Glaubenssätze generieren und zu einem Molekül verbinden kann.

Das Verständnis darum, wie Moleküle entstehen, wird Ihnen die Arbeit mit Ihren eigenen Glaubenssätzen erleichtern.

Beispiele für Glaubenssatz-Moleküle

Das Molekül, mit dem wir uns beschäftigen wollen, formierte sich um den Glaubenssatz:

»Ich bin nicht liebenswert!«

Die Ausgangssituation, die Thomas mit unserer Hilfe verändern wollte, war ein kaum zu ertragender Schmerz, wenn eine Liebesbeziehung zu Ende ging. Der seelische Schmerz hatte solche Ausmaße angenommen, daß er sich bereits in Form von massiven Herzbeschwerden äußerte. Um den obigen Kernsatz hatten sich im Laufe der Zeit schwerwiegende Glaubenssätze in bezug auf Liebesbeziehungen formiert. Dieses Glaubenssatz-Molekül schuf durch seine selbsterfüllende Struktur ein immer wiederkehrendes Beziehungsmuster, das Beziehungen jedesmal auf die gleiche Weise enden ließ – mit einem schier unerträglichen Schmerz.

Die Vorgeschichte in Kürze: Thomas ist in den 50er Jahren geboren, und er wurde in einer Zeit gezeugt, in der sich die Mutter nicht sicher war, ob sie bei ihrem Mann bleiben wollte. Sie entschied sich daher, das Kind abzutreiben, was ihr Mann aber nicht zuließ. Der Fötus im Mutterleib spürte die Tötungsabsicht der Mutter und erhielt einen tiefen seelischen Schock. Kurz nach der Geburt wurde der Vater aus politischen Gründen verhaftet und zu lebenslanger Haft verurteilt. Die Mutter stand alleine da mit einem Kind, das sie eigentlich nie haben wollte. Die Mutter litt sehr unter dieser Situation und war nicht in der Lage, ihrem Kind die Liebe entgegenzubringen, die es eigentlich gebraucht hätte. Der Junge schloß mit der Kinderlogik – Ich bin schuld – aus dem Verhalten seiner Mutter: *»Ich bin nicht liebenswert!«*

Der Grundstein für den ersten wichtigen Glaubenssatz, der sich um den Kernsatz formierte, entstand bereits in den ersten beiden Lebensjahren. Für eine alleinerziehende Mutter war es in dieser Zeit nicht einfach, einen neuen Partner zu finden. So blieb die Mutter zwei Jahre alleine, obwohl sie starke Sehnsucht nach einer Partnerschaft hatte. Für das Kind entstand eine schwierige Situation, war es doch der »Grund« für die Misere der Mutter. Der kleine Junge spürte den Wunsch der Mutter nach Nähe und Zuwendung und versuchte, diese Bedürfnisse zu stillen. Da die Liebe eines Kindes aber etwas vollkommen anderes ist als die Liebe eines erwachsenen Mannes, waren seine Bemühungen von vornherein zum Scheitern verurteilt. Er konnte die Sehnsüchte seiner Mutter nicht befriedigen und in ihm reifte die Überzeugung: *Ich kann meiner Mutter das, was sie von mir möchte, nicht geben.*

Eltern stellen in der Regel die wichtigsten Bezugspersonen in der Kindheit dar. Überzeugungen, den »Vater« oder die »Mutter« betreffend, werden daher häufig zu Glaubenssätzen über »Männer« und »Frauen« verallgemeinert. Im Laufe der Pubertät verallgemeinerte sich Thomas' Ursprungsüberzeugung daher auf Frauen. Thomas generierte den Glaubenssatz: *»Ich kann Frauen nicht befriedigen!«*

Dieser Glaubenssatz wirkte sich auf der Basis des Kernsatzes: *»Ich bin nicht liebenswert«* stark auf das Verhalten des jungen Mannes gegenüber Frauen aus. Ein Mensch, der glaubt, nicht liebenswert zu sein und die Bedürfnisse des anderen Geschlechtes sowieso nicht erfüllen zu können, wird sich auf eine Art und Weise verhalten, die beim anderen Geschlecht tatsächlich Ablehnung hervorruft. Dieser Prozeß der Verhaltenssteuerung läuft aber außerhalb des Bewußtseins ab. Was bewußt wahrgenommen wird, ist die ablehnende Reaktion des anderen Geschlechts. Und für diese Reaktion sucht das Bewußtsein in der Regel einen Grund.

Auch Thomas suchte und fand einen Grund für die Reaktionen, die er im Teenageralter beim weiblichen Geschlecht hervorzurufen schien. Er kam zu der Überzeugung, daß sein Äußeres nicht ansprechend genug sei, um bei einem Mädchen/einer Frau Liebe zu bewirken. Der Glaubenssatz: *»Ich bin unattraktiv!«* entstand. Nun brachten ihm einige Mädchen trotz seines Verhaltens durchaus Interesse entgegen. Die Wahrnehmungsfilter, die seine bereits wirkenden Glaubenssätze erschufen, ließen jedoch nur eine Deutung dieses Interesses zu. Er wußte, daß er eine große Begabung zuzuhören hatte, also ein idealer »guter Freund« war. Das Interesse dieser Mädchen konnte sich also nur auf seine freundschaftlichen Qualitäten richten. Unattraktiv, wie er war, konnte er schließlich nicht begehrt werden. Er verhielt sich den interessierten Mädchen gegenüber also wie ein »guter Freund« und erstickte damit jegliche Absichten eines Mädchens, ihn als Liebhaber zu gewinnen, im Keim. Nach einigen erfolglosen Versuchen gaben sich die Mädchen meist damit zufrieden, ihn wenigstens als Freund zu haben. In der Tatsache wiederum sah Thomas all seine Befürchtungen bestätigt. Er kam zu der Überzeugung: *»Ich habe zwar innere Werte, die Frauen mögen, derentwegen begehren sie mich aber nicht!«*

An dieser Stelle sei bemerkt, daß Thomas angesichts dieser sich offenbarenden Struktur nicht wußte, ob er lachen oder weinen sollte. Ihm wurde bewußt, daß all das, was er in seiner Jugend als unabwendbares Schicksal angesehen hatte, durch sein eigenes Verhalten hervorgerufen worden war. Mehr noch, nach dieser Erkenntnis fielen ihm viele Situationen ein, in denen Mädchen eindeutig ihr Interesse an ihm bekundet, er sich aber einfach von ihnen abgewandt hatte. Mehr als einmal zutiefst beleidigt darüber, daß man so offensichtlich schlechte Scherze mit ihm trieb!

Im Laufe seines Erwachsenwerdens wurde der Zustand, keine Liebespartnerin zu haben, immer unerträglicher. Er begann sich darüber Gedanken zu machen, wie er sein »Defizit«, nicht attraktiv zu sein, wohl ausgleichen könne. Aus vertraulichen Gesprächen »als guter Freund« wußte er, daß die Fähigkeit, ein guter Sexualpartner zu sein, für Frauen durchaus reizvoll sein konnte. Er entschied sich also dazu, ein guter Liebhaber zu werden. Dieses Vorhaben setzte er in die Tat um, indem er sich auf eine Affäre mit einer älteren Frau einließ. Von ihr ließ er sich in die Kunst des Liebemachens einweisen. Mit dieser neuen Fähigkeit ausgestattet fand er auch tatsächlich bald seine erste Liebe. (Der Glaube, ein guter Liebhaber zu sein, versetzte sprichwörtlich Berge in seinem Verhalten gegenüber Frauen, was schließlich zu den folgenden Partnerschaften führte; auf diese Struktur wollen wir jedoch nicht näher eingehen, da sie sich für das Glaubenssatz-Molekül letztendlich als nebensächlich erwies.)

Diese erste Partnerschaft funktionierte eine Zeitlang mit einer innigen sexuellen Beziehung recht gut. Darüber schwebte nun aber der Glaubenssatz: *»Ich muß ein guter Liebhaber sein, um geliebt zu werden!«* wie ein Damoklesschwert. Denn würde ihn seine Freundin nicht mehr als guten Liebhaber empfinden, würde sie aufhören ihn zu lieben. Solange sie aber mit ihm schlafen wollte, konnte er sicher sein, daß sie ihn noch liebte. Sex wurde zu seinem Test dafür, ob er sich ihrer Liebe noch sicher sein konnte oder nicht. Nach einiger Zeit wurde der Frau das ständige Verlangen Thomas' nach Sex verständlicherweise unangenehm. Sie fühlte sich von ihm enorm unter Druck gesetzt und verlor die Lust daran, mit ihm zu schlafen. Er deutet ihr Verhalten als Bestätigung seiner Befürchtung, daß er für sie kein guter Liebhaber mehr sein konnte. Seine einzige Chance, sie wieder zurückzugewinnen, sah er darin, sich in sexueller Hinsicht noch mehr um sie zu bemühen. Seine Liebesgefährtin fühlte sich noch mehr unter Druck gesetzt und verschloß sich weiter, worauf er seine Bemühungen wiederum steigerte. Schließlich fühlte sie sich derart bedrängt, daß sie die Beziehung beendete.

Von dieser Frau verlassen zu werden, rief in Thomas den alten und tiefen Schmerz, nicht liebenswert zu sein, mit aller Wucht hervor. Alles, was geschehen war, konnte er in seinem Glaubenssatz-Modell absolut schlüssig erklären. Solange er ein guter Liebhaber für sie gewesen war, hatte sie ihn geliebt. Als ihr der Sex mit ihm weniger Spaß zu machen begann, konnte er tun, was er wollte, ihre Liebe zu ihm schwand immer mehr dahin. Auch ihre Beteuerungen, daß sie ihn liebte, auch wenn sie nicht ständig mit ihm schlafen wollte, waren für ihn absolut einsichtig. Ebenso wie ihr vielfaches Bitten, sie nicht so stark zu bedrängen. Für ihn waren dies deutliche Zeichen dafür, daß sie ihn nicht mehr liebte, aber nicht den Mut aufbrachte, ihn damit zu konfrontieren. Dieses Beziehungsmuster wiederholte sich nun. Jedesmal, wenn wieder eine Liebe zu Bruch ging, wurde Thomas' Schmerz darüber, doch nicht liebenswert zu sein, stärker. Bis er sich schließlich körperlich, in Form von rasenden Herzschmerzen, manifestierte.

Der erste wichtige Schritt für Thomas war es, das Glaubenssatz-Molekül aufgezeichnet vor sich zu sehen. Ihm wurden dadurch die Zusammenhänge zwischen seinen Verhaltensweisen und dem Verlauf seiner Liebesbeziehungen bewußt, die ihm bislang nicht bewußt gewesen waren. Der nächste Schritt bestand darin, den Kernsatz: »Ich bin nicht liebenswert« mit den passenden NLP-Techniken zu verändern. Die Glaubenssätze: »Ich muß ein guter Liebhaber sein« und: »Ich habe zwar innere Werte, werde aber nicht begehrt« transformierten sich automatisch mit. Die beiden verbliebenen Glaubenssätze verloren einen Großteil ihrer Wirkung und wurden in einem weiteren Arbeitsschritt vollständig verändert.

Die Auflösung des gesamten Glaubenssatz-Moleküls führte dazu, daß Thomas beginnen konnte, eine befriedigende Liebesbeziehung aufzubauen und diese auch zu erhalten. Auf der nächsten Seite finden Sie eine graphische Darstellung von Thomas' Glaubenssatz-Molekül.

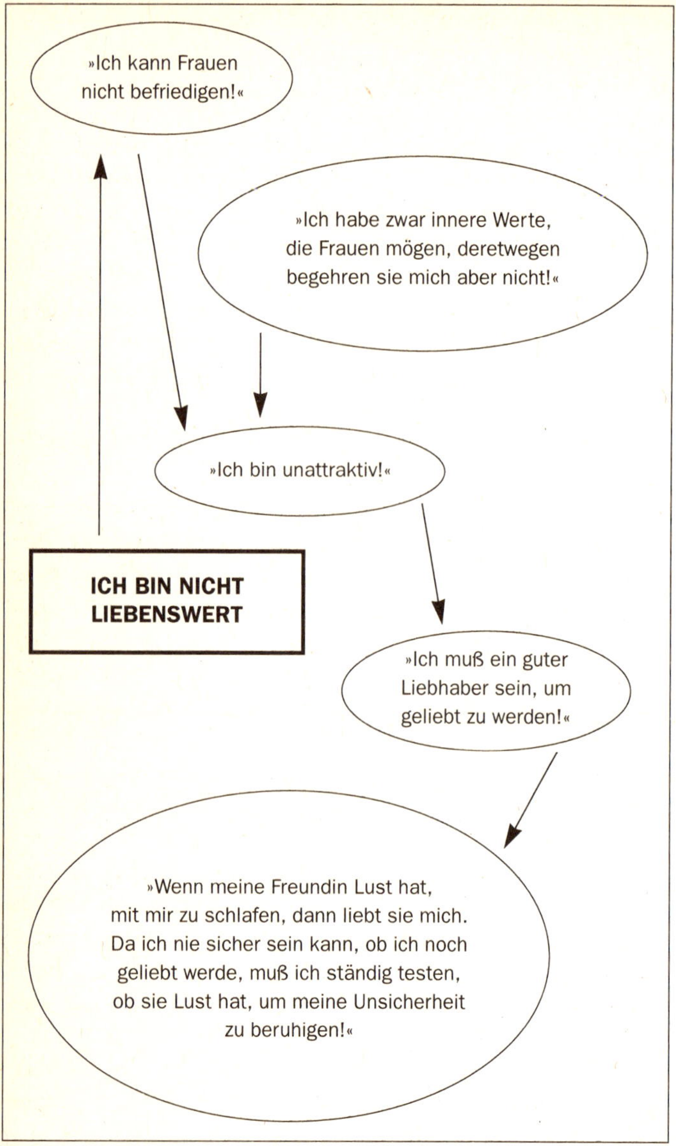
»Ich kann Frauen nicht befriedigen!«
»Ich habe zwar innere Werte, die Frauen mögen, deretwegen begehren sie mich aber nicht!«
»Ich bin unattraktiv!«
ICH BIN NICHT LIEBENSWERT
»Ich muß ein guter Liebhaber sein, um geliebt zu werden!«
»Wenn meine Freundin Lust hat, mit mir zu schlafen, dann liebt sie mich. Da ich nie sicher sein kann, ob ich noch geliebt werde, muß ich ständig testen, ob sie Lust hat, um meine Unsicherheit zu beruhigen!«

Das zweite hier dargestellte Glaubenssatz-Molekül formierte sich um den Kernsatz:

»Ich muß auf den Richtigen warten!«

Margret kam in unsere Praxis, um an ihren Depressionen zu arbeiten. Sie befand sich zu diesem Zeitpunkt in ihrem 36. Lebensjahr, war ledig und litt sehr darunter, bisher noch nicht verheiratet (gewesen) zu sein. Sie hatte den Eindruck, sich immer nur zu den falschen Männern hingezogen zu fühlen und jeden netten Mann regelrecht aus ihrer Umgebung zu »verscheuchen«. Und das, obwohl sie sich von ganzem Herzen eine Familie wünschte. Sie sah die Zukunft in den düstersten Farben und kämpfte mit großer Hoffnungslosigkeit.

Zur Vorgeschichte: Margrets Eltern hatten geheiratet, weil ihre Mutter mit ihrem älteren Bruder schwanger wurde. Margret selbst kam fünf Jahre später zur Welt, als die Beziehung ihrer Eltern bereits zerrüttet war. Ihre Mutter war zutiefst unglücklich, hielt die Ehe aber trotzdem aufrecht. Margret hatte sie zu ihrem Lieblingskind auserkoren. Immer wieder ermahnte sie das Kind, nicht den gleichen Fehler zu machen wie sie selbst. Margret dürfe auf gar keinen Fall den falschen Mann nehmen. Das kleine Mädchen übernahm von ihrer Mutter den Auftrag: *»Ich muß auf den Richtigen warten!«*

Der nächste wesentliche Glaubenssatz entstand etwa zur gleichen Zeit. Margrets Mutter betonte ihr gegenüber immer wieder, daß die Familie für eine Frau das wichtigste sei. Diese Aussage wurde durch das Verhalten der Mutter extrem verstärkt. Schließlich blieb diese bei der Familie, obwohl sie zutiefst unglücklich in der Ehe war. Als kleines Mädchen lernte Margret dadurch, daß die Familie über alles geht, selbst über das eigene Leid. Der Glaubenssatz: *»Eine Familie ist das wichtigste im Leben!«* entstand.

Dieser Glaubenssatz wirkte ebenso stark wie der ursprüngliche Glaubenssatz. Man könnte ihn daher als einen zweiten Kernsatz bezeichnen.

In der Transaktionsanalyse würde dieser Glaubenssatz als Antiskript bezeichnet werden. Er stellt das »Gegengewicht« zu dem Skript-Glaubenssatz »Ich muß auf den Richtigen warten« dar. Das Antiskript beschreibt den offiziellen Wert, der verfolgt wird, in diesem Falle »Eine Familie als wichtigsten Aspekt des Lebens« aufzubauen. Wenn man dazu allerdings auf den »richtigen« Mann warten muß, ist ein Prioritätenkonflikt vorprogrammiert.

Vor allem dann, wenn der Richtige ein Traumprinz sein muß. Margrets Mutter erzählte ihr wieder und wieder Geschichten von dem Prinzen, der kommen und sie schließlich heiraten würde. Dieser Prinz war gut, reich, sehr gutaussehend, liebevoll, gerecht. Kurz, er war vollkommen, eine Traumfigur, die jeglicher Realität entbehrte. In der kindlichen Phantasie jedoch entstand ein immer detaillierteres Bild des Richtigen, das sich tief in ihrem Unterbewußtsein festsetzte. Der Glaubenssatz: *»Der Richtige für mich wird ein Traumprinz sein!«* entstand.

Basierend auf diesen Glaubenssätzen begann Margret sich zu erträumen, was für ein Mädchen sie war. Sie fand sich in der Geschichte des Dornröschen wieder. In dem Mädchen, das nur vom Richtigen wachgeküßt werden konnte und eine Prinzessin, also etwas Besonderes, darstellte. Wenn man für einen außergewöhnlichen Menschen bestimmt war, mußte man selbst etwas Außergewöhnliches sein. Diese Phantasie und das Verhalten ihrer Mutter, die ihr kleines Mädchen für etwas ganz Besonderes hielt, generierte den nächsten Glaubenssatz: *»Ich bin etwas Besonderes!«*

Wie viele grundlegende Glaubenssätze aus der Kindheit sickerten auch diese Überzeugungen langsam aus dem Bewußtsein hinab ins Unbewußte. Bis zur Teenagerzeit erinnerte sich Margret nicht mehr an ihre kindlichen Träume. Die Glaubenssätze wirkten aber trotzdem in ihr und führten zu regelrechten Prinzessinnenallüren. Kein Junge war gut genug für sie. Blind für ihr eigenes abweisendes Verhalten litt sie darunter, daß sie trotz ihres adretten Aussehens keinen Freund fand. Als sie die Schule abschloß, war sie das einzige Mädchen in ihrer Klasse, das noch nie mit einem Jungen zusammen gewesen war. In ihr reifte die Überzeugung: *»Ich begegne immer nur den Falschen!«*

Dieser Umstand machte ihr um so mehr zu schaffen, je älter sie wurde. Schließlich siegte der Wunsch nach einer Partnerschaft über den Wunsch, sich für den richtigen Mann zu bewahren. Sie ließ sich auf ihre erste Beziehung ein. Diese Liebe erlebte Margret als das Schönste, was ihr bisher widerfahren war. Sie verliebte sich immer mehr in den jungen Mann, der in ihren Augen zwar alles andere als ein Prinz war, mit dem sie sich aber unglaublich wohl fühlte.

Als er ihr einen Heiratsantrag machte, überlegte sie ernsthaft, ob er nicht doch der Richtige sein könnte. Sie verspürte den Wunsch, mit ihm die von ihr herbeigesehnte Familie zu gründen. Als sie diese Absicht ihrer Mutter erzählte, reagierte diese mit blankem Entsetzen. Ihre wörtliche Aussage: »Du hast doch etwas Besseres verdient« traf Margret bis ins tiefste Mark. Der seit einiger Zeit schlummernde Kernsatz: »Ich muß auf den Richtigen warten« entfaltete seine volle Wirkung aufs neue. Erschüttert lehnte Margret den Heiratsantrag des jungen Mannes ab und verweigerte ihm jeglichen weiteren Kontakt. Der Traumprinz würde schon kommen, dessen war sie sich nun wieder sicher. Die zerbrochene Liebe machte ihr jedoch sehr zu schaffen. Sie litt entsetzlich unter der Trennung. In ihr reifte die Überzeugung, daß eine Liebesbeziehung mit einem netten Mann, der nicht der Richtige war, immer mit furchtbaren Schmerzen enden würde. Der Glaubenssatz: *»Ich muß mich von netten Männern fernhalten!«* entstand.

Mittlerweile war Margret Mitte zwanzig und verspürte mehr denn je den Wunsch, eine Familie zu gründen. Ihr zweiter Kernsatz: »Die Familie ist das wichtigste im Leben« wirkte wie eine versteckte Zeitschaltuhr; je älter sie wurde, desto größer wurde ihr Druck, um jeden Preis eine Familie aufzubauen. Ihren Traumprinzen hatte sie jedoch noch nicht gefunden. Und ihre Tendenz, jedem netten Mann aus dem Weg zu gehen, verwandelte ihre ohnehin schon magere Chance, einen »perfekten« Mann zu finden, in etwas Unmögliches. Der mittlerweile schon fast zwanghafte Wunsch, eine Familie zu haben, ließ sie jedoch mehr denn je die Nähe eines Mannes suchen. Da »wirklich« nette von vornherein ausschieden, fühlte sie sich zu Männern hingezogen, die sich nach kurzer Zeit als Ekel herausstellten. Jede ihrer Beziehungen endete in einem Fiasko. Was wiederum ihren alten Glaubenssatz: »Ich begegne immer nur den Falschen« unwiderruflich zu bestätigen schien und den Glaubenssatz generierte: *»Ich bin nicht in der Lage, eine Familie zu gründen!«*

Margrets »Lebensprogrammierung« sah vor, daß sie auf jeden Fall eine Familie gründen mußte, dies aber nur mit dem Richtigen tun durfte. Einen »Richtigen« zu finden war von vornherein sehr unwahrscheinlich, und wurde durch die später generierten Glaubenssätze schließlich ganz zum Scheitern verurteilt. Margret geriet in ein unlösbares Dilemma, das sie bis zu ihrem 36. Lebensjahr in schwere Depressionen und ein Gefühl von völliger Hoffnungslosigkeit geführt hatte. Margret erlebte die typische Wirkung eines Skriptsatzes, dem ein gleich starker Antiskript gegenübersteht. Die Wirkung dieser gegeneinander gerichteten Kernsätze treiben Menschen oftmals bis an den Rand des Wahnsinns.

Auch für Margret war es ein wichtiger Schritt, ihre Glaubenssätze »auszupacken« und aufzuzeichnen. Der Hintergrund ihrer vagen Ahnung eines unlösbaren Konfliktes, ihrer inneren Zerrissenheit und der starken Anspannung, unter der sie zeit ihres Lebens gelitten hatte, wurde offensichtlich. Das Gefühl, im Leben versagt zu haben, veränderte sich augenblicklich. Aus dem Glaubenssatz-Molekül ging hervor, daß sie in der Vergangenheit ihre »Lebensanweisungen« geradezu perfekt umgesetzt hatte. Was sie als Versagen interpretiert hatte, war in Wirklichkeit das erfolgreiche Leben zweier gegenläufiger Kernsätze gewesen, die in dieser Konstellation beide nicht erfüllt werden konnten.

Mit Hilfe der Submodalitätstechniken relativierten sich Margrets ehemalige Kernsätze »Familie ist das wichtigste im Leben«

und »Ich muß auf den Richtigen warten, er wird ein Traumprinz sein« zu dem, was sie eigentlich waren. Sie erlebte diese nun nicht weiter als etwas, das für ihr eigenes Leben galt, sondern konnte sie als das sehen, was sie immer gewesen waren – Vorstellungen und Wünsche ihrer Mutter bezüglich deren eigenen Lebens. Sie war infolge davon zum erstenmal in der Lage zu entdecken, welche Männer für sie als Partner geeignet waren. Ihrer Suche nach dem einzigen verwandelte sich nach ihrem eigenen Erleben in eine regelrechte Vielfalt. Sie beschrieb diese Veränderung mit der Metapher, sich früher in der endlosen Suche nach der einzig wahren Köstlichkeit verloren zu haben und nun die unbeschreibliche Freude zu genießen, vor einem riesigen Büfett zu stehen.

Zur Veränderung der anderen Glaubenssätze bedurfte es nur wenig Anstrengung. Sie hatten durch die Transformation der beiden Kernsätze ihre Wirkung fast vollständig verloren. Mit einer Ausnahme – der Glaubenssatz »Ich bin etwas Besonderes« benötigte zur Auflösung noch einige Arbeit. Mit diesem Glaubenssatz hatte sie sich »über Wasser« gehalten. Das Gefühl, etwas Besonderes zu sein, hatte ihr die Kraft gegeben weiterzumachen, auch wenn alles wieder einmal hoffnungslos erschienen war. Der Glaubenssatz war für Margret zu einem Rettungsanker geworden, der sich nicht einfach ablegen ließ. Margret erkannte in ihm den Kernsatz für ein eigenes Glaubenssatz-Molekül und zeichnete dieses auf. Mit der Hilfe des Diamond-Formates und der Submodalitätentechniken löste sie ihn schließlich auf und empfand es als eine unbeschreibliche Wohltat, nun endlich so zu sein wie alle anderen auch.

Bereits kurz nach dem Abschluß dieser Interventionen lernte Margret einen »netten« Mann kennen. Sie heirateten nach zwei »Probejahren« und erwarten mittlerweile ihr zweites Kind.

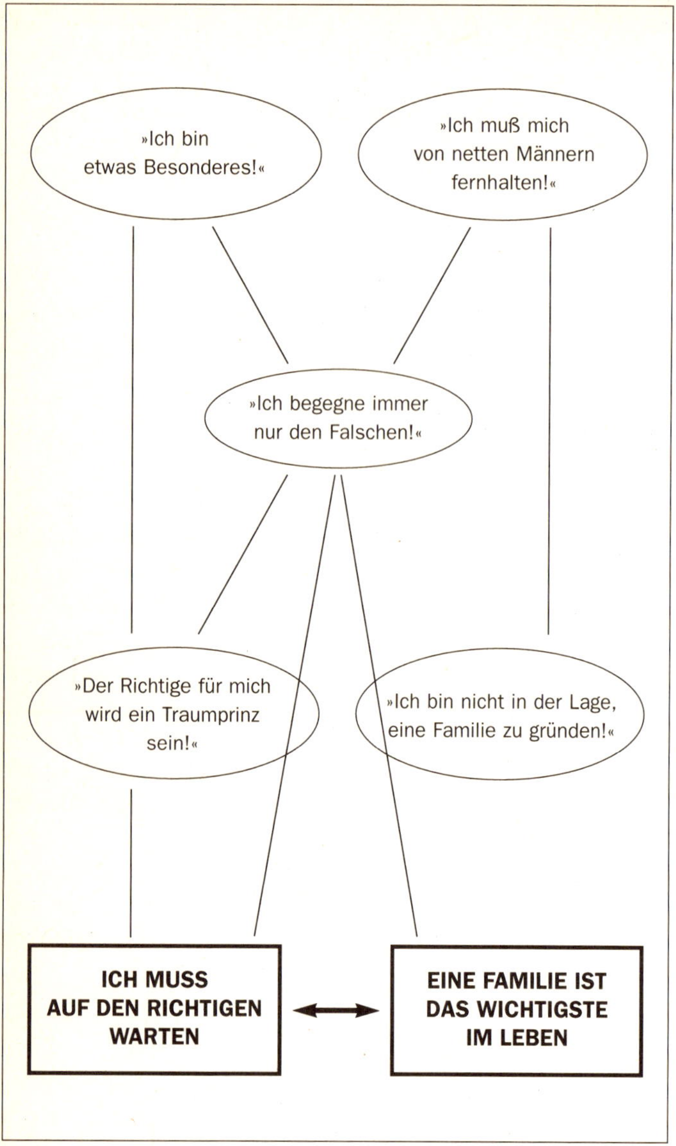
»Ich bin etwas Besonderes!«
»Ich muß mich von netten Männern fernhalten!«
»Ich begegne immer nur den Falschen!«
»Der Richtige für mich wird ein Traumprinz sein!«
»Ich bin nicht in der Lage, eine Familie zu gründen!«
ICH MUSS AUF DEN RICHTIGEN WARTEN
EINE FAMILIE IST DAS WICHTIGSTE IM LEBEN

Wie Sie eigene Glaubenssatz-Moleküle erstellen

Die beiden beschriebenen Moleküle können natürlich nur einen kleinen Teil dessen darstellen, was grundsätzlich möglich ist. Wir haben einige der weniger wichtigen Glaubenssätze zugunsten der Übersichtlichkeit weggelassen. Es kann daher sehr gut möglich sein, daß Ihre Glaubenssatz-Moleküle komplexer ausfallen. Vielleicht haben Sie sich auch teilweise in einem der beiden Beispiele wiedergefunden. Aber auch dann wird aller Wahrscheinlichkeit nach bei Ihnen ein völlig anderes Molekül zum Vorschein kommen.

Als Erstellungsgrundlage für die Moleküle wird Ihnen das Inventar Ihrer Glaubenssätze dienen. Zu Beginn jeder Arbeit suchen Sie sich aus dem Inventar jeweils die Überzeugungen heraus, die Aussagen über das gewählte Thema treffen. Das gewählte Thema kann hier zum einen ein Lebensbereich wie Erfolg, Liebe, Partnerschaft, Gesundheit, Geld usw. sein. Zum anderen können Sie auch ein Molekül rund um einen bestimmten Glaubenssatz erstellen. Je weitreichender das Thema sich gestaltet, desto umfangreicher wird das Erstellen des Moleküls werden. Haben Sie daher nicht den Anspruch, ein komplexes Molekül in nur wenigen Stunden erstellen zu müssen. Da sich die interessantesten Glaubenssätze meistens im Bereich des Unbewußten tummeln, sollten Sie zur Erstellung eines Moleküls auch die Vorgehensweisen zur Bewußtwerdung von Glaubenssätzen nutzen. Je gründlicher Sie diesbezüglich arbeiten, desto umfassender wird im Anschluß die erreichte Veränderung sein.

Nun wünschen wir Ihnen viel Spaß und übersichtliche Erkenntnis Ihrer Glaubenssätze.

Anleitung zum Erstellen eines Glaubenssatz-Moleküls

1. Wählen Sie ein Thema aus, für das Sie ein Glaubenssatz-Molekül erstellen wollen.
2. Suchen Sie aus Ihrem Inventar die Glaubenssätze heraus, die Aussagen über dieses Thema treffen, und schreiben Sie diese auf. Setzen Sie die Glaubenssätze mit Hilfe einer graphischen Darstellung zueinander in Bezug. Legen Sie diese bildliche Darstellung großzügig an, um Platz für die noch folgenden unbewußten Glaubenssätze zu lassen.
3. Wenn Sie die entsprechenden Glaubenssätze aus dem Inventar notiert haben, suchen Sie den Glaubensbereich nach weiteren Überzeugungen ab. Überprüfen Sie, ob es noch andere Glaubenssätze zu diesem Thema gibt:
   - Über Ihre eigene Identität
   - Über die Welt
   - Die eigene Schlußfolgerungen sind
   - Die Sie von anderen übernommen haben
   - Über Bedeutung
   - Über Grenzen
   - Über Möglichkeiten
   - Über Konsequenzen und Ursachen
   - Über Erwartungen
4. Nutzen Sie jetzt die Anleitungen zum Aufspüren unbewußter Glaubenssätze aus dem gleichnamigen Kapitel, um auch tiefer liegende Überzeugungen ins Bewußtsein zu holen. Fügen Sie die gefundenen Glaubenssätze ins Molekül ein.
5. Betrachten Sie das erstellte Glaubenssatz-Molekül jetzt in seiner Gesamtheit. Was offenbart sich Ihnen, wenn Sie diese Glaubenssätze gesammelt vor sich sehen? Was können Sie nun über Ihr eigenes Verhalten erkennen? Was wird über die Reaktionen Ihrer Umwelt offensichtlich? Ist das Molekül in seiner Gesamtheit schlüssig?

Wenn innerhalb des Moleküls noch ungeklärte Widersprüche vorhanden sind, gehen Sie noch einmal zurück zu Schritt 4.

6. Beginnen Sie die Veränderungsarbeit bei dem Glaubenssatz, der mit den heftigsten Gefühlen belastet ist. Gehen Sie bei dieser Veränderung in zwei Schritten vor: Neutralisieren Sie den alten Glaubenssatz mit dazu geeigneten Mitteln und setzen Sie danach einen neuen Glauben an dessen Stelle.
7. Wenn Sie diesen Glaubenssatz verändert haben, überprüfen Sie, welche Glaubenssätze des Moleküls sich bereits automatisch mit transformiert haben.
8. Wiederholen Sie Schritt 6 und 7 mit den übrigen Glaubenssätzen, bis das Molekül seine hinderliche Wirkung vollständig verloren hat.

Wenn Sie möchten, können Sie parallel zu der Veränderung des alten Moleküls ein neues für das entsprechende Thema erstellen. Zeichnen Sie sich dazu jeden neuen Glaubenssatz auf, den Sie im Laufe der Veränderungsarbeit des alten Moleküls hervorbringen.

Die Macht der Sprache

Im Kapitel »Schnelle, anhaltende Veränderung« haben wir den Zusammenhang zwischen Sprache und Bedeutungserlebnis bereits genauer ausgeführt. Hier finden Sie nun sechs unterschiedliche Vorgehensweisen, anhand derer Sie das Bedeutungserlebnis eines Glaubenssatzes verändern können. Diese Veränderungstechnik stellt die erste von insgesamt drei in diesem Buch beschriebenen Möglichkeiten dar. Wenn sich ein Glaubenssatz nicht mit den hier beschriebenen Vorgehensweisen verändern läßt, ist das also nicht weiter schlimm. Die beiden anderen und auch tiefgreifenderen Veränderungstechniken stehen Ihnen noch zur Verfügung. Oftmals läßt sich ein Glaubenssatz aber in geradezu dramatischer Weise anhand der Sprache verändern. Es lohnt sich daher immer, diese Techniken zuerst anzuwenden.

Wer sagt das?

Besonders bei übernommenen Glaubenssätzen fehlt oftmals der Zusatz, wer denn genau das glaubt, was die Aussage ausdrückt. Typische Beispiele hierzu wären: »Frauen wollen immer nur das eine« – »Männer sind schlecht« – »In dieser Welt wird einem nichts geschenkt« usw. Glaubenssätze dieser Art treffen Aussagen, die für die Menschheit »global« zu gelten scheinen. Faktisch jedoch wurden solche Glaubenssätze ursprünglich von einzelnen Menschen formuliert, die eine entsprechende Erfahrung gemacht haben. Das heißt jedoch nicht, daß diese Erfahrung auch nur im entferntesten etwas mit Ihrem Leben zu tun haben muß. Und das wiederum bedeutet, daß es mehr als fragwürdig ist, ob diese Überzeugung auf Sie zutrifft.

Hierzu eine kleine erheiternde Anekdote. Ein Freund von uns fand sich in seiner Studentenzeit in einer recht kuriosen Situation wieder. Er war leidenschaftlicher Koch und wollte für seine Wohngemeinschaft Lammkeule zubereiten. Da es das erste Mal war, daß er Lammkeule kochte, fragte er eine Mitbewohnerin nach der Vorgehensweise. Diese erklärte ihm detailliert, was genau er in welcher Reihenfolge zu tun hatte und fügte am Ende ihrer Erklärung hinzu: »Aber den Knochen mußt du absägen«, ohne jede weitere Erläuterung. Unser Freund war doch recht erstaunt über diese letzte Anweisung und fragte nach, wofür das wohl gut wäre. Als Antwort erhielt er nur die überzeugte Aussage: »Das macht man eben so, das kannst du mir ruhig glauben, meine Mutter hat das immer so gemacht und sie ist eine hervorragende Köchin.« Bei unserem Freund war nun aber die Neugier erwacht, und er bestand darauf zu erfahren, weshalb dies so wichtig sei. Da die Mitbewohnerin keine weitere Erklärung geben konnte, riefen sie schließlich bei der Mutter der Mitbewohnerin an und erkundigten sich nach dem Grund. Die Mutter fing schallend an zu lachen und erklärte, daß sie früher in der Nachkriegszeit keine so großen Töpfe hatten, daß eine Lammkeule mit Knochen hineinpaßte. Deshalb mußte dieser jedesmal abgesägt werden. Die Mitbewohnerin hatte als Kind die zu kleinen Töpfe nicht als Grund erkannt und war davon ausgegangen, daß ein guter Koch so etwas eben macht.

Wenn Sie also Glaubenssätze bei sich finden, bei denen die Angabe fehlt, wer genau die Aussage trifft, sollten Sie diese Überzeugungen sorgfältig hinterfragen. Dazu reicht die einfache Frage: »**Wer sagt das?**«

Erhalten Sie auf diese Frage die Antwort: »Ich sage das, davon bin ich aufgrund meiner eigenen Erfahrungen überzeugt«, ist dieser Glaubenssatz wirklich Ihr eigener. Kommt aber die Antwort: »Ich weiß nicht, wer das sagt« oder: »Soundso sagt das«, ist es sinnvoll zu überprüfen, ob dieser Glaubenssatz überhaupt etwas mit Ihnen zu tun hat. Selbst wenn derjenige, von dem Sie diese Überzeugung übernommen haben, auch heute noch eine Bezugs- oder Autoritätsperson ist, heißt das noch lange nicht, daß die getroffene Aussage auch auf Sie zutrifft. Auch »besondere« Personen haben ihre Macken. Und nur weil eine solche Person bestimmte Erfahrungen in dem kleinen Teil der Welt, der ihr zugänglich ist, gemacht hat, bedeutet das nicht, daß Sie persönlich nicht völlig andere Erfahrungen machen können und werden.

Verallgemeinerungen

Die hier beschriebenen Vorgehensweisen sind bei allen Glaubenssätzen nützlich, die aus Ihren eigenen Schlußfolgerungen entstanden sind. Solche Glaubenssätze sind in der Regel Verallgemeinerungen von einzelnen Erfahrungen. Wenn ein Mann zum Beispiel mit mehreren Frauen in seiner Umgebung die Erfahrung machte, daß diese grundsätzlich unpünktlich sind, könnte daraus ein Glaubenssatz entstehen wie: »Frauen können einfach nicht pünktlich sein.« Die Erfahrungen, die er machte, und seien es auch noch so viele, können jedoch keinesfalls repräsentativ für alle Frauen dieser Welt sein. Er verallgemeinert Erlebnisse, die er mit einzelnen Personen machte (und verglichen mit den rund drei Milliarden Frauen, die auf diesem Planeten existieren, sind selbst einige hundert nur »einzelne«), für die ganze Welt. Diese Art der Verallgemeinerung ist eine starke Verzerrung der realen Gegebenheiten, bei denen jeglicher Bezug zum tatsächlichen Geschehen fehlt.

Verallgemeinerungen dieser Art wirken sich in zweifacher Hinsicht behindernd aus. Zum einen wird ein tatsächliches Erlebnis »aufgeplustert«, und damit aus einer Mücke ein Elefant gemacht. Was dem unangenehmen Inhalt eine Wichtigkeit gibt, die dieser gar nicht besitzt. In unserem Beispiel wird jede einzelne unpünktliche Frau für den Mann das »globale Drama der Unpünktlichkeit der Frau« heraufbeschwören. Mit all den Empfindungen, die Dramen so mit sich bringen. Wäre das Zuspätkommen einer bestimmten Frau aber lediglich eine von vielen möglichen Erfahrungen in dieser Hinsicht, würde das ärgerliche Gefühl sich lediglich auf die jeweilige Situation beziehen. Nehmen wir dazu einen weiteren Glaubenssatz: »Ich bekomme nie, was ich will.« Jede noch so geringfügige Begebenheit, in der dem Betroffenen etwas verwehrt wird, ruft das schmerzvolle Gefühl hervor, im Leben grundsätzlich nicht das zu bekommen, was er will.

Zum anderen schließt eine solche Verallgemeinerung einen großen Teil der Welt einfach als unmöglich aus. Es wird behauptet, daß es ausschließlich auf diese eine Weise sein kann und nicht anders. In unserem ersten Beispiel ist dieser Aspekt noch recht harmlos. Wenn Pünktlichkeit bei Frauen als ein generelles Ding der Unmöglichkeit ausgeschlossen wird, führt das für den Betreffenden höchstwahrscheinlich nicht zu einem existentiellen Problem. Anders ist das aber bei Glaubenssätzen, die etwas ausschließen, was die betreffende Person eigentlich sehnsüchtig wünscht. Bei einer Überzeugung wie: »Männer wollen ja sowieso nur Sex«, ist beispielsweise sehr wahrscheinlich, daß die betreffende Person gerne Liebe, Zärtlichkeit, Zuwendung und ähnliches von einem Mann bekommen würde. Aufgrund dieser Überzeugung aber nicht glaubt, daß sie das Ersehnte bekommen kann. Noch verheerender wird es bei Glaubenssätzen wie: »Andere können mich nicht lieben.« Hier wird ein Grundbedürfnis, nämlich geliebt zu werden, von vornherein als etwas Unmögliches ausgeschlossen. An dieser Stelle noch einmal der Hinweis auf den Mechanismus der selbsterfüllenden Prophezeiung: Ein solcher Glaubenssatz sorgt mit einer geradezu unglaublichen Kraft dafür, daß dieser Glauben zur persönlichen Realität wird!

Machen Sie die Verallgemeinerung eines Glaubenssatzes deshalb rückgängig, indem Sie den Bezug zu den tatsächlichen Gegebenheiten wiederherstellen. Die folgenden beiden Vorgehensweisen werden Sie dabei unterstützen.

1. Notieren Sie sich den Glaubenssatz, mit dem Sie arbeiten möchten, auf einem Blatt Papier.
2. Überprüfen Sie, ob Aussagen über ein konkretes Ereignis/eine konkrete Person getroffen, oder ob Verallgemeinerungen benutzt werden. Achten Sie auf Worte wie:
   - *Alle, jeder, keiner, immer, nie, niemals u. ä.*
   - *Kinder, Männer, Frauen, Leute, Menschen u. ä.*
   - *Die Welt, das Leben, die Liebe, der Haß*
3. Markieren Sie sich jedes Wort, das eine Verallgemeinerung darstellt.
4. Beantworten Sie sich nun bei jeder einzelnen Verallgemeinerung die Fragen:
   - »*Wann* habe ich *wo mit wem genau* eine solche Erfahrung gemacht?«
   - »*Was genau* ist damals geschehen?«
5. Notieren Sie sich jede einzelne Begebenheit, in der Sie die Erfahrungen gemacht haben, die der Glaubenssatz ausdrückt, unter dem ursprünglichen Glaubenssatz.
6. Als nächsten Schritt erklären Sie sich nun selbst, welche Erfahrungen Sie gemacht haben, und welchen Glaubenssatz Sie daraus bastelten. Lesen Sie sich dazu die gefundenen Begebenheiten in allen Einzelheiten laut vor. Fügen Sie dann den Satz: »Und daraus habe ich geschlossen, daß...« hinzu und sprechen Sie den ursprünglichen Glaubenssatz laut aus.

In vielen Fällen wird spätestens hier offensichtlich, daß man tatsächlich aus »einer Mücke einen Elefanten« gemacht hatte, und der Glaubenssatz verliert seine Wirkung. Falls dies nicht der Fall ist, können Sie als nächsten Schritt zu den »Gegenbeispielen« im nächsten Abschnitt übergehen.

Gegenbeispiele

Wie wir in der Einleitung ja bereits betonten, ist eine generelle Behauptung nur so lange aufrechtzuerhalten, bis ein Gegenbeispiel gefunden wurde. Das gilt im größeren Rahmen wie auch bei den kleineren Dingen. Als der erste Mensch es schaffte, ärztlich testiert vom »Endstadium Krebs« wieder völlig metastasenfrei zu werden, war der Glaubenssatz: »Krebs im Endstadium bedeutet den sicheren Tod« überholt. Wenn eine Person es einmal schafft pünktlich zu sein, ist der Glaubenssatz: »Ich bin nicht in der Lage, pünktlich zu sein« überholt. Ein sehr wichtiger Schritt, um die Wirkung eines Glaubenssatzes zu verändern ist daher, ein Gegenbeispiel zu finden, das die Behauptung des Glaubenssatzes widerlegt.

Nehmen wir den Glaubenssatz: »Ich kann nicht treu sein.« Hier wird behauptet, daß der Betreffende *noch nie auch nur einem einzigen Partner* treu war. Dies könnte man wie folgt hinterfragen: »War ich jemals einem Partner treu?« Nun können zwei Dinge passieren. Erstens – der Betreffende findet eine oder mehrere Situationen, in denen er treu war. Oder zweitens – es gab tatsächlich bisher noch nie einen Partner, dem er treu war. Im ersteren Fall würde hier nun eine Neuformulierung des Glaubenssatzes anstehen. Beispielsweise: »Es gab Beziehungen, in denen war ich treu, und es gab Beziehungen, in denen konnte ich nicht treu sein.« Als nächsten Schritt könnte man untersuchen, was der Unterschied zwischen diesen Beziehungen war, der dazu führte, daß er mal treu war und es das andere Mal nicht sein konnte. Im letzteren Fall könnte er sich fragen: »Kann ich mir vorstellen, daß es einen Umstand gibt, der es mir möglich machen würde, treu zu sein?« Mit dieser Frage würde er ein Gegenbeispiel für die Zukunft hervorbringen, zu dem er sich dann überlegen könnte, wie er es in seine Realität umsetzen kann.

Ein weiteres Beispiel: »Die Welt ist ein grausamer Ort.« Hier könnte sich die betroffene Person die Frage stellen: »Muß es denn immer notwendigerweise so sein, daß ich diese Welt als einen grausamen Ort erlebe? Oder gab es bereits Situationen in der Vergangenheit, in denen ich die Welt anders erlebt habe? Und was müßte geschehen, damit ich die Welt in Zukunft anders erlebe?« Auch hier können zwei Dinge geschehen: Die betreffende Person findet Situationen in der Vergangenheit, in denen sie die Welt anders erlebt hat (was sehr wahrscheinlich ist); oder sie hat keine solche Erinnerung, kann sich aber vorstellen, wodurch diese Welt für sie anders werden würde. Als nächsten Schritt könnte die Person sich überlegen, wie sie die bereits erlebten Situationen jetzt wieder erleben kann, respektive wie sie die vorgestellten Möglichkeiten für sich zur Realität werden lassen kann.

Zum Abschluß noch ein drittes Beispiel. Die Überzeugung: »Ich lerne Neues nur sehr schwer dazu«, könnte wie folgt hinterfragt werden: »Habe ich jemals irgend etwas leicht gelernt?« Wenn ja, gilt es, den Glaubenssatz neu zu formulieren und zu erforschen, was der Unterschied zwischen den Dingen ist, die ich leicht lerne und denen, die ich nur schwer lernen kann. Ist die Antwort nein, könnte wie folgt vorgegangen werden: »Was müßte geschehen, daß ich in Zukunft Neues leicht lernen kann? Was kann ich mir vorstellen, das es mir möglich machen würde, ab jetzt Neues leichter zu lernen?« Und abschließend: »Wie kann ich das (wieder) bekommen?«

Um eine Behauptung, die ein Glaubenssatz aufstellt, anhand eines Gegenbeispieles zu widerlegen, gehen Sie wie folgt vor:

1. Wählen Sie einen Glaubenssatz aus, den Sie hinterfragen wollen. Notieren Sie sich, welche Behauptung der Glaubenssatz aufstellt.
2. Wenden Sie Ihre Aufmerksamkeit nun der Vergangenheit zu. Suchen Sie Ihre Erinnerung nach Erlebnissen ab, die dieser Behauptung widersprechen. Lassen Sie sich hierzu viel Zeit und gehen Sie dabei sehr sorgfältig vor.
   Oder hinterfragen Sie die Behauptung des Glaubenssatzes mit

der Frage: *»Muß es denn immer notwendigerweise so sein, daß...?«*

3a. Wenn Sie ein oder mehrere Gegenbeispiele in Ihrer Erinnerung gefunden haben, formulieren Sie den Glaubenssatz neu. Wählen Sie eine Formulierung, die den jetzigen Erkenntnissen entspricht.
Fragen Sie sich, wie Sie das, was Sie eigentlich möchten und schon mindestens einmal erlebt haben, in der Zukunft wieder bekommen können.

3b. Wenn Sie keine Erinnerung finden, die einem Gegenbeispiel entspricht, nehmen Sie Ihre Vorstellungskraft zur Hilfe. Fragen Sie sich:
- *Was müßte geschehen, damit ich in Zukunft... (Gegenbeispiel) erleben kann?«*
- *»Und wie genau kann ich diese Möglichkeiten in die Tat umsetzen?«*

Woher weiß ich das?

Im Kapitel »Unbewußte Glaubenssätze hervorholen« haben wir diese magische Frage bereits genutzt, um Überzeugungen aufzuspüren, die uns bisher nicht bewußt waren. Hier werden wir sie ein wenig anders anwenden. Viele Glaubenssätze haben wir von Bezugs- oder Autoritätspersonen übernommen, ohne die jeweilige Aussage zu hinterfragen. Oftmals stammen Überzeugungen auch noch aus einer Zeit, in der wir auf kindlich naive Weise Schlußfolgerungen zogen, die wir heute als Erwachsener nicht mehr nachvollziehen können. In beiden Fällen können die Glaubenssätze jeglicher Grundlage entbehren. Es lohnt sich daher immer, einen näheren Blick »hinter« den Glaubenssatz zu werfen. Stellen Sie sich hierzu einfach die Frage: **»Woher weiß ich eigentlich, daß das wirklich so ist?«**

In den meisten Fällen kommt auf diese Frage die Antwort: »Eigentlich weiß ich es gar nicht.« Hierauf können Sie nun die

Frage stellen: **»Wenn ich nicht weiß, woher ich es weiß, könnte es dann auch anders sein?«**

Verweilen Sie eine Zeitlang bei der Beantwortung dieser Frage. Überlegen Sie, wie es vielleicht noch sein könnte. Und erinnern Sie sich an Situationen, in denen Sie bereits andere Erfahrungen machen konnten. Wenn es solche Situationen bisher noch nicht gab, überlegen Sie, wie Sie zu diesen kommen könnten.

Erweitern Sie Ihre Sicht der Welt

Diese Übung ist für alle Glaubenssätze geeignet, die eine Aussage über Bedeutung treffen. Beispielsweise: »Daß er mich nicht grüßt, bedeutet, er mag mich nicht.« Ein Glaubenssatz über Bedeutungen muß aber nicht immer mit dem Wort »bedeutet« formuliert werden. Auch Sätze wie: »Daß ich oftmals zornig werde, heißt, ich bin ein schlechter Mensch« oder: »Er kommt regelmäßig zu spät, er interessiert sich nicht mehr für seine Arbeit«, drücken einen Bedeutungszusammenhang aus. Auch hier könnte »bedeutet« als Verbindung zwischen den beiden Satzteilen eingefügt werden. Testen Sie auf diese Weise, ob ein Bedeutungs-Glaubenssatz vorliegt, wenn Sie sich dessen nicht sicher sind.

Mit einem solchen Glaubenssatz wird die Behauptung aufgestellt, daß ein bestimmtes Ereignis nur eine einzige Bedeutung haben kann. Dies ist jedoch nicht zutreffend. Das Ereignis »Er grüßt mich nicht« kann vielerlei mehr bedeuten, als der obige Glaubenssatz aussagt. Die betreffende Person könnte zum Beispiel nicht gegrüßt haben, weil sie tief in Gedanken versunken war. Es könnte auch sein, daß sie äußerst schüchtern ist und sich deshalb nicht getraut zu grüßen, ohne vorher gegrüßt worden zu sein. Möglich wäre auch, daß sie eine Halsentzündung hat oder gerade von einem Zahnarztbesuch kommt und deshalb nicht sprechen kann oder will. Es gibt noch jede Menge weitere Bedeutungsmöglichkeiten.

Mit einem solchen Glaubenssatz wird die Vielfalt der Möglichkeiten auf eine einzige reduziert, und dazu auch noch auf eine problematische. Es wird behauptet, daß die gewählte die einzig mögliche Realität ist. Was die Sicht der Welt extrem einengt. Der Sprecher vergißt dabei, daß eine Bedeutung nicht von der Natur vergeben wird, sondern von dem Sprechenden *gewählt* worden ist. Erhöhen Sie also Ihre Bedeutungsflexibilität, indem Sie sich überlegen, welche weiteren Bedeutungen möglich wären, erweitern Sie Ihre Sicht der Welt. Um eine »festgefahrene« Bedeutungsgebung aufzuweichen und neue mögliche Bedeutungen zu finden, gehen Sie wie folgt vor:

1. Notieren Sie den ausgewählten Bedeutungs-Glaubenssatz auf einem großen Blatt Papier, genau in der Mitte.
2. Stellen Sie sich nun die Frage: »Was könnte es noch bedeuten?« Notieren Sie sich jede gefundene Antwort auf dem Papier mit der Formulierung: »Es könnte aber auch bedeuten…«
3. Wiederholen Sie Schritt 2 so lange, bis das ganze Blatt übersät ist mit weiteren möglichen Bedeutungen.
4. Denken Sie nun noch einmal an den ursprünglich formulierten Glaubenssatz. Was hat sich verändert?
5. Wenn der Glaubenssatz noch stärker wirkt, als Sie das möchten, können Sie dieses Blatt Papier auch für einige Zeit an einem für Sie gut sichtbaren Platz befestigen. Lassen Sie sich in diesem Fall einfach von der Wirkung überraschen, die von dem Ständig-vor-Augen-Haben der vielfältigen Bedeutungsmöglichkeiten ausgelöst wird.

Eine Möglichkeit, die Sicht der Welt über den eigenen Horizont hinaus zu erweitern besteht darin, andere zu diesem Thema zu befragen. Schildern Sie der jeweiligen Person, um was es geht, und lassen Sie sich deren Bedeutung dazu erklären.

Der Modaloperator-Shuffle

Diese Vorgehensweise ist für Glaubenssätze geeignet, die mit einem Modaloperator formuliert sind. Beispielsweise: »Ich *darf* nicht aggressiv werden« – »Ich *muß* erfolgreich sein« – »Man *sollte* immer höflich bleiben« – »Ich *kann nicht* mein eigenes Geld verdienen.« Mit den Modaloperatoren haben wir Sie ja bereits im Kapitel »Unbewußte Glaubenssätze hervorholen« bei der »Frage nach der Notwendigkeit« bekannt gemacht. Hier nutzen wir sie, um einen Glaubenssatz, der eine Notwendigkeit oder eine Unmöglichkeit ausdrückt, durcheinanderzuwirbeln. Oftmals wirkt diese Vorgehensweise so stark, daß der Glaubenssatz seine Wirkung verliert. Wir bedienen uns dabei der folgenden Modaloperatoren: **wollen, sollen, dürfen, können, müssen.**

Mit diesen Wörtern werden nun Sätze gebildet und hintereinandergehängt. Hierzu einige Beispiele:

»Ich muß unbedingt schlank werden!« – »Ich möchte gerne schlank werden, ich kann auch schlank werden, aber ich muß nicht. Ich darf schlank werden, wenn ich will. Aber nur weil ich will, heißt das noch nicht, daß ich kann. Aber ich könnte, wenn ich wirklich wollte.«

»Ich kann mich nicht so schnell verändern!« – »Vielleicht könntest du es, wenn du es wolltest, aber du mußt es nicht. Aber du solltest es, wenn du es wünschst. Was noch nicht heißt, daß du es kannst, nur weil du es willst. Aber es muß nicht sein, ist es nicht so?«

Um eine scheinbare Notwendigkeit bzw. Unmöglichkeit zu verändern, gehen Sie wie folgt vor:

1. Wählen Sie einen Glaubenssatz aus, der eine Notwendigkeit oder eine Unmöglichkeit ausdrückt.
2. Erstellen Sie nun einen Modaloperator-Shuffle. Notieren Sie sich hierzu auf einem Blatt Papier eine beliebige Sequenz von Modaloperator-Fragen bzw. -Aussagen. Nehmen Sie zu Beginn die oben

aufgeführten Beispiele als Anregung. Sicherlich werden Sie mit jeder Anwendung mehr Frageketten finden.

3. Sprechen Sie nun den Glaubenssatz laut aus. Wiederholen Sie dann Satz für Satz den Modaloperator-Shuffle, den Sie sich notiert haben. Wichtig ist hierbei, daß Sie die Fragen nicht einfach »runterlesen«, sondern jede einzelne konzentriert laut wiederholen. Schließen Sie dazu eventuell die Augen.

Besser ist es noch, wenn Sie die Möglichkeit haben, sich die Modaloperator-Kette von jemandem vorlesen zu lassen. Der Helfer liest in diesem Fall Satz für Satz vor, und Sie sprechen Satz für Satz laut nach.

Aus dieser amüsanten Vorgehensweise können Sie auch eine Art Gesellschaftsspiel machen. Sammeln Sie dazu zu zweit oder zu mehreren limitierende Glaubenssätze jedes einzelnen. Während eine Person dann an ihre Limitierung denkt, überschütten die anderen sie mit unterschiedlichen Modaloperator-Fragen und -Aussagen. Bis der Betreffende die Limitierung schließlich nicht mehr aufrechterhalten kann.

Konfliktintegrations-Modell

Jeder von uns kennt Zeiten, in denen er über ein und dieselbe Sache zwei verschiedene Meinungen, Bedürfnisse, Absichten usw. hat. Oftmals sind bei einem solchen Glaubens- oder Identitätskonflikt die miteinander streitenden »Teile« sich noch nicht einmal des anderen bewußt. Das Ergebnis ist Konfusion – Verwirrung über sich selbst.

Die Ursachen eines solchen Konfliktes können ganz unterschiedlicher Natur sein. Beispielsweise kommt es vor, daß wir während des Erwachsenwerdens verschiedene Menschen als Vorbilder nachgeahmt haben, die teilweise entgegengesetzte Glaubenssätze hatten. Oder es liegt ein Kriterienkonflikt vor, das heißt, zwei entgegengesetzte Kriterien gelten gleichzeitig bei einer Entscheidung. Auch der Übergang von einer Lebensphase in eine andere kann zu Konflikten dieser Art führen.

Am leichtesten läßt sich diese Art von Konflikten an folgender Situation erkennen: Man nimmt sich einerseits etwas vor, was wichtig und erstrebenswert ist, um es dann andererseits doch nicht zu tun. Ein gutes Beispiel hierfür ist der Vorsatz, Sport zu treiben. Man freut sich darauf, denn es tut einem gut, man weiß, daß man sich hinterher fiter, gesünder usw. fühlt. Aber wenn es dann soweit ist, hat man gerade keine Lust, ist es einem zu unbequem, man fühlt sich müde und erschöpft. Eine andere Möglichkeit für die Beschreibung dieses Zustandes wäre, daß es zwei Teile in uns gibt, einen Sportteil oder Fitneßteil und einen Teil, der für Ruhe, Erholung und Bequemlichkeit zuständig ist. Diese beiden Teile haben scheinbar entgegengesetzte Ziele und bekämpfen bzw. unterbrechen sich gegenseitig. Denn kaum haben wir uns entschlossen, uns einen gemütlichen Abend vor dem Fernseher zu machen, haben wir eine Stimme im Ohr, die uns ermahnt, uns nicht so gehenzulassen. Die uns Vorhaltungen darüber macht, daß wir immer fetter und träger werden usw., so daß wir auch die Ruhe und Bequemlichkeit nicht wirklich genießen können. Die Lösung besteht darin, die Teile wieder in Kontakt miteinander zu bringen, um auf einer höheren Ebene eine Integration ihrer Ziele und Motive zu erreichen. Das folgende Konfliktintegrations-Modell kann Sie hierbei unterstützen.

1. Wählen Sie einen Konflikt aus, den Sie gerne lösen möchten und der darin besteht, daß Sie zu ein und derselben Sache entgegengesetzte Handlungsimpulse und Glaubenssätze wahrnehmen.
   Machen Sie sich die beiden Glaubenssätze bewußt, die miteinander in Konflikt stehen.
2. Führen Sie einen Ökologiecheck durch um festzustellen, ob Einwände gegen die Lösung dieses Konfliktes bestehen.
3. Stellen Sie sich nun vor, die unterschiedlichen Glaubenssätze würden in je eine Hand wandern. Sehen Sie sich dabei mit dem Glauben »X« in Ihrer rechten Hand, und sehen Sie sich mit dem Glauben »Y« in Ihrer linken Hand. Finden Sie jeweils heraus, welche Bilder, Stimmen, Geräusche und Gefühle mit jedem Teil, das heißt mit jeder Hand, verbunden sind.
4. Bitten Sie nun jeden der beiden Glaubensteile, den anderen anzusehen und zu beschreiben, was er sieht. Auf dieser Stufe kann es sein, daß sich die unterschiedlichen Teile »nicht mögen« und einander mißtrauen.
5. Finden Sie die positive Absicht und das Ziel, den Zweck eines jeden Teils; das heißt, fragen Sie jeden der Glaubensteile, was er mit seiner Überzeugung und seinem Verhalten erreichen möchte. Stellen Sie sicher, daß jeder Teil die positive Absicht des anderen erkennt und akzeptiert. Weisen Sie darauf hin, daß der Konflikt das Erreichen der positiven Absicht jedes Teils stört.

6. Wenn die beiden Ziele auf den ersten Blick konträr erscheinen, fragen Sie jeden Teil: *»Welches Ziel möchtest du erreichen? Was ist dir daran so wichtig?«*
   Beispiel: Das Ziel des Sportteiles wäre Fitneß. Hierauf würden Sie nun fragen: »Was ist dir an Fitneß so wichtig? Wofür ist Fitneß gut?« Die Antwort könnte sein: allgemeines Wohlbefinden. Wenn andererseits der Bequemlichkeitsteil gefragt wird, was sein Ziel ist, so könnte es sein, daß er direkt antwortet: allgemeines Wohlbefinden.

Sie können sicher sein, wenn Sie diese Frage den beiden Teilen wechselseitig mehrmals stellen, daß sich die Ziele und Absichten immer mehr annähern, wie im obigen Beispiel beschrieben. Dies führt dazu, daß die beiden Teile erkennen, daß sie ein übergeordnetes gemeinsames Ziel haben, das sie nur bisher auf unterschiedlichen Wegen versucht haben zu erreichen.

7. Fragen Sie jetzt jeden Teil, ob er die positive Absicht, die hinter dem Verhalten und dem Glaubenssatz des anderen steckt, respektiert. Und ob ihm sein Ziel wichtig genug ist, damit er bereit ist, mit dem anderen nach neuen Wegen der Zusammenarbeit Ausschau zu halten. Wenn beide Teile dies bestätigen, gehen Sie weiter zu Punkt 8. Wenn nicht, handeln Sie die Bedingungen aus, unter denen dies möglich sein wird.
8. Halten Sie jetzt die beiden Handflächen ca. 50 Zentimeter auseinander, so daß die Handflächen senkrecht stehen (in Brusthöhe). Sagen Sie den beiden Teilen im Inneren jetzt, daß sie beginnen können, auf einer bewußten oder unbewußten Ebene aufeinander zuzugehen, um neue Wege der Zusammenarbeit zu entwerfen, und daß sie die beiden Hände in genau der Geschwindigkeit aufeinander zu bewegen sollen, in der sie sich annähern. So daß sie auf dem laufenden sind, wie weit der Integrationsprozeß schon vorangeschritten ist. Und in dem Moment, in dem die beiden Hände ganz und gar zusammengekommen sind, wissen Sie, daß der Prozeß abgeschlossen ist.

9. Nachdem die Hände sich zusammenbewegt haben und die Integration damit vollendet ist, testen Sie diese in verschiedenen zukünftigen Situationen, um sicherzustellen, daß es keine weiteren Ökologieprobleme gibt.
10. Formulieren Sie jetzt einen neuen Glaubenssatz über das spezielle Thema.

Anker verschmelzen

Eine von Seth empfohlene Übung richtet sich an unsere Gefühle (siehe hierzu auch die »2. Übung« im Kapitel »Seth und Glaubenssätze«). Mit jedem Glaubenssatz sind bestimmte Gefühle verbunden, die, wenn sie verändert werden, Rückwirkung auf den Glaubenssatz haben. Eine sehr gezielte Vorgehensweise zum Verändern von Gefühlen wurde im NLP gefunden: das »Anker verschmelzen«. Hier erzeugen Sie mit einer bestimmten Vorgehensweise wiederholbare Gefühlszustände, die Sie dann nach Belieben mit den bisherigen Gefühlen eines ausgewählten Glaubenssatzes »verschmelzen« können, um somit einen neuen Gefühlszustand mit dem alten Glaubenssatz zu »verankern«.

Die Übung ist in zwei Abschnitte unterteilt. Zuerst schaffen Sie sich den wiederabrufbaren Gefühlszustand, dann können Sie diesen Zustand mit dem ausgewählten Glaubenssatz verbinden. Im folgenden finden Sie eine ausführliche Anleitung.

Einen Gefühlszustand abrufbar machen

1. Wählen Sie einen Gefühlszustand aus, den Sie für sich wiederabrufbar machen möchten. Für die Glaubenssatz-Arbeit eignen sich fast alle positiven Gefühle. Voraussetzung ist allerdings, daß Sie das gewünschte Gefühl bereits in sehr starker Form erlebt haben. *(Um einen beispielsweise ängstigenden Glaubenssatz zu entmachten, reicht es nicht aus, ihm ein kleines Gefühl von Wohlbefinden entgegenzusetzen. Eine starke unbändige Freude dagegen »pustet« die Angst einfach weg.)*
2. Erinnern Sie sich an eine Situation, in der Sie genau dieses Gefühl in einer ausgesprochen starken Weise hatten. Achten Sie darauf, daß Sie eine Situation finden, in der das Gefühl nicht

mit negativen Gefühlen vermischt wurde, sondern von Ihnen in »Reinkultur« gefühlt wurde. *(Nicht geeignet wäre beispielsweise eine Situation, in der Sie zuerst große Freude verspürt, sich aber im Anschluß geärgert haben, und jedesmal, wenn Sie nun daran denken, kommt zwar die Erinnerung an die Freude, aber auch an den Ärger.)*

3. Erinnern Sie sich nun an die Einzelheiten. Was genau haben Sie in der Situation damals gesehen? Nehmen Sie sich ausreichend Zeit, um sich daran zu erinnern.

___

___

___

___

4. Erinnern Sie sich nun in allen Einzelheiten daran, was Sie in der damaligen Situation gehört haben. Was genau war für Sie damals zu hören?

___

___

___

___

5. Erinnern Sie sich nun daran, was Sie in der damaligen Situation dachten. Was genau ging Ihnen durch den Kopf?

___

___

___

___

6. Erinnern Sie sich nun an Ihre Gefühle. Was haben Sie damals gefühlt? Wie würden Sie dieses Gefühl beschreiben? Wie würden Sie es nennen?

___

___

___

___

7. Werden Sie sich dieses Gefühls nun noch deutlicher bewußt. Wo genau in Ihrem Körper können Sie es spüren? Schließen Sie die Augen, gehen Sie mit Ihrer Aufmerksamkeit ganz zu diesem Gefühl. Lassen Sie das wohlige Gefühl für einen Augenblick noch etwas stärker werden, so daß Sie es noch deutlicher spüren können. Wenn Sie sich des Gefühls ganz bewußt sind, legen Sie eine Hand genau auf die Körperstelle, an der Sie es am intensivsten spüren können.
8. Während Sie nun Ihre Hand dort auf dieser Stelle liegen lassen, öffnen Sie die Augen. Bleibt das angenehme Gefühl weiterhin? Wenn ja, gehen Sie weiter zu Schritt 9, wenn es nicht geblieben ist, wiederholen Sie noch einmal die Schritte 7 und 8.
9. Nehmen Sie nun Ihre Hand weg. Bleibt das Gefühl bestehen? Wenn ja, gehen Sie weiter zu Schritt 10, wenn nein, gehen Sie noch einmal zurück zu Schritt 7.
10. Überprüfen Sie nun, ob das Gefühl wieder abrufbar ist. Beschäftigen Sie sich einige Zeit mit etwas völlig anderem, bis das Gefühl verflogen ist. Wenn Sie nichts mehr von dem Gefühl spüren, legen Sie eine Hand auf die Körperstelle von vorhin. Was genau geschieht? Kommt das Gefühl von alleine wieder? Wenn ja, haben Sie den ersten Teil der Übung erfolgreich abgeschlossen. Wenn das Gefühl nicht von alleine wiederkommt, durchlaufen Sie die Übungsschritte einfach noch einmal.

Sie können diesen »Gefühlsanker« nun noch weiter verstärken, indem Sie die Übung mit anderen Situationen, in denen Sie genau dieses Gefühl spürten, durchlaufen. Legen Sie die Hand auf genau die gleiche Körperstelle, die Sie im ersten Durchgang gefunden haben. Auf diese Weise können Sie mit der Berührung Ihrer Hand auf dieser Körperstelle ein noch stärkeres angenehmes Gefühl verankern.

Gefühlsanker verschmelzen

1. Denken Sie an den limitierenden Glaubenssatz und nehmen Sie die inneren Bilder und Ihren inneren Dialog wahr, der mit diesem Glaubenssatz verbunden ist.
2. Lösen Sie jetzt den positiven Anker aus (d. h., legen Sie die Hand an die gleiche Stelle wie in der Übung vorher) und nehmen Sie wahr, wie sich das angenehme Gefühl in Ihrem Körper ausbreitet. Beobachten Sie, wie sich dadurch verändert, was Sie bezüglich Ihres Glaubenssatzes sehen und was Sie zu sich selbst sagen.
3. Nehmen Sie sich Zeit und warten Sie, bis sich das positive Gefühl und der alte Glaubenssatz so miteinander verbunden haben, bis etwas Neues entstanden ist.
4. Formulieren Sie bewußt das, was Sie jetzt über den jeweiligen Bereich glauben.

Der Diamond

Bei der Diamond-Fragetechnik geht es im wesentlichen darum, die Bedeutung eines Glaubenssatzes, einer Einstellung oder ähnlichem zu »entpolarisieren«. Damit ist gemeint, daß wir in unserem Alltagsbewußtsein sehr häufig rigide Vorstellungen davon haben, was gut, richtig, angemessen, wünschenswert usw. ist. Mit Hilfe der Diamond-Fragetechnik können Sie mit sich selbst oder mit anderen Ihren eigenen unbewußten Bedeutungsraum erkunden, um sich so aus der Fixierung auf eine Bedeutung zu befreien.

Die Grundform des Diamonds sind vier Fragen, die wir in Form einer Raute anordnen:

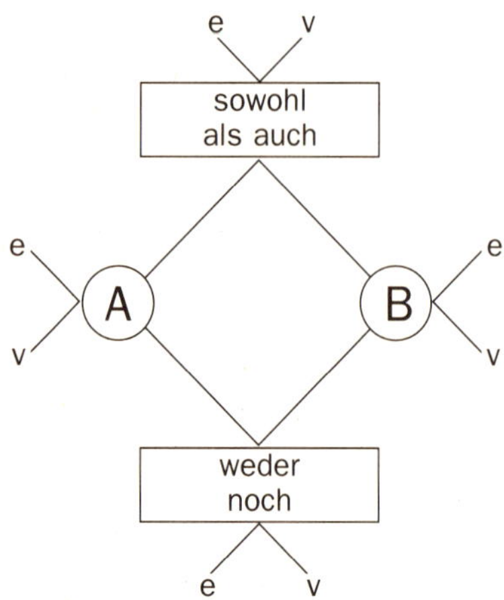

Die beiden horizontalen Punkte »A« und »B« bezeichnen den Ausgangssatz und sein Gegenteil. Zum Beispiel könnte für A stehen: »Ich brauche in meinem Beruf Begeisterung.« B wäre dann die Antwort auf die Frage: »Was ist für dich das Gegenteil von Begeisterung?« Und die Antwort könnte lauten: »Langeweile«. Der obere Punkt der Raute »sowohl als auch« stellt die Antwort auf die Frage dar: »Was haben Begeisterung und Langeweile für dich gemeinsam?« oder: »Was ist der gemeinsame Hintergrund von Begeisterung und Langeweile?« Die Antwort könnte zum Beispiel lauten: »Traurigkeit«. Dann wäre die Begeisterung der Versuch, die Traurigkeit nicht zu spüren und in der Langeweile besteht die Angst, der Traurigkeit bewußt zu werden. Der untere Punkt des Diamonds »weder noch« enthält die Antwort auf die Frage: »Was wäre für dich jenseits von Begeisterung und Langeweile?« oder: »Was wäre außerhalb dieser Alternative?« Und die Antwort könnte sein: »Leben«! Womit gemeint ist, der gesamte Umfang lebendiger Emotionalität, ohne daß eine Emotion prinzipiell vor der anderen bevorzugt wird.

Damit haben wir den ersten Durchgang beendet. Im Regelfall hat sich alleine dadurch die Bedeutung des Ausgangssatzes relativiert und eine andere Perspektive bekommen.

Kommen wir nun zur zweiten Runde. In der zweiten Runde gehen wir erneut zu jedem der vier Punkte und stellen uns folgende zwei Fragen: Was *ermöglicht(e)* mir dies? – Was *verhindert(e)* es?

Punkt A: »Was hat dir deine Begeisterungsfähigkeit in deinem Beruf bisher ermöglicht?« – »Dadurch wurde ich wirklich gut in meinem Beruf.« – »Was wurde durch diese Art der Begeisterung verhindert?« – »Das Wahrnehmen, daß ich in der Betriebsamkeit vor etwas weglaufe.«

Punkt B: »Was könnte dir die Langeweile ermöglichen?« – »Sie könnte mich mit dem konfrontieren, was in mir ist und was in der täglichen Betriebsamkeit keine Chance hat, wahrgenommen zu werden.« – »Was würde diese Art von Langeweile verhindern?« – »Wenn sie anhält, verhindert sie, daß ich weitermache.«

Punkt »sowohl als auch«: »Was würde ermöglicht werden dadurch, daß du die Trauer spürst?« – »Ich könnte sie annehmen, ausdrücken und aufarbeiten.« – »Was würde durch die Trauer verhindert?« – »Weiß ich nicht.« Auch eine solche Antwort kann, wenn sie Ausdruck längeren Nachdenkens und Nachspürens ist, akzeptiert werden. Man kann dann später zu dieser Frage zurückkommen.

Punkt »weder noch«: »Was würde dir Leben ermöglichen?« – »Zu dem zu kommen, was mein eigenes ist.« – »Was würde Leben verhindern?« – »Gar nichts.«

Nach dieser zweiten Runde geht man noch mal zurück zu dem Ausgangssatz: »Ich muß in meinem Beruf Begeisterung erleben.« Im Regelfall setzt jetzt eine zweite Distanzierung, Relativierung und Perspektivierung dieses Satzes ein. Wir können uns jetzt fragen: »Was wäre ein neuer Satz, der nach diesen Überlegungen eher gelten könnte?« Zum Beispiel: »Ich wünsche mir Freude an meiner Arbeit als Ausdruck meiner eigenen Kreativität.« Dieser Satz wäre jetzt als Lösung zu betrachten. Im nächsten Durchgang würden wir dann den Problemsatz: »Ich muß begeistert sein in meinem Beruf«, zu A machen, und den neuen Lösungssatz zu B, um damit nochmals durch den Diamond zu gehen. Dadurch entsteht das, was wir eine Auflösung des Problems nennen. Wir bekommen Distanz sowohl zum Problem als auch zu seiner Lösung.

Anleitung zum Arbeiten mit dem Diamond

1. Formulieren Sie Ihren Problemsatz.
2. Beantworten Sie für sich die Frage:
   - *Was ist für mich das Gegenteil des Problems bzw. des problematischen Zustandes?*
3. Beantworten Sie sich die Frage:
   - *Was haben Problem und Gegenteil gemeinsam?*
4. Beantworten Sie die Frage:
   - *Was wäre jenseits davon?*
   - *Was wäre weder Problem noch Gegenteil?*
5. Gehen Sie zu A und beantworten Sie die beiden Fragen:

- *Was ermöglicht A?*
- *Was verhindert A?*

6. Die nächsten Fragen:
   - *Was ermöglicht B?*
   - *Was verhindert B?*
7. Was wird durch die Antwort auf die Sowohl-Als-auch-Frage ermöglicht und verhindert?
8. Was wird durch die Antwort auf die Weder-noch-Frage ermöglicht und verhindert?
9. Formulieren Sie jetzt einen neuen Satz zu dem betreffenden Thema.
10. Setzen Sie diesen Satz als Gegensatz zu Ihrem Ausgangssatz und gehen Sie dann nochmals die Schritte 3 bis 8 bzw. 9 durch.
11. Nehmen Sie wahr, wie es sich anfühlt, wenn Sie jetzt erneut an den problematischen Ausgangssatz denken.

Sie können das Netz der Sätze natürlich beliebig weiterspinnen, indem Sie auf die jeweiligen Antworten von Ermöglichung und Verhinderung wiederum die Diamondfragen anwenden. Je häufiger Sie diese Art von Bedeutungsnetzen konstruieren, desto mehr entdecken Sie tiefere Schichten Ihrer Art und Weise, der Welt Bedeutung zu geben. Diese Art des konstruierenden Entdeckens oder entdeckenden Konstruierens erhöht Ihre Freiheit und Unabhängigkeit gegenüber Ihren eigenen Bedeutungskonstruktionen. Des weiteren wartet eine Entdeckung auf Sie, die darin besteht, daß jeder Punkt des Netzes vierfach in seiner Bedeutung und damit in seinem emotionalen Wert begründet ist. Viel wichtiger bei dieser Art der Selbstbefragung ist aber das Erlebnis des »Zwischen«, des Übergangs und der Differenz zwischen den Knoten. Dieses Erlebnis nennen wir Emotionssurfen. Viel Spaß dabei.

Arbeit mit Submodalitäten

Im Kapitel »Schnelle, anhaltende Veränderung« haben wir uns mit dem Begriff der Submodalitäten bereits beschäftigt. Zur Erinnerung – als Submodalitäten werden die feinsten für uns wahrnehmbaren Unterschiede wie Helligkeit, Lautstärke und Temperatur bezeichnet. Sie fungieren in unserem subjektiven Erleben wie eine Programmiersprache. In ihnen ist die Bedeutung einer Repräsentation codiert. Somit beeinflussen sie maßgeblich die Wirkung, die innere Bilder, Klänge und Empfindungen auf uns haben.

Auch Glaubenssätze werden im Inneren in Form von Bildern, Klängen und Empfindungen repräsentiert. Die Art und Weise dieser Repräsentation – also das jeweilige Set von Submodalitäten – bestimmt die Wirkung eines Glaubenssatzes. So gibt es in Ihrem inneren Erleben beispielsweise ein bestimmtes Set an Submodalitäten, das die Bedeutung »ist möglich« trägt; und ein anderes Set von Submodalitäten, das die Bedeutung »ist nicht möglich« anzeigt. Wird in Ihrem Inneren etwas mit dem Submodalitäts-Set »ist nicht möglich« repräsentiert, halten Sie dies auch für unmöglich. Wenn es dagegen mit den Submodalitäten für »ist möglich« abgebildet wird, glauben Sie, daß es möglich ist.

In diesem Kapitel lernen Sie, diesen Wirkungszusammenhang für das Arbeiten mit Ihren Glaubenssätzen zu nutzen. Sie lernen herauszufinden, welches Set an Submodalitäten welche Wirkung in Ihnen auslöst und wie Sie Submodalitäts-Sets gezielt austauschen können. Mit diesen Fähigkeiten halten Sie den Schlüssel für eine schnelle und anhaltende Veränderung Ihrer Glaubenssätze in der Hand.

Struktur des Glaubens

Auch hier gehen wir wieder von den fünf Bereichen aus, in denen Glaubenssätze Aussagen über die eigene Identität oder über die Welt treffen können:

Bedeutung
Grenzen
Möglichkeiten
Konsequenzen
Erwartungen

Für jeden dieser Bereiche gibt es mehrere Unterscheidungen, die für das Arbeiten mit Glaubenssätzen interessant sind. Aus diesen vielfältigen Möglichkeiten haben wir die folgenden 18 ausgewählt und mit Beispielsätzen für Sie zusammengestellt. Im weiteren Verlauf des Kapitels werden wir die Unterscheidungen auch »Glaubensweisen« nennen:

Bedeutung

... ist gleichbedeutend mit ...

Eine eigene Wohnung bedeutet mehr Freiheit.

... bedeutet nicht ...

Wenn eine Person mich nicht mag, bedeutet das nicht, daß ich nicht liebenswert bin.

... kann ... bedeuten, muß aber nicht

Wenn ein Mensch lächelt, kann es Freundlichkeit bedeuten, muß aber nicht.

Grenzen

man tut ... nicht

Man sagt einem anderen Menschen nicht, daß er Mundgeruch hat.

man kann … tun

Man könnte mit Shorts schwimmen gehen, anstatt einer Badehose.

man tut …

Man wäscht sich die Hände, bevor man etwas ißt.

Möglichkeiten

… ist möglich

Es ist möglich, auf dem Mond zu landen.

… könnte möglich sein

Es könnte möglich sein, mit Lichtgeschwindigkeit durchs Weltall zu reisen.

… ist nicht möglich

Es ist im Moment für einen Menschen nicht möglich, zweihundert Jahre alt zu werden.

… darf sein

Es darf sein, daß ich es einem anderen sage, wenn mir sein Benehmen nicht gefällt.

Konsequenzen

… hat die Konsequenz, daß…

Wenn ich den Anweisungen meines Vorgesetzten nicht Folge leiste, hat dies zur Konsequenz, daß ich rausgeworfen werde.

… hat nicht die Konsequenz, daß…

Wenn ich auf meine Bedürfnisse achte, hat das nicht zur Konsequenz, daß andere mich egoistisch finden.

Erwartungen

… ist nicht zu erwarten

Wenn ich meine Aufgaben in der Firma gut erledige, ist nicht zu erwarten, daß ich gekündigt werde.

…ist zu erwarten

Wenn ich mich gut auf eine Prüfung vorbereite, ist zu erwarten, daß ich sie bestehe.

Zusätzlich haben wir folgende Unterscheidungen getroffen:

Zusätze

... ist völlig unsinnig

Daß der Klapperstorch die Babys bringt, ist völlig unsinnig.

Zweifel an ... haben

Ich habe Zweifel, ob außerirdisches Leben existiert.

von ... überzeugt sein

Ich bin davon überzeugt, daß Leben im Weltall existiert.

ich weiß, daß ...

Ich weiß, daß ich das Prüfungsgebiet beherrsche.

Weiter hinten werden Sie zu jedem der sechs Glaubensbereiche einen gleichnamigen Abschnitt finden. Zu Beginn jedes Abschnitts sind Anwendungsbeispiele für die jeweiligen Unterscheidungen aufgeführt, die Ihnen zum tieferen Verständnis und zur Anregung dienen können. Danach folgt für jede Unterscheidung eine Submodalitäts-Tabelle, mit deren Hilfe Sie das entsprechende Submodalitäts-Set ermitteln können. Haben Sie Ihre Submodalitäten für die Glaubensweisen erst einmal herausgefunden, können Sie Ihre Glaubenssätze nach Belieben verändern. Mit der genauen Vorgehensweise hierzu werden wir uns später im Abschnitt »Drei Schritte zu einem neuen Glauben« ausführlich auseinandersetzen.

Da Submodalitäts-Veränderungen mit dem Gewußt-Wie und etwas Übung leicht durchzuführen sind, rückt ein anderes Thema in den Brennpunkt. Das Arbeiten mit Submodalitäten versetzt Sie in die Lage *zu entscheiden, was Sie zukünftig glauben möchten.* Hier eröffnen sich Ihnen vielfältige Möglichkeiten, die Sie bei jeder Glaubenssatzarbeit erneut vor die Entscheidung stellen, welcher Glaube Ihnen in der Zukunft am besten dienen wird. Diesem Thema wollen wir uns als nächstes widmen.

Wie Ihnen ein Glaube am besten dient

Diese Frage ist sehr wichtig, da tiefgreifende Veränderungen in der Regel nicht damit erreicht werden, daß der unerwünschte Glaube »aufhört«. Entscheidend ist vielmehr, daß Sie beginnen, statt dessen etwas anderes, für Sie Sinnvolleres, zu glauben. Natürlich können Sie die Wirkung eines unerwünschten Glaubenssatzes neutralisieren, indem Sie ihn mit dem Submodalitäts-Set für ... *ist völlig unsinnig* versehen. Mit diesem Schritt bleibt aber offen, was Sie über dieses Thema ab jetzt glauben möchten.

Hierzu ein Beispiel: Nehmen wir an, ein Student wäre der Überzeugung, auch mit sehr guter Vorbereitung bei der nächsten Klausur durchzufallen. Wenn er diesen Glaubenssatz nach entsprechender Submodalitäts-Veränderungen als unsinnig erlebt, wäre dies mit Sicherheit eine Erleichterung. Sehr viel wirkungsvoller wäre es aber, wenn anstelle der alten Überzeugung ein neuer Glaube entstehen würde. Beispielsweise der Glaubenssatz: »Mit guter Vorbereitung bestehe ich die Prüfung«, der mit dem Submodalitäts-Set für ... *ist zu erwarten* verankert ist. Ein weiteres Beispiel: Eine junge Frau ist davon überzeugt, daß sie nicht liebenswert ist. Auch hier wäre es sicherlich eine große Erleichterung, wenn sich diese Aussage mit dem passenden Submodalitäts-Set in etwas Unsinniges verwandeln würde. Aber es wäre dennoch offen, was mit ihrer Liebenswürdigkeit ab nun sein soll. Eine Möglichkeit wäre, an die Stelle der alten Überzeugung den Glauben zu stellen, daß *es möglich ist, daß sie von Menschen geliebt wird, die zu ihr passen.*

Die Wahl eines »sinnvolleren« Glaubenssatzes ist hier mit großer Sorgfalt zu treffen. Würde unser Student beispielsweise die Überzeugung bei sich verankern, *daß er die Prüfung auf jeden Fall schaffen wird,* könnte dies durchaus sehr unangenehme Folgen nach sich ziehen. In zweierlei Hinsicht:

Der neue Glaube wäre dann ungünstig gewählt, wenn unser Student sich noch nicht ausreichend auf die Prüfung vorbereitet hätte. Große Sicherheit, eine Prüfung zu bestehen entsteht infolge der Erkenntnis, das Prüfungsthema ausreichend zu beherrschen. Wenn diese Sicherheit jedoch unabhängig vom tatsächlichen Können aufkommt, entsteht oftmals die Illusion, nichts mehr für die Prüfung tun zu müssen. Die Gefahr, daß er aufgrund dieser Fehleinschätzung durch die Klausur fällt, wäre sehr hoch. Der neue Glaubenssatz würde ihm demnach einen schlechten Dienst erweisen.

Diese Art Glaubenssatz läßt aber noch eine weitere Illusion entstehen. Er erzeugt das Trugbild, daß ein zukünftiges Ereignis mit absoluter Sicherheit eintreten wird. Alles was die Zukunft betrifft, ist jedoch niemals hundertprozentig sicher! Zukünftige Ereignisse bergen immer das Risiko, daß etwas Unerwartetes eintrifft. Wenn nun ein Glaubenssatz mit einer Formulierung wie: »Ich werde die Klausur auf jeden Fall bestehen« und den Submodalitäten für »Überzeugung« verankert wird, läßt dies keinen Spielraum mehr für unerwartete Vorkommnisse. Es entsteht zwar ein durchaus angenehmes Gefühl von Sicherheit, aber es ist eine trügerische Sicherheit. Im Inneren ist alles darauf ausgerichtet, daß etwas in einer bestimmten Art und Weise eintreffen wird. In Folge hiervon entsteht Starrheit, wo Flexibilität erforderlich wäre. Wenn dann etwas Unerwartetes geschieht, ist der Betroffene häufig nicht in der Lage, angemessen zu reagieren. In unserem Beispiel wäre es denkbar, daß der Student trotz guter Vorbereitung mit Prüfungsaufgaben konfrontiert wird, die er nicht zu lösen vermag. Einerseits könnte die starre Überzeugung, die er sich zulegte, in dieser Situation für ein völliges Blackout sorgen, da etwas eintreten würde, was er für ausgeschlossen hielt. Andererseits wäre die Gefahr eines »seelischen Absturzes« nach der Prüfung sehr groß. Da die Möglichkeit durchzufallen in seinem Inneren nicht vorhanden war, würde nun eine Welt zusammenbrechen. Auch in dieser Hinsicht hätte der neue Glaubenssatz schlechte Dienste erwiesen.

Gehen wir auf diesen Punkt in einem weiteren Beispiel ausführlicher ein. Nehmen wir an, eine Lehrerin in der Erwachsenenbildung hat die Befürchtung, daß sich einer der Schüler ungebührlich verhalten könnte und sie mit dieser Situation nicht umzugehen wüßte. Der Glaubenssatz, der sich hinter dieser Angst verbirgt, würde lauten: »Es ist wahrscheinlich, daß sich Schüler mir gegenüber unverschämt verhalten, und ich kann dagegen nichts tun« und wäre im Inneren mit den Submodalitäten für »Überzeugung« repräsentiert. Für eine Lehrende mit einem solchen Glaubenssatz wird die Arbeit zur Tortur, denn hier kommt das bereits ausführlich besprochene Prinzip der selbsterfüllenden Prophezeiung zum Tragen. In unserem Beispiel wäre die Wahrscheinlichkeit, daß sich ein Schüler tatsächlich daneben benimmt, sehr hoch. Die Angst würde sich im Verhalten der Lehrerin ausdrücken und Menschen mit einem entsprechenden Verhaltensmuster geradezu animieren, unverschämt zu werden. Die Veränderung dieses Glaubenssatzes wäre also dringend notwendig. Welcher neue Glaube würde ihr nun aber am besten dienen? Welche Veränderung wäre sinnvoll?

Nehmen wir an, unsere Lehrerin würde den einfachsten Weg wählen und die alte Überzeugung gegen den Glaubenssatz: »In meinem Unterricht wird sich niemand unverschämt verhalten« tauschen und auch diesen Glaubenssatz mit den Submodalitäten für »Überzeugung« verankern. Infolge dieser Veränderung würde die Angst einem sicheren Auftreten weichen, was eine große Erleichterung wäre. Es könnte auch tatsächlich sein, daß sich fortan keine Stänkerer mehr für ihren Unterricht anmelden würden. Daß es Phänomene der Fernwirkung gibt, haben wir zu Beginn des Buches ja bereits besprochen. Aber da wir die Funktionsweise der Fernwirkung noch nicht verstehen und sie in Folge davon auch noch nicht beherrschen können, bleibt immer das Risiko, daß das Befürchtete doch eintritt. Lassen Sie uns daher doch einmal näher betrachten, was geschehen würde, wenn sich trotz dieses neuen Glaubenssatzes ein Schüler unverschämt gebärden würde.

Eine solche Situation würde die Lehrerin in zweifacher Hinsicht unvorbereitet treffen. Das von dem Glaubenssatz erzeugte Gefühl der Sicherheit, würde eine weitere Auseinandersetzung mit dem Thema unnötig erscheinen lassen. Folglich wäre es nicht notwendig zu lernen, wie man sich als Lehrende in einer solchen Situation professionell verhält. Würde die Situation dann doch eintreten, ständen ihr keine Verhaltensweisen zur Verfügung, um der Situation kompetent entgegenzutreten. Sie wäre dann tatsächlich nicht in der Lage, angemessen zu reagieren. Außerdem würde auch hier die Gefahr eines Blackouts bestehen. Wenn der geistige Bildschirm »leergefegt« ist, wird es fast unmöglich, in irgendeiner Art richtig zu reagieren.

Eine negative Überzeugung durch eine vermeintlich positive zu ersetzen, bringt daher zwar Erleichterung, birgt aber auch nicht zu unterschätzende Gefahren. Zum einen verhindert die trügerische Sicherheit, daß notwendige Fähigkeiten erworben werden; wie beispielsweise das Lernen des Prüfungsstoffes oder die Fertigkeit, auf ein unverschämtes Benehmen im Unterricht professionell zu reagieren. Zum anderen besteht die Gefahr, paralysiert zu werden, wenn das angeblich »Unmögliche« doch eintritt. Der Betroffene befindet sich dann in einem Zustand geistiger Lähmung, in der keinerlei förderliche Reaktion möglich ist. Wir empfehlen Ihnen daher, Glaubenssätze nicht mit dem Submodalitäts-Set *von... überzeugt sein* zu versehen, sondern den neuen Glauben realitätsbezogen zu verankern. Beziehen Sie das, was real geschehen kann, als Möglichkeit in Ihren Glauben ein. Statt »Sicher zu sein«, daß etwas Unerwünschtes nicht mehr vorkommt, könnten Sie beispielsweise »erwarten«, daß es nicht mehr geschieht. Statt »überzeugt zu sein«, daß Sie etwas Erwünschtes auf jeden Fall erhalten, könnten Sie es für sich »als erreichbar« repräsentieren. Dies lenkt Ihre Aufmerksamkeit ebenfalls auf das, was Sie wollen, läßt aber die Möglichkeit offen, daß es anders kommt. Dadurch sind Sie in der Lage, auf alle Möglichkeiten der Realität flexibel zu reagieren.

Diese Vorgehensweise setzt allerdings voraus, daß die »Risiken« der Realität für Sie annehmbar sind. Wenn jedoch bei einem bestimmten Thema das Gefühl, sich nicht sicher sein zu können, unerträglich scheint, lohnt es sich, diesen Glaubensbereich einmal näher zu betrachten. Oftmals verbirgt sich hinter dem Bedürfnis nach Überzeugung eine große Angst vor dem Ungewissen.

Wenn das Risiko der Realität schmerzt

Wenn diese Angst übermächtig wird, ist die Flucht in die Überzeugung ein willkommener Rettungsanker. Für viele Menschen ist beispielsweise die Vorstellung, daß Gott nicht existieren oder ganz anders sein könnte, als ihre Religion sie glauben machen will, nicht zu ertragen. Sie schließen diese Möglichkeit aus, indem sie aus dem Nichtwissen eine Überzeugung machen. Durch diesen Prozeß hört die Bedrohung, die von dem Ungewissen ausgeht, aber nicht auf. Sie wird lediglich von einem Trugbild verdeckt und kann somit jederzeit wieder zum Vorschein kommen.

Das gilt auch für weniger universelle Themen, wie die Angst durch eine Prüfung zu fallen oder vor dem unverschämten Verhalten eines Schülers. Wenn eine reale Möglichkeit ängstigt, bietet dies die Gelegenheit, eine im Unterbewußtsein sitzende Angst ans Tageslicht zu holen und zu lösen. Zum Beispiel, indem man den Glaubenssatz findet, der die Angst hervorruft. Mit der Veränderung dieses Glaubenssatzes löst sich auch die Angst und die realen Möglichkeiten werden akzeptabel.

Um dies zu veranschaulichen, bleiben wir bei den beiden obigen Beispielen. Nehmen wir an, unser Student würde bei der Veränderungsarbeit vor der Entscheidung stehen, was er über die bevorstehende Prüfung ab jetzt glauben möchte. Er entscheidet sich für den Glauben: *Ich erwarte, daß ich die Prüfung mit ausreichender Vorbereitung bestehe.* Diese Glaubensweise lenkt die Aufmerksamkeit auf das Bestehen der Klausur, schließt die Möglichkeit des Durchfallens aber nicht aus. Bei der Veränderungsarbeit merkt er nun aber, daß alleine die Möglichkeit des Nichtbestehens Panik in ihm hervorruft. Diese Panik befällt ihn bereits seit der Schulzeit, und er entschließt sich, sie nun loszuwerden. Er beginnt den Glaubenssatz hinter der Panik hervorzuholen, indem er sich fragt, was geschehen würde, wenn er tatsächlich durchfallen würde. Es wird ihm bewußt, daß das Nichtbestehen einer wichtigen Prüfung bisher gleichbedeutend mit Versagen für ihn war. Die Überzeugung: »Wenn ich durch eine wichtige Prüfung falle, bin ich ein Versager«, kommt zum Vorschein. Da ein »Versager« zu sein eine unerträgliche Vorstellung für ihn ist, wurde jede wichtige Prüfung zu einer Bedrohung. Der Hintergrund der Panik wird offensichtlich. Er könnte den bisherigen Glaubenssatz nun entmachten, indem er die alte Überzeugung mit dem Submodalitäts-Set für *... bedeutet nicht...* versieht. An die Stelle des alten Glaubenssatzes könnte er nun einen neuen Glauben wie: »Prüfungen zu schreiben bedeutet, meine momentane Leistungsfähigkeit zeigen zu können«, mit dem Submodalitäts-Set für *bedeutet* verankern. Eine noch tiefgreifendere Veränderung könnte unser Student damit erreichen, wenn er weiter an dem Gefühl arbeiten würde, daß ein Versager zu sein unerträglich ist. Es wäre eine Möglichkeit, den Glaubenssatz an die Oberfläche zu holen, der dieses Gefühl erzeugt. Eine andere Vorgehensweise wäre es, den Diamond mit der Unerträglichkeit des Versagens zu durchlaufen.

In unserem zweiten Beispiel gehen wir davon aus, daß die Lehrerin mit der Überzeugung: *Es ist wahrscheinlich, daß sich Schüler mir gegenüber unverschämt verhalten, und ich kann dagegen nichts tun,* ebenfalls mit der Veränderungsarbeit begonnen hat. Sie bemerkt, daß ihr die Tatsache, es könnte vorkommen, einen sich unverschämt gebärdenden Schüler im Unterricht zu haben, Angstgefühle bereitet. Auch sie ergründet diese Angst, indem sie sich vorstellt, was passieren würde, wenn die befürchtete Situation eintritt. Es wird ihr bewußt, daß sich hinter dieser Angst eine große Hilflosigkeit verbirgt, die von dem Glaubenssatz ausgelöst wird: »Ich darf andere Erwachsene nicht maßregeln.« Diese Überzeugung bringt unsere Lehrerin in eine sehr unangenehme Situation. Als Lehrende hat sie den Auftrag, ihre jeweilige Gruppe zu führen. Zum Führen gehört auch, Grenzen zu setzen und dafür zu sorgen, daß diese eingehalten werden. Genau diese Aufgabe kann sie aber wegen ihres Glaubenssatzes nicht erfüllen. Wenn ein Schüler die Grenzen überschreitet, kann sie nichts tun, da sie Erwachsene nicht maßregeln darf. Die bisherige Angst vor einer solchen Situation war also mehr als berechtigt. Sie könnte ihren Glauben über dieses Thema nun ebenfalls in zwei Schritten verändern. Als erstes könnte sie den alten Glaubenssatz mit dem Submodalitäts-Set für *... ist völlig unsinnig* entmachten. Im zweiten Schritt wäre es sinnvoll, einen neuen Glauben an die Stelle des alten zu setzen. Beispielsweise: »Es ist mir möglich, Erwachsene zu maßregeln«, mit dem Submodalitäts-Set für *... darf sein.* Dieser neue Glaube würde ihr nun einerseits erlauben, unverschämtes Verhalten zurückzuweisen. Andererseits könnte sie jetzt auch überprüfen, ob sie bereits in der Lage ist, einem solchen Verhalten professionell zu begegnen, oder ob sie ihr Verhaltensrepertoire in dieser Hinsicht noch erweitern möchte. Diese neue Glaubensweise und die Fähigkeit, auf ungebührliches Verhalten eines Schülers kompetent zu reagieren, würde die Realität sicher werden lassen. Denn selbst wenn sie mit einer solchen Situation konfrontiert werden würde, *dürfte und könnte* sie damit umgehen. Es würde also keinerlei Notwendigkeit mehr bestehen, mit einer wahnhaften Überzeugung die Möglichkeit eines solchen Verhaltens auszuschließen. Des weiteren hätte diese tiefgreifende Veränderung auch Auswirkungen auf jeden weiteren Lebensbereich, in dem sie auf Erwachsene trifft.

Eine einschränkende Überzeugung durch eine positive Überzeugung zu ersetzen ermöglicht zwar, Ängste zu verdrängen. Doch die Angst und das, was sie auslöst, ist immer noch vorhanden und kann jederzeit an einer anderen Stelle wieder hervorbrechen. Wenn Sie aber den Glaubenssatz verändern, der die Angst hervorbringt, lösen Sie Ihre Ängste und bewirken gleichzeitig sehr viel tiefgreifendere Veränderungen.

Wie Sie Glaubenssätze verändern können, auch »Wenn das

Risiko der Realität schmerzt«, finden Sie am Ende des nun folgenden Kapitels ausführlich dargestellt.

Drei Schritte zu einem neuen Glauben

Wenn Sie einen Glaubenssatz mit Hilfe der Submodalitäten verändern möchten, stehen drei Arbeitsschritte an:

- *Entscheiden Sie, was Sie zukünftig lieber glauben möchten*
- *Finden Sie das entsprechende Set von Submodalitäten*
- *Nehmen Sie die Submodalitäts-Veränderung vor*

Jeden dieser drei Schritte werden wir im folgenden zuerst ausführlich besprechen. Eine genaue Übungsanleitung in Form von einer Übersicht der Schritte finden Sie dann am Ende dieses Abschnittes. Zum tieferen Verständnis folgt der Übersicht ein Beispiel, in dem die einzelnen Schritte noch einmal verdeutlicht werden.

Entscheiden Sie, was Sie zukünftig lieber glauben möchten

Leichter gesagt als getan! Ab jetzt stehen Ihnen viele verschiedene Möglichkeiten zur Verfügung, unter denen Sie Ihren Glauben aussuchen können.

Nehmen Sie sich für den Anfang Zeit, um die zukünftige Glaubensweise mit Bedacht zu wählen. Spielen Sie die einzelnen Möglichkeiten innerlich durch und überprüfen Sie auch, ob Sie sich nach der Veränderung mit dem neuen Glauben wohl fühlen. Bis Sie sich einen Überblick über die Veränderungsmöglichkeiten verschafft haben, braucht dieser erste Schritt etwas mehr Zeit. Die Beispiele, die in den späteren Abschnitten zu jeder der Glaubensweisen aufgeführt sind, werden Sie beim Lernen unterstützen. Mit zunehmender Übung werden Ihnen die richtigen Glaubensweisen dann immer schneller ins Auge fallen. Lassen Sie aber auf jeden Fall Sorgfalt bei der Auswahl walten. Denn das Ergebnis der Veränderungsarbeit hängt maßgeblich von der Wahl des zukünftigen Glaubens ab.

Wie bereits zuvor besprochen, liegt die Entscheidung, welcher Glaube auf welchem Gebiet jetzt für Sie der richtige ist, ganz in Ihrer Hand. Wir möchten Sie aber nochmals dazu anregen, so nahe bei den realen Gegebenheiten zu bleiben, wie möglich. Falls Sie sich doch einmal dafür entscheiden, eine negative Überzeugung gegen eine positive auszutauschen, finden Sie unter dem Abschnitt Zusätze einen Vordruck, um das entsprechende Submodalitäts-Set zu ermitteln.

Sie haben bei diesem ersten Schritt der Entscheidung zwei Möglichkeiten: Sie können die unangenehme Wirkung eines Glaubenssatzes mit einer entsprechenden Glaubensweise einfach nur neutralisieren. Sie können aber auch zusätzlich einen neuen, unterstützenden Glauben anstatt des alten entstehen lassen. Ob Sie diesen weiteren Schritt brauchen, entscheiden Sie anhand Ihres Befindens nach der Veränderung. Manchmal sind bei einem Thema förderliche Glaubenssätze bereits vorhanden und wurden nur von dem behindernden Glaubenssatz überstrahlt. Dann wirkt die Veränderung bereits nach dem Neutralisieren der alten Überzeugung »komplett«. Wenn Sie sich jedoch unsicher oder »wacklig auf den Füßen« fühlen, sollten Sie einen neuen Glauben an die Stelle des alten setzen.

Bei sehr tiefgreifenden Themen, die mit intensiven Gefühlsreaktionen verbunden sind, empfehlen wir, den zusätzlichen Schritt auf jeden Fall vorzunehmen. Hier kann es sogar äußerst nützlich sein, nicht nur einen Glauben an die Stelle des alten zu setzen, sondern gleich mehrere neue Glaubenssätze über das entsprechende Thema zu erstellen. Sie können dazu alle fünf Glaubensbereiche zu Hilfe nehmen. Überlegen Sie in diesem Fall, welche neue Bedeutung dieses Thema für Sie haben soll. Legen Sie neue Grenzen fest und erkunden Sie, was jetzt für Sie möglich und erreichbar ist. Finden Sie heraus, welche neuen Zusammenhänge sich ergeben und was Sie ab jetzt erwarten können.

Verwenden Sie für den Wortlaut eines neuen Glaubens anstatt Negationen (nicht, keine, niemals, keinerlei u. ä.) immer Positivformulierungen. Das heißt, beschreiben Sie, was Sie ab jetzt haben wollen, anstatt auszudrücken, was aufhören soll. Nehmen Sie das, wovon Sie weg möchten lediglich als Hilfsmittel, um zu formulieren, wohin Sie ab jetzt wollen. Zum Beispiel anstatt: »Ich habe keine Angst mehr, wenn ein Schüler unverschämt wird« die Formulierung: »Ich kann dem unverschämten Verhalten eines Schülers professionell begegnen«; anstatt: »Ich werde nicht mehr zunehmen« die Formulierung: »Ich kann mein Gewicht halten«; anstatt: »Ich brauche Prüfungssituationen nicht mehr zu fürchten« die Formulierung: »Ich kann Prüfungssituationen entspannt entgegen blicken«. Positivformulierungen sind ein sehr wichtiger Aspekt beim Erstellen eines neuen Glaubenssatzes. Während Negationen die Aufmerksamkeit auf das lenken, was Sie abstellen möchten, ziehen positive Formulierungen die Aufmerksamkeit zu dem, was jetzt sein wird. Es kann sein, daß Ihre Formulierungen anfangs noch etwas holprig ausfallen. Mit zunehmender Übung werden Sie dann jedoch immer elegantere Lösungen finden.

Für den Fall, daß Sie an einen Themenbereich kommen, bei dem »das Risiko der Realität schmerzt«, finden Sie im Anschluß an die Übersicht der einzelnen Schritte eine ausführliche Anleitung. Mit dieser können Sie einen bisher unbewußten Glaubenssatz, der Sie die Realität bisher als Bedrohung erleben ließ, verändern. Die Anleitung ist in Form eines Beispiels noch einmal verdeutlicht.

Ein weiterer wesentlicher Punkt beim Verändern von Glaubenssätzen schließt sich an das Auswählen des neuen Glaubens an. Hier ist es wichtig zu überprüfen, ob der neue Glaubenssatz eine bestimmte Fähigkeit voraussetzt, und ob Sie diese bereits ausreichend beherrschen. Nehmen wir zur Verdeutlichung unsere obigen Beispiele. Der Glaubenssatz: »Ich kann dem unverschämten Verhalten eines Schülers professionell begegnen« setzt voraus, daß in dem Verhaltensrepertoire professionelle Reaktionsweisen für eine solche Situation vorhanden sind; die Person muß also einerseits wissen, wie man sich in einem solchen Fall professionell verhält und andererseits in der Lage sein, dieses Wissen auch in die Tat umzusetzen. Falls das nicht gegeben ist, muß diese Lücke gefüllt werden, wenn sich der Glaubenssatz verwirklichen soll. Der Glaubenssatz: »Ich kann mein Gewicht halten«, setzt die Fähigkeit voraus, Kalorienaufnahme und -verbrauch im Gleichgewicht zu halten; der Betreffende muß also fähig sein, das Körpergewicht mittels des Zusammenspiels von Nahrungsaufnahme und körperlicher Bewegung zu steuern. Mangelndes Wissen und fehlende Erfahrung müssen gegebenenfalls erst aufgefüllt werden, bevor der Glaubenssatz erfolgreich in die Tat umgesetzt werden kann. Selbst Glaubenssätze wie: »Ich kann Prüfungssituationen entspannt entgegenblicken«, setzen Fähigkeiten voraus. Hier muß beispielsweise gewährleistet sein, daß der Betreffende den Zustand der Entspannung aus anderen Lebensbereichen kennt. Lebt ein Mensch unter ständiger Spannung, muß er erst lernen, sich zu entspannen, bevor der Glaubenssatz seine Wirkung entfalten kann. Prüfen Sie also sorgfältig, ob der neue Glaube eine bestimmte Fähigkeit voraussetzt und ob Ihr Können diesbezüglich bereits ausreicht. Wenn dies nicht der Fall ist, leiten Sie am besten umgehend den Lernprozeß ein. Denn Ihr neuer Glaubenssatz kann sich ansonsten nicht verwirklichen.

Abschließend zu diesem ersten Schritt möchten wir Ihnen noch ein Sprichwort in Erinnerung rufen. Sicherlich ist Ihnen die Aussage geläufig: »Sei vorsichtig mit dem, was du dir wünscht, es könnte wahr werden!« Vielleicht kennen Sie auch die Geschichte der guten Fee, die einem Jüngling drei Wünsche schenkte. Der junge Mann lernte bei jedem Wunsch etwas mehr darüber, daß nicht alles, was man oberflächlich begehrt, auch das wirklich Ersehnte mit sich bringt.

Wir erfüllen Ihnen hier zwar nicht direkt Ihre Wünsche, erklären Ihnen aber die Submodalitäts-Arbeit. Und mit dieser können Sie sich selbst mehr und mehr in Richtung dessen bewegen, was Sie wollen. In diesem Sinne: Überlegen Sie sich gut, was Sie glauben wollen – Sie haben eine gute Chance, daß es Wirklichkeit wird.

Finden Sie das entsprechende Set von Submodalitäten

Wenn Sie bei der Veränderungsarbeit das erste Mal eine bestimmte Glaubensweise benutzen, müssen Sie erst das entsprechende Submodalitäts-Set herausfinden. Hierzu nutzen Sie die Tatsache, daß Ihr inneres Erleben in einer ganz bestimmten Struktur organisiert ist. Dieser Struktur können Sie sich in den Teilen, die Sie für Ihre Veränderungsarbeit benötigen, bewußt werden. Wie Sie aus den Vorinformationen über Submodalitäten ja bereits wissen, dienen diese feinsten wahrnehmbaren Unterschiede unserem inneren Erleben als Programmiersprache. Das heißt, für die Wirkung, die eine Vorstellung auf Sie ausübt, ist nicht der Inhalt entscheidend, sondern die Art und Weise, in der der Inhalt abgebildet wird. Hier geht es um Unterschiede wie: Helligkeit, Schärfe, Farbintensität eines Bildes oder eines Films; Lautstärke, Geschwindigkeit, Rhythmus eines Klanges; Intensität, Ort und Bewegung einer Empfindung (eine Übersicht über die wichtigsten Submodalitäten bieten die später folgenden Submodalitäts-Vordrucke). Auf die Zusammenstellung dieser feinsten wahrnehmbaren Unterschiede kommt es an. Diese Zusammensetzung, das »Set von Submodalitäten«, bestimmt, ob eine Vorstellung Sie ängstigt, Freude in Ihnen auslöst, ob etwas möglich oder unmöglich erscheint. Hierzu ein Beispiel: Nehmen wir an, Sie wollten über ein bestimmtes Thema glauben, daß es *möglich ist,* beispielsweise eine Arbeit zu finden, die Ihnen Spaß macht. Hierfür wäre es notwendig für Sie herauszufinden, welche Zusammensetzung der feinsten Unterschiede den Eindruck ... *ist möglich* erzeugt. Müßte man dazu alle möglichen Kombinationen an Submodalitäten ausprobieren, wäre Submodalitäts-Arbeit eine äußerst aufwendige Sache. Glücklicherweise gibt es einen viel eleganteren und vor allem schnelleren Weg. Sie suchen in Ihrer Erinnerung einfach etwas heraus, das Sie als ... *ist möglich* empfinden. Diese Erinnerung nutzen Sie dann als Bezugserfahrung zum Erstellen des Submodalitäts-Sets. Beispielsweise: Es ist mir möglich, ein Auto zu fahren. Als nächstes werden Sie sich der Submodalitäten bewußt, mit denen diese Aussage in Ihrem Inneren repräsentiert ist und haben somit das Submodalitäts-Set für *... ist möglich* in der Hand. (Eine genaue Anleitung für diesen Prozeß finden Sie im Kapitel »Das Nachschlagewerk Ihres inneren Erlebens«.) Machbar wird diese Vorgehensweise durch die Tatsache, daß Ihr inneres Erleben ganz klar strukturiert ist. Es existiert in Ihnen nur ein Submodalitäts-Set, das die Wirkung *... ist möglich* erzeugt. Haben Sie dieses einmal gefunden, können Sie es in Ihrer Veränderungsarbeit immer wieder benutzen, um die entsprechende Wirkung hervorzurufen. In unserem Beispiel würden Sie das Submodalitäts-Set für *... ist möglich* anwenden, um den Wunsch, eine Arbeit zu finden, die Ihnen Spaß macht, aus dem Bereich des Träumens in den Bereich der Möglichkeiten zu holen.

Gehen wir diese Vorgehensweise anhand eines weiteren Beispiels durch. Wenn Sie das Submodalitäts-Set für *man tut... nicht* ermitteln wollen, suchen Sie nach etwas, was man nach Ihrem Empfinden mit Sicherheit nicht tut. Beispielsweise mit entblößtem Hinterteil durch die Firma laufen, im Restaurant vom Teller eines völlig Fremden kosten und ähnliches. Als nächstes stellen Sie sich dann genau diese Situation vor und werden sich mit Hilfe der Submodalitäts-Vordrucke der feinsten Unterschiede bewußt, in denen diese Vorstellung repräsentiert wird. Diese notieren Sie dann auf dem entsprechenden Vordruck und erstellen auf diese Weise Ihr Submodalitäts-Set für die Glaubensweise.

Am Anfang kann es übrigens sehr hilfreich sein, wenn Sie sich die Fragen auf den Vordrucken von jemandem vorlesen lassen. So können Sie sich ganz auf Ihr inneres Erleben konzentrieren. Wichtig ist in jedem Fall, die Fragen schnell zu beantworten und nicht darüber nachzudenken, was nun richtig sein könnte. Denn durch das »Nachdenken« verfälscht sich oftmals das Ergebnis.

Der für den Erfolg ausschlaggebende Punkt beim Erstellen eines Submodalitäts-Sets ist die Wahl der richtigen Bezugserfahrung. Wäre es Ihnen gar nicht möglich, Auto zu fahren, oder würde es Ihnen überhaupt nichts ausmachen, mit nacktem Po zur Arbeit zu gehen bzw. sich im Restaurant vom Teller eines Fremden zu bedienen, wäre das kein brauchbarer Bezug. Die jeweilige Situation, die Sie zum Ermitteln eines Submodalitäts-Sets auswählen, muß für Sie genau der gesuchten Glaubensweise entsprechen. Um Sie bei dieser Wahl zu unterstützen, haben wir zu jeder Glaubensweise in dem entsprechenden Abschnitt ein Beispiel für eine mögliche Bezugserfahrung gegeben.

Wenn Sie das Submodalitäts-Set für eine Glaubensweise einmal ermittelt haben, brauchen Sie es bei jeder weiteren Arbeit nur noch nachzuschlagen und die dort angegebenen Submodalitäts-Veränderungen vorzunehmen. Mit der Zeit wird so ein regelrechtes Nachschlagewerk Ihres inneren Erlebens entstehen, auf das Sie bei Bedarf zurückgreifen können. Die von uns getroffene Vorauswahl der Glaubensweisen ist jedoch keinesfalls vollständig. Wir haben darauf geachtet, alle wichtigen Bereiche abzudecken. Da das innere Erleben jedoch etwas sehr Individuelles ist, werden Sie im Laufe der Zeit sicherlich noch weitere Glaubensweisen finden, die Sie als nützlich erleben. Lassen Sie Ihrer Kreativität in dieser Hinsicht freien Lauf. Denn gut ist hier einfach alles, was Ihnen am besten dient.

Nehmen Sie die Submodalitäts-Veränderung vor

Haben Sie das Set an Submodalitäten herausgefunden, folgt als letzter Schritt, die entsprechende Veränderung vorzunehmen. Erinnern Sie sich für einen kurzen Moment an unser kleines Experiment für Submodalitäten im ersten Teil des Buches. Sie dachten dort an eine Person, in deren Gegenwart Sie sich unsicher oder auf eine andere Art unwohl fühlten. Dann veränderten Sie die Art und Weise, mit der Sie an diese Person dachten, in ein kleines schwarzweißes Bild, links unten einige Meter von Ihnen entfernt, und das unangenehme Gefühl wurde schwächer oder löste sich sogar vollständig auf. Sie konnten diese Veränderung recht schnell vornehmen, obwohl Sie wahrscheinlich noch nie zuvor mit Submodalitäten gearbeitet hatten. Dies wird sich auch bei Ihrer zukünftigen Submodalitäts-Arbeit fortsetzen. Sollten Sie zu den Personen gehören, deren Submodalitäten zu individuell sind, um dieses Experiment mitzuerleben, können Sie sich auf die oben beschriebenen Wirkungen noch freuen. Die später folgenden Vordrucke werden auch den individuellsten Submodalitäten gerecht.

Vielleicht werden Ihnen manche Veränderungen leichter gelingen als andere. Auf jeden Fall wird sich Ihre Flexibilität bezüglich der Veränderung Ihres inneren Erlebens mit jeder Übung weiter erhöhen. Sie werden auch feststellen, daß von den in den Vordrucken abgefragten Submodalitäten nur einige ausschlaggebend für die Veränderung sind. Diese feinsten Unterschiede, die relevant sind, bezeichnet man im NLP als »kritische Submodalitäten«. Sie führen den tatsächlichen Unterschied herbei. Auch die kritischen Submodalitäten sind sehr individuell, nach mehrmaligem Anwenden eines Submodalitäts-Sets werden Sie sie aber herausfinden. Mit ihnen wird die Veränderung eines Glaubenssatzes noch schneller und leichter vonstatten gehen.

Übersicht der einzelnen Schritte

1. Es stehen Ihnen zwei Varianten zur Verfügung: den alten Glaubenssatz nur zu neutralisieren oder ihn zusätzlich durch einen neuen Glauben zu ersetzen. Beides können Sie mit den folgenden Schritten erreichen.

2a. Neutralisieren eines Glaubenssatzes: Suchen Sie sich eine geeignete Glaubensweise aus, und gehen Sie direkt weiter zu Schritt 5.

2b. Erstellen eines neuen Glaubens: Nach dem Neutralisieren des alten Glaubenssatzes können Sie diesen durch einen neuen Glauben ersetzen. Gehen Sie hierzu weiter zu Schritt 3.

3. Entscheiden Sie, was Sie ab jetzt über dieses Thema glauben möchten.
   - Formulieren Sie den neuen Glauben. Achten Sie darauf, statt Negationen Positivformulierungen zu verwenden
   - Wählen Sie eine passende Glaubensweise dazu aus

4. Überprüfen Sie, ob eine Submodalitäts-Veränderung ausreicht, um die gewünschte Veränderung zu erzielen, oder ob noch weitere Schritte anstehen:

   • Überprüfen Sie, ob der Glaubenssatz Fähigkeiten voraussetzt; und wenn ja, ob Sie diese bereits in ausreichendem Maße beherrschen. Wenn dies nicht der Fall ist, sollten Sie nach Beendigung der Übung die notwendigen Schritte festlegen, um die entsprechende Fertigkeit zu erlernen

   • Wenn es sich bei dem Glaubenssatz um eine Zielformulierung handelt, finden Sie im Kapitel »Verwirklichung von Zielen« wertvolle Hinweise zu diesem Thema.
5. Führen Sie einen Ökologiecheck durch, wie er im Kapitel »Arbeit mit Glaubenssätzen« beschrieben ist. Überprüfen Sie, ob es ökologisch ist, den alten Glauben zu neutralisieren. Wenn Sie den alten Glaubenssatz durch einen neuen ersetzen, überprüfen Sie zusätzlich, ob auch der neue Glaube für Sie ökologisch ist.
6. Nehmen Sie sich den Vordruck des Submodalitäts-Sets zur Hand, mit dem Sie den Glaubenssatz versehen wollen. Wenn Sie diese Glaubensweise das erste Mal verwenden, können Sie mit Hilfe der vorangestellten Anleitung das entsprechende Submodalitäts-Set erstellen.
7. Denken Sie nun an den Glaubenssatz und nehmen Sie wahr, wie Sie diesen in Ihrem Inneren repräsentieren. Was genau sehen Sie vor Ihrem geistigen Auge, wenn Sie an den Glaubenssatz denken, was genau hören Sie in Ihrem Inneren, und welche Empfindungen stellen sich ein?
8. Beginnen Sie nun, die bisherige Repräsentation Schritt für Schritt in die Repräsentation des ausgewählten Submodalitäts-Sets zu verwandeln. Verändern Sie nacheinander jeden einzelnen der feinsten wahrnehmbaren Unterschiede.

   Wenn Sie die Repräsentation des Glaubenssatzes an alle dort notierten Submodalitäten angeglichen haben, sollte sich die Wirkung des Glaubenssatzes auf die gewünschte Weise verändert haben.

9. Gehen Sie mit dieser Veränderung ein Stück in die Zukunft. Stellen Sie sich vor, wie es in einer Woche sein wird, bereits eine Woche mit diesem neuen Glauben gelebt zu haben. Sehen, hören und fühlen Sie, was es dort in der Zukunft wahrzunehmen gibt. Führen Sie diesen Schritt jeweils noch einmal mit einem Monat und einem Jahr in der Zukunft aus.

Checkliste

Falls die gewünschte Wirkung nicht eintritt, können Sie die folgende Checkliste in der Reihenfolge der Schritte durchführen:

1. Überprüfen Sie, ob Sie das Submodalitäts-Set exakt auf die Repräsentation übertragen haben. Wiederholen Sie dazu die Schritte 7 und 8, und stellen Sie dabei sicher, daß jede einzelne Submodalität gemäß der Vorlage verändert wurde.
2. Überprüfen Sie, ob die Vorlage für das Submodalitäts-Set korrekt ist. Durchlaufen Sie dazu erneut die Anleitung zum Erstellen eines Submodalitäts-Sets, und korrigieren Sie die Vorlage, falls dies notwendig sein sollte. Gehen Sie dann zurück zu Schritt 6. Falls Sie das Submodalitäts-Set allerdings schon mehrmals mit Erfolg angewandt haben, können Sie diesen Schritt auslassen und direkt zum folgenden Punkt übergehen.
3. Führen Sie erneut einen Ökologiecheck durch. Überprüfen Sie sehr sorgfältig, ob nicht doch ein Einwand gegen die angestrebte Veränderung vorliegt. Denken Sie immer daran: Wenn es einen Einwand gegen eine bestimmte Veränderung gibt, findet das Unterbewußtsein einen Weg, die Veränderung zu verhindern!
4. Überprüfen Sie, ob Sie ein Glaubenssatz-Molekül vorliegt. Bei Themen, die mehrere Lebensbereiche berühren, haben sich oftmals verschiedene Glaubenssätze zu einer Art Molekül verbunden. Soll nur eine dieser Überzeugungen verändert werden, kann es passieren, daß die anderen die gewünschte Veränderung verhindern. Im Kapitel »Glaubenssatz-Moleküle« finden Sie eine Anleitung, wie Sie in einem solchen Fall verfahren und arbeiten können.

5. Überprüfen Sie, ob Sie wirklich mit dem »Original« gearbeitet haben. Manchmal läßt man das »Original« in seinem ursprünglichen Zustand und verändert nur eine Kopie. Dann wirkt die Veränderung entweder gar nicht oder nur ein wenig.

Zur Veranschaulichung wollen wir nun an dem Glaubenssatz: »Ich darf einem Freund nicht sagen, daß mich sein Verhalten ärgert« die acht Schritte der Anleitung durchführen. Wir gehen davon aus, daß ein junger Mann unter den Folgen dieser Überzeugung leidet und sie daher verändern möchte.

Zu Schritt 1: Der junge Mann entscheidet, die alte Überzeugung zuerst zu neutralisieren und diese danach durch einen neuen Glauben zu ersetzen. Es stehen also zwei Übungsdurchgänge an. Erster Durchlauf: den alten Glauben neutralisieren; zweiter Durchlauf: einen neuen Glauben erstellen.

Erster Durchlauf

Zu Schritt 2: Zum Neutralisieren der bisherigen Überzeugung wählt er die Glaubensweise *... ist völlig unsinnig* aus.

Zu Schritt 5: Ökologiecheck. Er überprüft, ob es gegen das »Entmachten« dieses Glaubenssatzes Einwände gibt. Es liegen keine Einwände vor. Sein Unterbewußtsein ist damit einverstanden, den Glaubenssatz zu verändern.

Zu Schritt 6: Er schlägt im Buch die von ihm erstellte Vorlage des Submodalitäts-Sets für *... ist völlig unsinnig* auf.

Zu Schritt 7: Unser junger Mann lenkt seine Aufmerksamkeit darauf, was er im Inneren sieht, hört und empfindet, wenn er an den Glaubenssatz denkt. Er wird sich der Details seiner Repräsentation bewußt.

Zu Schritt 8: Nun beginnt er diese bisherige Repräsentation des Glaubenssatzes Schritt für Schritt mit den Angaben des Submodalitäts-Sets für *... ist völlig unsinnig* zu verändern. Nachdem er alle Veränderungen vorgenommen hat, wirkt die Aussage: »Ich darf meinem Freund nicht sagen, daß mich sein

Verhalten ärgert«, lächerlich auf ihn. Die neue Repräsentation hat den Glaubenssatz zu Unsinn werden lassen. Nun steht die Erstellung eines neuen Glaubens an.

Zweiter Durchlauf

Zu Schritt 3: Er überlegt sich zuerst den Wortlaut und entscheidet sich für die Formulierung: »Wenn mir jemand wichtig ist, sage ich ihm, wenn ich mich über ihn ärgere.« Als Glaubensweise wählt er *man tut...* aus.

Zu Schritt 4: Nun überprüft er, ob neben der Submodalitäts-Veränderung noch weitere Schritte notwendig sind. Da er in der Lage ist, Ärger auszudrücken, und es sich hierbei nicht um ein Ziel handelt, steht außer dieser Veränderungsarbeit nichts weiteres an.

Zu Schritt 5: Er führt einen erneuten Ökologiecheck durch. Dieses Mal überprüft er, ob es Einwände gegen den ausgewählten Glauben gibt. Auch hier liegt kein Einwand vor. Er kann also zu der Submodalitäts-Veränderung übergehen.

Zu Schritt 6: Er schlägt die Vorlage für das Submodalitäts-Set für *man tut...* auf und bereitet sich darauf vor, die Veränderungen vorzunehmen.

Zu Schritt 7: Während er an den neuen Glaubenssatz denkt, nimmt er wiederum wahr, was er im Inneren sieht, hört und empfindet.

Zu Schritt 8: Dann beginnt er mit Hilfe der Vorlage, die Submodalitäten Schritt für Schritt an die des Submodalitäts-Sets für *man tut...* anzugleichen. Die Repräsentation des neuen Glaubenssatzes entfaltet nun seine volle Wirkung. Für unseren jungen Freund fühlt es sich nun selbstverständlich an, einem Menschen, der ihm wichtig ist zu sagen, wenn dieser ihn verärgert. Die Übung ist erfolgreich abgeschlossen.

Zu Schritt 9: Nun geht er in seiner Vorstellung in die Zukunft. Er stellt sich vor, wie es sein wird, bereits eine Woche mit dem neuen Glauben gelebt zu haben. Als erstes kommt ihm die

Idee, daß er mit einem Freund eine Sache bereinigt haben wird, die bereits seit Monaten zwischen ihnen stand. Er geht in seiner Vorstellung einen Monat und danach ein Jahr in die Zukunft. Dort merkt er, daß die Beziehung zu den Menschen, die ihm nahestehen, viel entspannter sein wird. Er kann nun geradeheraus sagen, wenn ihm etwas nicht gefällt.

Anleitung zu »Risiko der Realität schmerzt«

1. Machen Sie sich als erstes bewußt, um welchen Konflikte es sich hierbei handelt. Notieren Sie, welchen hinderlichen Glaubenssatz Sie verändern wollen, und welchen Glauben Sie an dessen Stelle setzen möchten. Welche Situation fürchten Sie in diesem Zusammenhang so sehr, daß Sie sie am liebsten vollständig aus Ihren Gedanken ausschließen würden? Notieren Sie diese Befürchtung.
2. Nehmen Sie Ihre Vorstellungskraft zu Hilfe, um den Glaubenssatz hinter dieser Befürchtung zu ergründen. Stellen Sie sich vor, das Befürchtete würde tatsächlich eintreten. Spielen Sie diese Situation in Gedanken bis zum bitteren Ende durch. Was genau wäre das Schlimmste, was passieren könnte? Was ist das, was Sie am meisten befürchten? Lassen Sie Ihrer Phantasie freien Lauf und erkennen Sie, was an dieser Situation bisher so beängstigend für Sie war. Notieren Sie sich Ihre Erkenntnisse.
3. Finden Sie nun heraus, welcher Glaubenssatz in genau diesem schlimmsten Punkt steckt. Was macht diesen Punkt so unerträglich? Was müssen Sie über sich selbst und/oder die Welt glauben, um diese Situation überhaupt als schlimm empfinden zu können. Werden Sie sich der Überzeugung oder auch der Überzeugungen bewußt, die Sie diesen Punkt bisher als Bedrohung empfinden ließen.
4. Verändern Sie jeden Glaubenssatz, der dem gewünschten Glauben im Wege steht. Nutzen Sie hierfür eine passende Vorgehensweise aus dem Buch.

Zur Veranschaulichung spielen wir diese Anleitung anhand des Beispiels der Lehrerin durch, das wir bereits im Abschnitt »Wenn das Risiko der Realität schmerzt« verwendet haben.

Zu Schritt 1: Der Glaubenssatz, den unsere Lehrerin verändern möchte, lautet: »Es ist wahrscheinlich, daß sich Schüler mir gegenüber unverschämt verhalten und ich nichts dagegen tun kann«. Sie möchte ihn durch folgenden Glauben ersetzen: »Die Teilnehmer meiner Kurse verhalten sich mir gegenüber höflich und respektvoll«, mit dem Submodalitäts-Set für ... *ist zu erwarten*. Dieser Glaube schließt die Situation, daß sich ein Schüler unverschämt verhält, nicht vollständig aus, aber genau das befürchtet sie.

Zu Schritt 2: Sie stellt sich vor, einer ihrer Schüler würde sich im Unterricht ungebührlich verhalten. Sie spielt diese Situation bis zum schlimmsten Punkt durch. Und stellt fest, daß sie sich völlig hilflos und ohnmächtig fühlen würde und der Situation völlig ausgeliefert wäre.

Zu Schritt 3: Sie denkt darüber nach, was an diesem Punkt so schlimm ist. Der Glaubenssatz: »Zur Kompetenz einer Lehrerin gehört, auch mit solchen Situationen umgehen zu können«, wird ihr bewußt. Da Kompetenz einen hohen Stellenwert für sie hat, entscheidet sie, daß sie diesen Glaubenssatz gerne behalten möchte.

Sie ergründet die Situation also weiter und überlegt, weshalb sie sich eigentlich so hilflos der Situation ausgeliefert fühlt. Sie macht sich Gedanken darüber, was sie glauben muß, damit diese Situation überhaupt schlimm für sie sein kann. Ihr wird bewußt, daß die Hilflosigkeit aus dem Gefühl resultiert, den Schüler nicht in seine Schranken weisen zu dürfen, und entdeckt den Glaubenssatz: »Ich darf andere Erwachsene nicht maßregeln.«

Zu Schritt 4: Diesen Glaubenssatz verändert sie nun in zwei Durchgängen. Als erstes neutralisiert sie die Wirkung des bisherigen Glaubenssatzes, indem sie ihn mit dem Submodalitäts-Set für ... *ist völlig unsinnig* versieht. Danach wählt sie aus, was sie ab jetzt glauben möchte. Sie entscheidet sich für die Formulierung: »Ich darf ungebührliches Verhalten eines Schülers in die Schranken weisen«, und versieht diese Formulierung mit der Glaubensweise ... *darf sein.*

Diese neue Repräsentation verändert ihr Erleben nun völlig. Sie darf jetzt auf unverschämtes Verhalten in einer erwachsenen Art reagieren. Sie darf klare Grenzen setzen und einen Schüler, der diese Grenzen überschreitet, in seine Schranken weisen. Durch diese Erlaubnis wird die einst so sehr gefürchtete Situation zu einer von vielen möglichen Störungen im Unterricht. Und mit ihrem Anspruch, kompetent zu unterrichten, entsteht nun in ihr das Bedürfnis, auf ein solches Verhalten professionell reagieren zu können. Daher sucht sie nach Möglichkeiten, um ihr Verhaltensrepertoire in dieser Hinsicht zu erweitern. Sie liest Fachliteratur dazu, tauscht sich mit Kollegen aus und sucht sich ein Vorbild, dessen Verhaltensweisen sie beobachten und für sich passend übernehmen kann. Um das neue Wissen auf die Verhaltensebene zu bringen, trainiert sie die neuen Reaktionsmöglichkeiten mental. Sie spielt die unterschiedlichsten Situationen im Geiste durch, bis sich das neue Verhalten ganz natürlich und gewohnt für sie anfühlt.

Das Nachschlagewerk Ihres inneren Erlebens

Auf den folgenden 61 Seiten finden Sie umfangreiches Arbeitsmaterial, mit dem Sie ein Nachschlagewerk über die Organisation Ihres inneren Erlebens erstellen können. Die von uns vorgenommene Unterteilung soll Ihnen ausschließlich zur Unterstützung dienen. Sie ist weder vollständig, noch muß jede der Glaubensweisen für Ihr inneres Erleben geeignet sein. Verwenden Sie von dem, was wir für Sie vorbereitet haben, einfach das, was Ihnen passend erscheint. Und lassen Sie sich zu neuen, weiteren Glaubensweisen inspirieren, die Ihnen bei der Veränderung Ihrer Glaubenssätze hilfreich sein können.

Das folgende Arbeitsmaterial ist in sechs Bereiche unterteilt. In die fünf Glaubensbereiche Bedeutung, Grenzen, Möglichkeiten, Konsequenzen, Erwartungen und in einen zusätzlichen Bereich für Glaubensweisen, die sich ebenfalls als nützlich erwiesen haben. Diese sechs Bereiche bilden den Grundstock für das Nachschlagewerk Ihres inneren Erlebens.

Die Bereiche sind einheitlich aufgebaut. Als erstes finden Sie eine Übersicht der jeweiligen Glaubensweisen, mit Erklärungen für die Bezugserfahrung und Beispielen für die Anwendung. Auch diese Beispiele decken keinesfalls alle Möglichkeiten ab, in denen eine Glaubensweise Anwendung finden kann. Wir konnten aus der Vielfalt der Möglichkeiten hier jeweils nur einige herauspicken. Sie sollen Ihnen hier lediglich zur Anregung dienen; sicherlich werden Sie für sich weitere Einsatzmöglichkeiten finden. Nach der Übersicht folgen dann die Submodalitäts-Vordrucke, mit deren Hilfe Sie die Submodalitäts-Sets für die Glaubensweisen erstellen können. Auf den Übersichtsseiten haben wir den Begriff »Submodalitäts-Set« mit den Buchstaben »SM-Set« abgekürzt.

Eine Anleitung zum Erstellen der Submodalitäts-Sets finden Sie auf den nächsten Seiten. Hierzu noch einige Worte im Hinblick auf die Bezugserfahrungen:

In den Übersichten finden Sie zu jeder Glaubensweise Beispiele für eine mögliche Bezugserfahrung. Einige dieser Beispiele werden Sie sicherlich direkt als Bezugserfahrung verwenden können. Bei der Glaubensweise *...ist zu erwarten* beispielsweise, haben wir als Bezugserfahrung folgende Situation genommen: Man erwartet, abends müde zu werden und schlafen zu gehen. Die allabendliche Müdigkeit und der Nachtschlaf ist etwas, was wir alle teilen (bis auf wenige Ausnahmen). So daß es sehr wahrscheinlich ist, daß Sie diese Situation als Bezugserfahrung zum Erstellen des Submodalität-Sets *...ist zu erwarten* nehmen könnten. Ein weiteres Beispiel hierfür ist die Bezugserfahrung, die wir bei der Glaubensweise *man tut... nicht* vorschlagen. Andere Glaubensweisen sind jedoch so individuell, daß die genannte Bezugserfahrung von Ihrem Erleben völlig abweichen kann. Ein Beispiel hierfür ist die Glaubensweise *... ist möglich.* Wir nennen als Bezugserfahrung das Thema »extraterrestrisches Leben«. Viele Menschen halten es für möglich, daß in den schier unendlichen Weiten des Alls Leben existiert. Für andere wäre das eher eine passende Bezugserfahrung zum Erstellen des Submodalitäts-Sets *... ist völlig unsinnig.* Doch über Ansichten sollte man nicht streiten. Wichtig ist, daß Sie für sich eine Bezugserfahrung finden, die genau der Glaubensweise entspricht, mit der Sie gerade arbeiten möchten. Überprüfen Sie in dieser Hinsicht also bitte sorgfältig, ob das ausgesuchte Thema als Bezugserfahrung für die Glaubensweise taugt. Wir möchten an dieser Stelle noch einmal betonen, daß der Erfolg einer Submodalitäts-Veränderung von der Qualität der Bezugserfahrung abhängt. In diesem Sinne: Treffen Sie eine gute Wahl.

Hier noch einmal ein Überblick über alle 18 Glaubensweisen.

- ... ist gleichbedeutend mit ...
- ... bedeutet nicht ...
- ... kann ... bedeuten, muß aber nicht
- man tut ... nicht
- man kann ... tun
- man tut ...
- ... ist möglich
- ... könnte möglich sein
- ... ist nicht möglich
- ... darf sein
- ... hat die Konsequenz, daß ...
- ... hat nicht die Konsequenz, daß ...
- ... ist nicht zu erwarten
- ... ist zu erwarten
- ... ist völlig unsinnig
- Zweifel an ... haben
- von ... überzeugt sein
- ich weiß, daß ...

Erstellen des Submodalitäts-Sets für eine Glaubensweise

1. Nachdem Sie sich entschieden haben, welches Submodalitäts-Set Sie erstellen möchten, ist der erste und *wichtigste* Schritt, eine passende Bezugserfahrung auszusuchen. Wählen Sie diese sehr sorgfältig. Es muß etwas sein, das für Sie genau der Glaubensweise entspricht, an der Sie jetzt arbeiten.
   Beispiele und kurze Erläuterungen zu jeder der Glaubensweisen finden Sie auf den Überblickseiten zu Beginn jedes Glaubensbereiches.
2. Wenn Sie eine passende Bezugserfahrung gefunden haben, schlagen Sie den Vordruck für das entsprechende Submodalitäts-Set auf.
3. Werden Sie sich nun der Repräsentation dieser Erfahrung bewußt. Schließen Sie dazu die Augen und denken Sie an die Bezugserfahrung. Werden Sie sich bewußt, was Sie vor Ihrem geistigen Auge sehen, was Sie hören, was Sie empfinden und wie genau Ihre Körperhaltung, Gestik, Mimik ist.
4. Werden Sie sich nun der Submodalität bewußt, in der die Bezugserfahrung repräsentiert ist. Gehen Sie dazu den Submodalitäts-Vordruck Frage für Frage durch. Wichtig ist hierbei, daß Sie über die Beantwortung der Fragen nicht nachdenken, sondern zügig antworten. Wenn Sie eine Frage nicht beantworten können, weil Ihnen die abgefragte Submodalität nicht bewußt wird, lassen Sie diese einfach offen. Anfangs kann es hilfreich sein, die Fragen von jemandem vorlesen zu lassen, der auch die Antworten notiert. Auf diese Weise können Sie sich ganz auf Ihre Repräsentation konzentrieren.

Hier noch Erklärungen zu einigen Begriffen, die in den Submodalitäts-Vordrucken verwendet werden:

zweidimensional: Ein Bild oder ein Film dehnt sich nur in Höhe und Breite aus, wie auf einer Kinoleinwand oder einem Foto.

dreidimensional: Ein Bild oder ein Film dehnt sich in Höhe, Breite und Tiefe aus, wie bei einem Hologramm oder auch in der Realität.

assoziiert: Sie sehen alles, als wären Sie jetzt gerade mitten darin und können sich in Folge davon nicht selbst sehen.

dissoziiert: Sie sehen etwas von außen, aus einer Distanz. Wenn es eine Szene ist, in der Sie selbst dabei sind, sehen Sie sich selbst von außen.

Position im Raum: Stellen Sie sich vor, der gesamte Bereich, den Ihre Augen erfassen können, wäre von einer waagrechten und einer senkrechten Linie durchzogen, die sich genau in der Mitte treffen – es entsteht ein oberer Teil, ein unterer Teil, ein linker und ein rechter sowie die Mitte.

Mono: Ein Klang kommt nur aus einer Richtung.

Stereo: Ein Klang kommt von links und rechts zur gleichen Zeit.

Raumklang: Auch Dolby-Surround genannt, scheint von überall zu kommen – die Realität klingt im Raumklang.

Ausdruck des Körpers

Neben den Körperempfindungen verändert sich beim Denken an Glaubenssätze oder Ziele im Regelfall auch die Körperhaltung.

Zum Beispiel ziehen wir die Schultern an oder lassen sie fallen, lehnen uns zurück oder beugen uns vor und ähnliches. Des weiteren sind mit bestimmten Zuständen Veränderungen der Hände zu beobachten. Wir verkrampfen die Finger ineinander, ballen die Fäuste, bekommen feuchte Hände usw. Am deutlichsten drücken sich Gefühle aber in unserer Mimik aus. Wir pressen die Lippen aufeinander, beißen uns auf die Unterlippe, ziehen die Augenbrauen zusammen, lächeln, verziehen den Mund, beißen die Zähne zusammen usw.

Häufig verändern sich unser innerer Zustand, unsere Bewertungen und unsere Einstellung zu einem Thema alleine dadurch, daß wir einen typischen Aspekt dieses Ausdrucksverhaltens verändern.

Glaubensbereich Bedeutung

Dieser Glaubensbereich beschäftigt sich mit Bedeutungsgebung, also der Gleichsetzung zweier Geschehnisse.

... ist gleichbedeutend mit ...

Mit diesem Submodalitäts-Set setzen Sie ein Geschehen einem anderen Geschehen gleich.

Bezugserfahrung: Um dieses SM-Set herauszufinden, benötigen Sie ein Thema, bei dem Sie sicher sind, daß ein bestimmtes Geschehen ein anderes bedeutet. Beispiel: Wenn die Sonne untergeht, bedeutet dies, daß die Nacht anbricht.

Anwendungsbeispiele: Sie können das SM-Set benutzen,

- um Ihre eigene Bedeutungsgebung der einer anderen Person oder einer Personengruppe anzugleichen: »Daß er mir Blumen mitbringt, ist keine Liebesbezeugung«. Dieser Glaubenssatz behauptet, daß »Blumen mitbringen« nicht die Bedeutung einer »Liebesbezeugung« haben kann. Menschen verleihen ihrer Liebe aber durchaus unterschiedlich Ausdruck. In einer Liebesbeziehung kann es daher sehr harmonisierend sein, wenn beide Liebespartner ihre Bedeutungsgebung für »Liebe« angleichen. In unserem Beispiel könnte der Partner, für den Blumen zu schenken bisher keine Liebesbezeugung war, seinen ursprünglichen Glaubenssatz in den neuen Glauben wandeln: »Wenn er/sie mir Blumen mitbringt, drückt er/sie damit Liebe aus«, mit SM-Set für *... ist gleichbedeutend mit...*
- um eine Illusion aufzugeben, mit der man die realen Gegebenheiten bisher verdrängte: »Daß er mich ständig betrügt, heißt nicht, daß er mir nicht doch treu sein kann.« Dieser Glaubens-

satz sagt aus, daß »ständige Seitensprünge« keinesfalls »nicht treu sein können« bedeutet. Diese Überzeugung verzerrt die tatsächlichen Gegebenheiten (er ist ihr nun mal nicht treu) und erzeugt somit ein Trugbild. Eine angemessenere Repräsentation dieses Themas könnte daher der Glaube sein: »Wenn er mich ständig betrügt, kann er mir anscheinend nicht treu sein«, mit dem SM-Set für *... ist gleichbedeutend mit...*

- um sich der Sitten einer anderen Kultur bewußt zu werden: »Wenn man sich ungestört unterhalten will, kann man mit einem Mann auch auf das Zimmer gehen«. In Amerika und vielen südlichen Ländern gilt diese Aussage nicht. Wenn dort eine Frau mit einem Mann auf das Zimmer geht, bedeutet das, daß sie mit ihm Sex haben möchte. Durch die unterschiedliche Bedeutungsgebung kann es zu sehr unangenehmen Mißverständnissen kommen. Eine mögliche angemessenere Repräsentation dieses Themas wäre: »Mit einem Mann/einer Frau auf das Zimmer zu gehen heißt, sexuellen Kontakt zu wünschen«, mit dem SM-Set für *... ist gleichbedeutend mit...*

... bedeutet nicht ...

Mit diesem Submodalitäts-Set heben Sie die bisherige Gleichsetzung zweier Geschehen auf.

Bezugserfahrung: Um dieses SM-Set herauszufinden, brauchen Sie zwei Geschehnisse, bei denen Sie sich sicher sind, daß das eine nicht das andere bedeuten kann. Beispiel: Wenn es donnert, bedeutet das nicht, daß ein Gott zornig ist.

Anwendungsbeispiele: Sie können das SM-Set benutzen,

- um illusionäre Bedeutungsgebungen für sich zu beenden: »Daß er mich schlägt, bedeutet, daß er mich liebt.« Dieser Glaubenssatz sagt aus, daß »Schläge« gleichbedeutend mit »Liebe« sind. Vor allem Menschen, die in der Kindheit mißhandelt wurden, neigen zu dieser Überzeugung. Schlagen bedeutet sicherlich vieles, aber es ist kein Ausdruck für Liebe. Realitätsbezogener wäre eine Aussage wie: »Schlagen ist kein Ausdruck für Liebe«, mit dem SM-Set für *... bedeutet nicht ...*

- um Glaubenssätze aufzulösen, die neuen Erkenntnissen im Wege stehen: »Daß mein IQ in der Kindheit bei 98 ermittelt wurde, bedeutet, daß ich immer nur durchschnittlich sein werde«. Dieser Glaubenssatz behauptet, daß »ein getesteter IQ von 98« gleichbedeutend ist mit »nur durchschnittlich sein können«. Diese Vorstellung ist mittlerweile überholt, denn es wurde zweifelsfrei bewiesen, daß Intelligenz gesteigert werden kann. Ein angemessener Glaube wäre hier: »Ein früher ermittelter IQ-Wert bedeutet nicht, auf diesem Niveau bleiben zu müssen«, mit dem SM-Set für *... bedeutet nicht...*

... kann ... bedeuten, muß aber nicht

Mit diesem SM-Set räumen Sie die Möglichkeit ein, daß ein Geschehnis ein anderes bedeuten könnte, daß dies aber nicht zwangsläufig so sein muß.

Bezugserfahrung: Für dieses SM-Set benötigen Sie zwei Geschehnisse, bei denen ein Bedeutungszusammenhang bestehen könnte, aber nicht bestehen muß. Beispiel: Wenn Wolken aufziehen, könnte das bedeuten, daß es bald regnet, das muß aber nicht notwendigerweise so sein.

Anwendungsbeispiele: Sie können das SM-Set benutzen,

- um zwangsläufige Gleichsetzung aufzuheben und damit weitere Möglichkeiten einräumen: »Er sieht mich böse an, er mag mich nicht«. Dieser Glaubenssatz behauptet, daß »böse ansehen« notwendigerweise gleichbedeutend ist mit: »Er mag mich nicht«. Das kann es zwar tatsächlich bedeuten, es kann aber auch ganz anders sein. Ein Glaube, der die vielzähligen anderen Möglichkeiten nicht ausschließt, wäre: »Wenn eine Person mich böse ansieht, könnte das bedeuten, daß sie mich nicht mag«, mit dem SM-Set für *... kann... bedeuten, muß aber nicht;*
- um einen Glaubenssatz, der ausschließt, daß ein Geschehen ein anderes bedeuten kann, aufzuheben und somit ebenfalls die Vielfältigkeit der Realität mit einzubeziehen: »Daß jemand meinem Blickkontakt ausweicht und sich abwendet,

heißt keinesfalls, daß ich ihn in Ruhe lassen soll«. Dieser Glaubenssatz schließt aus, daß »Blickkontakt ausweichen und sich abwenden« der Wunsch »in Ruhe gelassen zu werden« bedeuten kann. Es kann zwar etwas anderes als »Ruhe haben zu wollen« bedeuten. Aber es besteht auch durchaus die Möglichkeit, daß dieses Verhalten tatsächlich »laß mich in Ruhe« bedeutet. Eine angemessenere Repräsentation wäre daher: »Wenn sich ein Mensch von mir abwendet und dem Blickkontakt mit mir ausweicht, könnte das bedeuten, daß er in Ruhe gelassen werden will«, mit dem SM-Set für ... *kann... bedeuten, muß aber nicht.*

Submodalitäts-Set für
»... ist gleichbedeutend mit ...«

Visuelle Submodalitäten

Ist das, was Sie sehen	farbig	☐	schwarzweiß	☐
	scharf	☐	unscharf	☐
	hell	☐	dunkel	☐
	ein Film	☐	ein Standbild	☐
	zweidimensional	☐	dreidimensional	☐
	assoziiert	☐	dissoziiert	☐

Auf welcher Position sehen Sie das Bild / den Film?

oben links	oben mittig	oben rechts
Mitte links	Mitte mittig	Mitte rechts
unten links	unten mittig	unten rechts

Hat das Bild / der Film	keinen Rahmen	☐	Rahmen	☐
Sehen Sie	eins	☐	mehrere	☐

Wie groß schätzen Sie das Bild / den Film?______ x ______ x ______

Wie weit ist das Bild / der Film entfernt?________________________

Auditive Submodalitäten

Ist das, was Sie hören	laut	☐	leise	☐
	langsam	☐	schnell	☐
Ist der Rhythmus	unterbrochen	☐	stetig	☐
Hören Sie es	im Kopf	☐	von außen	☐

Von wo genau? ____________________

Hören Sie es in Mono ☐ Stereo ☐ Raumklang ☐

Kommentieren Sie das, was vorgeht, innerlich?
Wenn ja, was sagen Sie und wie sagen Sie es?

____

____

____

____

____

____

____

____

____

Kinästhetische Submodalitäten

Wie würden Sie das, was Sie empfinden, beschreiben?
(prickelnd, warm, kalt, entspannt, gespannt, verkrampft, diffus)

Ist die Empfindung	schwach	☐	stark	☐
	unterbrochen	☐	stetig	☐

Wo spüren Sie die Empfindung in Ihrem Körper?

Wenn es Bewegung in der Empfindung gibt: Ist die Bewegung

kontinuierlich ☐ wellenartig ☐

Wo beginnt die Empfindung?

Wie kommt die Empfindung vom Ursprungsort zu der Stelle, wo Sie sich ihrer am meisten bewußt sind?

Körperhaltung ______________________________

____

Hände ______________________________

____

Mimik ______________________________

____

Submodalitäts-Set für ***»... bedeutet nicht ...«***

Visuelle Submodalitäten

Ist das, was Sie sehen	farbig	☐	schwarzweiß	☐
	scharf	☐	unscharf	☐
	hell	☐	dunkel	☐
	ein Film	☐	ein Standbild	☐
	zweidimensional	☐	dreidimensional	☐
	assoziiert	☐	dissoziiert	☐

Auf welcher Position sehen Sie das Bild / den Film?

oben links	oben mittig	oben rechts
Mitte links	Mitte mittig	Mitte rechts
unten links	unten mittig	unten rechts

Hat das Bild / der Film	keinen Rahmen	☐	Rahmen	☐
Sehen Sie	eins	☐	mehrere	☐

Wie groß schätzen Sie das Bild / den Film?______ x ______ x ______

Wie weit ist das Bild / der Film entfernt?______________________________

Auditive Submodalitäten

Ist das, was Sie hören	laut	☐	leise	☐
	langsam	☐	schnell	☐
Ist der Rhythmus	unterbrochen	☐	stetig	☐
Hören Sie es	im Kopf	☐	von außen	☐

Von wo genau? ______________________________

Hören Sie es in Mono ☐ Stereo ☐ Raumklang ☐

Kommentieren Sie das, was vorgeht, innerlich?
Wenn ja, was sagen Sie und wie sagen Sie es?

Wie würden Sie das, was Sie empfinden, beschreiben?
(prickelnd, warm, kalt, entspannt, gespannt, verkrampft, diffus)

Ist die Empfindung	schwach	☐	stark	☐
	unterbrochen	☐	stetig	☐

Wo spüren Sie die Empfindung in Ihrem Körper?

Wenn es Bewegung in der Empfindung gibt: Ist die Bewegung
kontinuierlich ☐ wellenartig ☐

Wo beginnt die Empfindung?

Wie kommt die Empfindung vom Ursprungsort zu der Stelle, wo Sie sich ihrer am meisten bewußt sind?

Körperhaltung ____________________

____

Hände ____________________

____

Mimik ____________________

____

Submodalitäts-Set für
»… kann … bedeuten, muß aber nicht«

Visuelle Submodalitäten

Ist das, was Sie sehen	farbig	☐	schwarzweiß	☐
	scharf	☐	unscharf	☐
	hell	☐	dunkel	☐
	ein Film	☐	ein Standbild	☐
	zweidimensional	☐	dreidimensional	☐
	assoziiert	☐	dissoziiert	☐

Auf welcher Position sehen Sie das Bild / den Film?

oben links	oben mittig	oben rechts
Mitte links	Mitte mittig	Mitte rechts
unten links	unten mittig	unten rechts

Hat das Bild / der Film	keinen Rahmen	☐	Rahmen	☐
Sehen Sie	eins	☐	mehrere	☐

Wie groß schätzen Sie das Bild / den Film? ______ x ______ x ______

Wie weit ist das Bild / der Film entfernt? ____________________

Auditive Submodalitäten				
Ist das, was Sie hören	laut	☐	leise	☐
	langsam	☐	schnell	☐
Ist der Rhythmus	unterbrochen	☐	stetig	☐
Hören Sie es	im Kopf	☐	von außen	☐

Von wo genau? ______________________________

Hören Sie es in Mono ☐ Stereo ☐ Raumklang ☐

Kommentieren Sie das, was vorgeht, innerlich?
Wenn ja, was sagen Sie und wie sagen Sie es?

Kinästhetische Submodalitäten

Wie würden Sie das, was Sie empfinden, beschreiben?
(prickelnd, warm, kalt, entspannt, gespannt, verkrampft, diffus)

Ist die Empfindung	schwach	☐	stark	☐
	unterbrochen	☐	stetig	☐

Wo spüren Sie die Empfindung in Ihrem Körper?

Wenn es Bewegung in der Empfindung gibt: Ist die Bewegung

kontinuierlich ☐ wellenartig ☐

Wo beginnt die Empfindung?

Wie kommt die Empfindung vom Ursprungsort zu der Stelle, wo Sie sich ihrer am meisten bewußt sind?

Körperhaltung ____________________

____

Hände ____________________

____

Mimik ____________________

____

Glaubensbereich Grenzen

Diesem Glaubensbereich sind die Verhaltensregeln zugeordnet. Hier geht es um die Ver- und Gebote, die wir in unserer Kindheit und im Laufe des weiteren Lebens gelernt haben.

man tut… nicht

Mit diesem Submodalitäts-Set setzen Sie eine klare Grenze für Ihr eigenes Verhalten.

Bezugserfahrung: Um dieses SM-Set zu ermitteln, benötigen Sie ein Verhalten, das Sie unmöglich finden. Beispiel: Man schüttet niemandem sein Getränk ins Gesicht.

Anwendungsbeispiele: Sie können das SM-Set benutzen,

- um eine nicht mehr angemessene Verhaltensweise leicht und problemlos abzulegen: »Einem frechen Typ muß man die Schnauze polieren«. Ein solches Verhalten ist in Gruppen, die es etwas rauher mögen, durchaus angemessen. In vielen Gesellschaftskreisen würde diese Art der Konfliktlösung aber als rüpelhaft gelten. Eine angemessenere Repräsentation in diesen Fällen wäre: »Auch wenn ein Mann unverschämt wird, schlägt man ihn nicht«, mit dem SM-Set für *man tut… nicht.* Hier wäre es zusätzlich notwendig, einen neuen Glauben über das Austragen von Konflikten hervorzubringen, der sich an die jeweils bestehenden Regeln hält;
- um Sitten in anderen Kulturen leicht und mit großer Selbstverständlichkeit erlernen zu können. Hier insbesondere das, was dort die Höflichkeit verbietet. Dies kann vor allem dann wichtig sein, wenn die dortigen Verhaltensregeln den gewohnten so fremd sind, daß sie als unsinnig empfunden werden. Selbst wenn man sich in einem solchen Fall bemüht, die Anstandsregeln einzuhalten, spiegelt ein Teil des nonverbalen Verhaltens das Empfinden der Unsinnigkeit wider. Solche Affekte können Sie minimieren, indem Sie einen Glaubenssatz verankern, der Ihnen ein respektvolles Annehmen der frem-

den Höflichkeitsregeln ermöglicht. Ein Beispiel ist der Blickkontakt beim Sprechen: In unserer Kultur wird es in der Regel als unhöflich angesehen, wenn ein Gesprächspartner bei einer Unterredung den Blickkontakt meidet. In Japan ist es genau umgekehrt. Dort gilt es als äußerst unhöflich, einem Menschen direkt in die Augen zu sehen. Die Augen gelten dort als Spiegel der Seele und in diesen Spiegel sieht man nicht hinein! Hier könnte man beispielsweise den Glaubenssatz erstellen: »Einem Japaner sieht man nicht direkt in die Augen«, mit dem SM-Set *man tut … nicht.* Auch hier wäre es wichtig, einen neuen Glauben an die Stelle des alten zu setzen, der zu einer dort angemessenen Verhaltensreaktion führt.

man kann … tun

Mit diesem Submodalitäts-Set eröffnen Sie sich die Möglichkeit, sich auf eine bestimmte Art und Weise zu verhalten.

Bezugserfahrung: Um dieses SM-Set herauszufinden, benötigen Sie ein Verhalten, das Sie zwar »tun« können, bei dem Sie aber jeweils situativ entscheiden, ob Sie es tun. Beispiel: Ich kann jemandem sagen, daß er mir zuviel redet. Das entscheide ich aber immer von Situation zu Situation.

Anwendungsbeispiele: Sie können das SM-Set benutzen,

- um sich von in der Kindheit beigebrachten Höflichkeitsregeln zu befreien, die Sie heute für unangemessen halten: »Man sagt artig danke, wenn man etwas bekommt«. Wer kennt dieses Gebot nicht. Häufig mußte man sich als Kind selbst dann bedanken, wenn einem das vermeintliche Geschenk alles andere als gefiel. Viele Menschen, die als Kind solchen »Höflichkeits«-Regeln ausgesetzt waren, getrauen sich auch als Erwachsene nicht, selbst unangemessene oder unsinnige Geschenke zurückzuweisen. Hier könnte das alte Verbot durch den Glaubenssatz ersetzt werden: »Wenn ein Geschenk unangemessen oder unsinnig ist, kann ich das in einer netten Weise sagen«, mit dem SM-Set für *man kann … tun*. Je nachdem, was Sie für sich selbst als richtig erachten, können Sie von dieser Verhaltensmöglichkeit auch weiter zu einem Verhaltensgebot gehen. In diesem Fall formulieren Sie den bestehenden Glaubenssatz um, von etwas, was man machen kann, in etwas, was man macht, und versehen ihn mit dem SM-Set für *man tut...*

- um Ihre Verhaltensmöglichkeiten zu erweitern. Beispielsweise in für Sie unangenehmen Situationen, die Sie bisher aufgrund anerzogener Höflichkeitsregeln »aushalten« mußten: »Man sagt einem anderen nicht, daß er Mundgeruch hat«. Besonders zwischen Personen, die häufig miteinander zu tun haben, kann eine solche vermeintliche Höflichkeit mit der Zeit zu starken Störungen in der Beziehung führen. Oftmals platzt dem Betroffenen irgendwann der Kragen, und er wirft dem anderen das Störende auf eine sehr verletzende Art an den Kopf. Solche Eskalationen können vermieden werden, wenn die Glaubenssätze mehr Verhaltensflexibilität zulassen. In unserem Beispiel könnte das sein: »Wenn ein Gesprächspartner Mundgeruch hat, kann ich ihm das in einer respektvollen Weise mitteilen«, mit dem SM-Set für *man könnte... tun.*

man tut...

Mit diesem SM-Set setzen Sie sich ein Verhaltensgebot.

Bezugserfahrung: Um dieses SM-Set zu finden, benötigen Sie ein Verhaltensgebot, das man einzuhalten hat, wie: Man berührt Intimstellen eines anderen nicht unaufgefordert.

Anwendungsbeispiele: Sie können das SM-Set benutzen,

- um bisher nicht geläufige Gebote, beispielsweise die anderer Kulturen, schnell zu erlernen und respektvoll einzuhalten. Besonders in beruflicher Hinsicht wird es für viele Menschen immer häufiger notwendig, mit den Gepflogenheiten fremder Kulturen umzugehen. Ein Paradebeispiel hierfür sind Geschäftsverbindungen nach Fernost. Die dortigen Verhaltensregeln weichen so stark von den unseren ab, daß man leicht von einem Fettnäpfchen ins nächste treten kann. In Japan sind die Verhaltensgebote beispielsweise so subtil, daß sich kaum ein Angehöriger der westlichen Kultur »wirklich höflich« verhalten kann. Bei den unzähligen Ge- und Verboten ist es nicht mehr möglich, bewußt eine Situation einzuschätzen und sich gemäß den Regeln zu verhalten. Werden die Regeln dagegen auf der Glaubenssatzebene mit den entsprechenden Submodalitäten »erlernt«, erfolgt die Verhaltenssteuerung vom Unterbewußtsein, und das bedeutet, sie erfolgt automatisch. In unserem obigen Beispiel könnte der Glaubenssatz erstellt werden: »In einem Gespräch mit einem Japaner senkt man diskret die Augen«, mit dem SM-Set für *man tut*...

Submodalitäts-Set für ***»man tut... nicht«***

Visuelle Submodalitäten

Ist das, was Sie sehen	farbig	☐	schwarzweiß	☐
	scharf	☐	unscharf	☐
	hell	☐	dunkel	☐
	ein Film	☐	ein Standbild	☐
	zweidimensional	☐	dreidimensional	☐
	assoziiert	☐	dissoziiert	☐

Auf welcher Position sehen Sie das Bild / den Film?

oben links	oben mittig	oben rechts
Mitte links	Mitte mittig	Mitte rechts
unten links	unten mittig	unten rechts

Hat das Bild / der Film	keinen Rahmen	☐	Rahmen	☐
Sehen Sie	eins	☐	mehrere	☐

Wie groß schätzen Sie das Bild / den Film? ______ x ______ x ______

Wie weit ist das Bild / der Film entfernt? ____________________

Auditive Submodalitäten

Ist das, was Sie hören	laut	☐	leise	☐
	langsam	☐	schnell	☐
Ist der Rhythmus	unterbrochen	☐	stetig	☐
Hören Sie es	im Kopf	☐	von außen	☐

Von wo genau? ______________________

Hören Sie es in Mono ☐ Stereo ☐ Raumklang ☐

Kommentieren Sie das, was vorgeht, innerlich?
Wenn ja, was sagen Sie und wie sagen Sie es?

Kinästhetische Submodalitäten

Wie würden Sie das, was Sie empfinden, beschreiben?
(prickelnd, warm, kalt, entspannt, gespannt, verkrampft, diffus)

Ist die Empfindung	schwach	☐	stark	☐
	unterbrochen	☐	stetig	☐

Wo spüren Sie die Empfindung in Ihrem Körper?

Wenn es Bewegung in der Empfindung gibt: Ist die Bewegung
kontinuierlich ☐ wellenartig ☐

Wo beginnt die Empfindung?

Wie kommt die Empfindung vom Ursprungsort zu der Stelle, wo Sie sich ihrer am meisten bewußt sind?

Körperhaltung ____________________

____

Hände ____________________

____

Mimik ____________________

____

Submodalitäts-Set für
»man kann… tun«

Visuelle Submodalitäten

Ist das, was Sie sehen	farbig	☐	schwarzweiß	☐
	scharf	☐	unscharf	☐
	hell	☐	dunkel	☐
	ein Film	☐	ein Standbild	☐
	zweidimensional	☐	dreidimensional	☐
	assoziiert	☐	dissoziiert	☐

Auf welcher Position sehen Sie das Bild / den Film?

oben links	oben mittig	oben rechts
Mitte links	Mitte mittig	Mitte rechts
unten links	unten mittig	unten rechts

Hat das Bild / der Film	keinen Rahmen	☐	Rahmen	☐
Sehen Sie	eins	☐	mehrere	☐

Wie groß schätzen Sie das Bild / den Film?______ x ______ x ______

Wie weit ist das Bild / der Film entfernt?______________________

Auditive Submodalitäten

Ist das, was Sie hören	laut	☐	leise	☐
	langsam	☐	schnell	☐
Ist der Rhythmus	unterbrochen	☐	stetig	☐
Hören Sie es	im Kopf	☐	von außen	☐

Von wo genau? ______________________________

Hören Sie es in Mono ☐ Stereo ☐ Raumklang ☐

Kommentieren Sie das, was vorgeht, innerlich?
Wenn ja, was sagen Sie und wie sagen Sie es?

____

____

____

____

____

____

____

____

____

Kinästhetische Submodalitäten

Wie würden Sie das, was Sie empfinden, beschreiben?
(prickelnd, warm, kalt, entspannt, gespannt, verkrampft, diffus)

Ist die Empfindung	schwach ☐	stark ☐
	unterbrochen ☐	stetig ☐

Wo spüren Sie die Empfindung in Ihrem Körper?

Wenn es Bewegung in der Empfindung gibt: Ist die Bewegung
kontinuierlich ☐ wellenartig ☐

Wo beginnt die Empfindung?

Wie kommt die Empfindung vom Ursprungsort zu der Stelle, wo Sie sich ihrer am meisten bewußt sind?

Körperhaltung ______________________________

____

Hände ______________________________

____

Mimik ______________________________

____

Submodalitäts-Set für ***»man tut...«***

Visuelle Submodalitäten

Ist das, was Sie sehen	farbig	☐	schwarzweiß	☐
	scharf	☐	unscharf	☐
	hell	☐	dunkel	☐
	ein Film	☐	ein Standbild	☐
	zweidimensional	☐	dreidimensional	☐
	assoziiert	☐	dissoziiert	☐

Auf welcher Position sehen Sie das Bild / den Film?

oben links	oben mittig	oben rechts
Mitte links	Mitte mittig	Mitte rechts
unten links	unten mittig	unten rechts

Hat das Bild / der Film	keinen Rahmen	☐	Rahmen	☐
Sehen Sie	eins	☐	mehrere	☐

Wie groß schätzen Sie das Bild / den Film? ______ x ______ x ______

Wie weit ist das Bild / der Film entfernt? ____________________

Auditive Submodalitäten

Ist das, was Sie hören	laut	☐	leise	☐
	langsam	☐	schnell	☐
Ist der Rhythmus	unterbrochen	☐	stetig	☐
Hören Sie es	im Kopf	☐	von außen	☐

Von wo genau? ______________________________

Hören Sie es in Mono ☐ Stereo ☐ Raumklang ☐

Kommentieren Sie das, was vorgeht, innerlich?
Wenn ja, was sagen Sie und wie sagen Sie es?

____

____

____

____

____

____

____

____

____

Wie würden Sie das, was Sie empfinden, beschreiben?
(prickelnd, warm, kalt, entspannt, gespannt, verkrampft, diffus)

Ist die Empfindung schwach ☐ stark ☐
unterbrochen ☐ stetig ☐

Wo spüren Sie die Empfindung in Ihrem Körper?

Wenn es Bewegung in der Empfindung gibt: Ist die Bewegung
kontinuierlich ☐ wellenartig ☐

Wo beginnt die Empfindung?

Wie kommt die Empfindung vom Ursprungsort zu der Stelle, wo Sie sich ihrer am meisten bewußt sind?

Körperhaltung ____________________

____

Hände ____________________

____

Mimik ____________________

____

Glaubensbereich Möglichkeiten

Dieser Glaubensbereich setzt sich mit dem auseinander, was Sie für sich persönlich für möglich bzw. unmöglich halten; und mit Ihrem generellen Glauben über Möglichkeiten oder Unmöglichkeiten.

... ist möglich

Dieses Submodalitäts-Set erzeugt die Sicherheit, daß etwas im generellen möglich ist.

Bezugserfahrung: Um dieses SM-Set zu finden, benötigen Sie etwas, von dem Sie wissen, daß es möglich ist; wie: Es ist möglich, eine Rakete in den Weltraum zu schießen.

Anwendungsbeispiele: Sie können das SM-Set benutzen,

- um altes Wissen durch neues zu ersetzen. Beispielsweise um neu entdeckte oder erarbeitete Errungenschaften als jetzt vorhandene Möglichkeiten zu repräsentieren: »Es ist nicht möglich, von Krebs im Endstadium zu genesen«. Da es mittlerweile medizinisch belegte Gegenbeispiele gegen diese These gibt, ist dieses Wissen nicht mehr aktuell. Angemessen wäre daher eine Repräsentation wie: »Es ist bewiesen, daß man von Krebs im Endstadium genesen kann«, mit dem SM-Set für *... ist möglich.* Dieser Glaubenssatz spiegelt dann die realen Gegebenheiten wider.

  Daß eine Möglichkeit besteht, heißt aber nicht, daß auch jeder sie ergreifen kann. Ob ein Mensch beispielsweise von Krebs im Endstadium gesundet, kann niemand mit Sicherheit sagen. Aber das neue Wissen eröffnet, daß die Möglichkeit besteht. Was notwendig ist, um aus einer solchen gegebenen Möglichkeit für sich selbst den größtmöglichen Nutzen zu ziehen, ist im Kapitel »Verwirklichung von Zielen« ausführlich besprochen.

... könnte möglich sein

Mit diesem Submodalitäts-Set räumen Sie die Möglichkeit ein, daß etwas sein könnte.

Bezugserfahrung: Um dieses SM-Set zu finden, brauchen Sie etwas, von dem Sie denken, es könnte möglich sein. Zum Beispiel: Es könnte möglich sein, daß es irgendwo im All Leben gibt.

Anwendungsbeispiele: Sie können das SM-Set benutzen,

- um eine einschränkende Weltsicht zu erweitern, die Dinge ausschließt, die nicht auszuschließen sind: »Es ist unmöglich, mit Lichtgeschwindigkeit zu reisen.« Diese Aussage bezieht sich eigentlich auf den momentanen Entwicklungsstand der Menschheit, es wird aber behauptet, daß es auch später zu keiner Zeit und nirgendwo in diesem riesigen Universum möglich sein kann. Das können wir aber nicht wissen. Eine angemessenere Repräsentation wäre daher: »Es könnte möglich sein, mit Lichtgeschwindigkeit zu reisen«, mit dem SM-Set für *... könnte möglich sein.* Hätte man den Menschen des Mittelalters erklären wollen, daß man später auf dem Mond landen kann, wäre man sicher für verrückt erklärt worden. Zu dieser Zeit glaubten die Menschen noch, die Erde sei eine Scheibe! Hätte man einem Arzt des 17. Jahrhunderts erklärt, daß es einmal möglich sein wird, ein krankes Herz durch ein anderes zu ersetzen, hätte dieser sehr wahrscheinlich nur gelacht. Und Visionen, über die heute noch viele lachen, werden irgendwann in der Zukunft so selbstverständlich sein, wie die Computer es heutzutage für uns sind. Keiner von uns weiß, wo die absolute Grenze sein wird. Weshalb sollten wir also von vornherein etwas ausschließen, was im Bereich unserer Möglichkeiten sein könnte?
- um auf etwas hinzuarbeiten, von dem bis jetzt noch niemand weiß, ob es tatsächlich erreichbar sein wird: »Wir forschen nach einem Mittel gegen Aids, aber ich denke nicht, daß wir diesen Virus jemals besiegen werden«. Mit diesem Glaubens-

satz ist schwerlich ein Mittel gegen Aids zu finden, denn er setzt das Finden eines Gegenmittels noch nicht einmal in den Bereich des Möglichen. Mit diesem Glauben werden jegliche Anstrengungen in Richtung Ziel unsinnig. Die Aufmerksamkeit wird vom Ziel abgezogen, anstatt darauf hinzuführen. Jede Art von Weiterentwicklung ist nur dann möglich, wenn für den Betreffenden die angestrebte Entwicklung im Bereich des Möglichen ist; also mit dem SM-Set für *...könnte möglich sein* repräsentiert wird. Dies gilt sowohl für die persönliche Entwicklung als auch für die Forschung.

...ist nicht möglich

Mit diesem Submodalitäts-Set schließen Sie etwas aus dem Bereich des Möglichen aus.

Bezugserfahrung: Um dieses SM-Set zu ermitteln, brauchen Sie etwas, das Sie für völlig unmöglich halten. Zum Beispiel: Es ist völlig unmöglich, daß die Erde eine Scheibe ist.

Anwendungsbeispiele: Sie können das SM-Set benutzen,

- um einen stark wirkenden Glaubenssatz zu »entmachten«, bevor Sie einen neuen Glauben an dessen Stelle setzen: »Niemand liebt mich!« Einen solch weitreichenden Glaubenssatz sollten Sie zuerst neutralisieren, bevor Sie ihn durch einen neuen Glauben ersetzen. Eine Möglichkeit hierfür wäre, den Glaubenssatz mit dieser Formulierung mit dem SM-Set für *...ist nicht möglich* zu versehen. Anschließend können Sie dann einen neuen, von Ihnen gewünschten Glauben einsetzen;
- um einen unsinnigen Glauben in eine realitätsbezogene Repräsentation zu bringen: »Es ist möglich, sich ein Haus zu imaginieren, ohne daß man auch nur einen Finger dafür rührt, man muß es sich nur intensiv genug vorstellen.« Im Kapitel »Verwirklichung von Zielen« haben wir uns über die diversen Theorien der Imagination ja bereits ausführlich ausgelassen. Als Autoren bewegen wir uns hier in einem Bereich, der sich letztendlich dem »Es-wissen-Können« entzieht. Daher

vermögen wir hier nur unseren Glauben über Glaubenssätze dieser Art kundzutun. Wir halten Aussagen wie diese für schlichten Unsinn und würden, falls wir einem solchen Glaubenssatz bei uns begegnen, diesen umgehend mit dem SM-Set für *... ist nicht möglich* versehen.

... darf sein

Mit diesem Submodalitäts-Set räumen Sie sich selbst die Erlaubnis ein, daß etwas Bestimmtes sein darf. Das mag vielleicht trivial klingen, ist aber tatsächlich eine der wichtigsten Unterscheidungen für die persönliche Entwicklung.

Bezugserfahrung: Um dieses SM-Set zu finden, benötigen Sie etwas, das Sie hundertprozentig tun dürfen, wie: Ich darf mein eigenes Geld verdienen.

Anwendungsbeispiele: Sie können das SM-Set benutzen,

- um sich von starken Verboten aus Kindertagen zu befreien, die auch im Erwachsenenalter noch wirken: »Ich darf nicht sagen, was ich denke.« Einem Kind kann man verbieten, daß es seine Meinung sagt. Bei einem Erwachsenen (in unserer Kultur) existiert dieses Verbot »nur noch« im Kopf. Solche Verbote können neutralisiert werden, indem ein neuer Glaube wie: »Ich darf sagen, was ich denke«, mit dem SM-Set für *... darf sein* anstelle des alten Glaubenssatzes eingesetzt wird. Nehmen wir ein noch tiefer greifendes Beispiel: »Ich darf nicht wirklich erfolgreich werden«. Ein solcher Glaubenssatz kann aus einem Verbot stammen, das in der Kindheit explizit ausgesprochen wurde. Viel häufiger entsteht ein solcher Glaube aber durch bestimmte Verhaltensweisen der Bezugspersonen. Das Kind bekommt signalisiert, daß es etwas Bestimmtes besser nicht tun sollte. Im Kapitel »Das Arbeiten mit Glaubenssätzen« finden Sie hierzu ein ausführliches Beispiel. Wann immer Sie auf die Frage: »Darf die angestrebte Veränderung sein?« eine Antwort wie: »eigentlich nicht« erhalten, hilft Ihnen dieses SM-Set, das Verbot zu neutralisieren. In unserem Beispiel könnte das anhand des neuen

Glaubens geschehen: »Ich darf erfolgreich sein«, mit dem SM-Set für *... darf sein*. Sie sollten bei einer solchen Veränderung aber im Auge behalten, daß ein Glaubenssatz dieser Art mit sehr tiefliegenden Schichten der Psyche verbunden sein kann. Oftmals ist auf einem derartigen Verbot sogar eine ganze Lebensgestaltung aufgebaut. Hier kann nach der Submodalitäts-Veränderung weitere Arbeit, vielleicht auch professionelle Hilfe notwendig sein.

Submodalitäts-Set für ***»... ist möglich«***

Visuelle Submodalitäten

Ist das, was Sie sehen	farbig	☐	schwarzweiß	☐
	scharf	☐	unscharf	☐
	hell	☐	dunkel	☐
	ein Film	☐	ein Standbild	☐
	zweidimensional	☐	dreidimensional	☐
	assoziiert	☐	dissoziiert	☐

Auf welcher Position sehen Sie das Bild / den Film?

oben links	oben mittig	oben rechts
Mitte links	Mitte mittig	Mitte rechts
unten links	unten mittig	unten rechts

Hat das Bild / der Film	keinen Rahmen	☐	Rahmen	☐
Sehen Sie	eins	☐	mehrere	☐

Wie groß schätzen Sie das Bild / den Film?______ x ______ x ______

Wie weit ist das Bild / der Film entfernt?______________________

Auditive Submodalitäten

Ist das, was Sie hören	laut	☐	leise	☐
	langsam	☐	schnell	☐
Ist der Rhythmus	unterbrochen	☐	stetig	☐
Hören Sie es	im Kopf	☐	von außen	☐

Von wo genau? ______________________________

Hören Sie es in Mono ☐ Stereo ☐ Raumklang ☐

Kommentieren Sie das, was vorgeht, innerlich?
Wenn ja, was sagen Sie und wie sagen Sie es?

Kinästhetische Submodalitäten

Wie würden Sie das, was Sie empfinden, beschreiben?
(prickelnd, warm, kalt, entspannt, gespannt, verkrampft, diffus)

Ist die Empfindung schwach ☐ stark ☐
unterbrochen ☐ stetig ☐

Wo spüren Sie die Empfindung in Ihrem Körper?

Wenn es Bewegung in der Empfindung gibt: Ist die Bewegung
kontinuierlich ☐ wellenartig ☐

Wo beginnt die Empfindung?

Wie kommt die Empfindung vom Ursprungsort zu der Stelle, wo Sie sich ihrer am meisten bewußt sind?

Körperhaltung ______________________________

____

Hände ______________________________

____

Mimik ______________________________

____

Submodalitäts-Set für
»... könnte möglich sein«

Visuelle Submodalitäten

Ist das, was Sie sehen	farbig	☐	schwarzweiß	☐
	scharf	☐	unscharf	☐
	hell	☐	dunkel	☐
	ein Film	☐	ein Standbild	☐
	zweidimensional	☐	dreidimensional	☐
	assoziiert	☐	dissoziiert	☐

Auf welcher Position sehen Sie das Bild / den Film?

oben links	oben mittig	oben rechts
Mitte links	Mitte mittig	Mitte rechts
unten links	unten mittig	unten rechts

Hat das Bild / der Film	keinen Rahmen	☐	Rahmen	☐
Sehen Sie	eins	☐	mehrere	☐

Wie groß schätzen Sie das Bild / den Film?______ x ______ x ______

Wie weit ist das Bild / der Film entfernt?____________________

Auditive Submodalitäten

Ist das, was Sie hören	laut	☐	leise	☐
	langsam	☐	schnell	☐
Ist der Rhythmus	unterbrochen	☐	stetig	☐
Hören Sie es	im Kopf	☐	von außen	☐

Von wo genau? ______________________________

Hören Sie es in Mono ☐ Stereo ☐ Raumklang ☐

Kommentieren Sie das, was vorgeht, innerlich?
Wenn ja, was sagen Sie und wie sagen Sie es?

____
____
____
____
____
____
____
____
____

Kinästhetische Submodalitäten

Wie würden Sie das, was Sie empfinden, beschreiben?
(prickelnd, warm, kalt, entspannt, gespannt, verkrampft, diffus)

Ist die Empfindung	schwach	☐	stark	☐
	unterbrochen	☐	stetig	☐

Wo spüren Sie die Empfindung in Ihrem Körper?

Wenn es Bewegung in der Empfindung gibt: Ist die Bewegung
kontinuierlich ☐ wellenartig ☐

Wo beginnt die Empfindung?

Wie kommt die Empfindung vom Ursprungsort zu der Stelle, wo Sie sich ihrer am meisten bewußt sind?

Körperhaltung ____________________

____

Hände ____________________

____

Mimik ____________________

____

Submodalitäts-Set für ***»... ist nicht möglich«***

Visuelle Submodalitäten

Ist das, was Sie sehen	farbig	☐	schwarzweiß	☐
	scharf	☐	unscharf	☐
	hell	☐	dunkel	☐
	ein Film	☐	ein Standbild	☐
	zweidimensional	☐	dreidimensional	☐
	assoziiert	☐	dissoziiert	☐

Auf welcher Position sehen Sie das Bild / den Film?

oben links	oben mittig	oben rechts
Mitte links	Mitte mittig	Mitte rechts
unten links	unten mittig	unten rechts

Hat das Bild / der Film	keinen Rahmen	☐	Rahmen	☐
Sehen Sie	eins	☐	mehrere	☐

Wie groß schätzen Sie das Bild / den Film?______ x ______ x ______

Wie weit ist das Bild / der Film entfernt?____________________

Auditive Submodalitäten

Ist das, was Sie hören	laut	☐	leise	☐
	langsam	☐	schnell	☐
Ist der Rhythmus	unterbrochen	☐	stetig	☐
Hören Sie es	im Kopf	☐	von außen	☐

Von wo genau? ____________________

Hören Sie es in Mono ☐ Stereo ☐ Raumklang ☐

Kommentieren Sie das, was vorgeht, innerlich?
Wenn ja, was sagen Sie und wie sagen Sie es?

____

____

____

____

____

____

____

____

____

Wie würden Sie das, was Sie empfinden, beschreiben?
(prickelnd, warm, kalt, entspannt, gespannt, verkrampft, diffus)

Ist die Empfindung	schwach	☐	stark	☐
	unterbrochen	☐	stetig	☐

Wo spüren Sie die Empfindung in Ihrem Körper?

Wenn es Bewegung in der Empfindung gibt: Ist die Bewegung
kontinuierlich ☐ wellenartig ☐

Wo beginnt die Empfindung?

Wie kommt die Empfindung vom Ursprungsort zu der Stelle, wo Sie sich ihrer am meisten bewußt sind?

Körperhaltung ____________________

____

Hände ____________________

____

Mimik ____________________

____

Submodalitäts-Set für ***»... darf sein«***

Visuelle Submodalitäten

Ist das, was Sie sehen	farbig	☐	schwarzweiß	☐
	scharf	☐	unscharf	☐
	hell	☐	dunkel	☐
	ein Film	☐	ein Standbild	☐
	zweidimensional	☐	dreidimensional	☐
	assoziiert	☐	dissoziiert	☐

Auf welcher Position sehen Sie das Bild / den Film?

oben links	oben mittig	oben rechts
Mitte links	Mitte mittig	Mitte rechts
unten links	unten mittig	unten rechts

Hat das Bild / der Film	keinen Rahmen	☐	Rahmen	☐
Sehen Sie	eins	☐	mehrere	☐

Wie groß schätzen Sie das Bild / den Film?______ x ______ x ______

Wie weit ist das Bild / der Film entfernt?______________________

Auditive Submodalitäten

Ist das, was Sie hören	laut	☐	leise	☐
	langsam	☐	schnell	☐
Ist der Rhythmus	unterbrochen	☐	stetig	☐
Hören Sie es	im Kopf	☐	von außen	☐

Von wo genau? ______________________________

Hören Sie es in Mono ☐ Stereo ☐ Raumklang ☐

Kommentieren Sie das, was vorgeht, innerlich?
Wenn ja, was sagen Sie und wie sagen Sie es?

____

____

____

____

____

____

____

____

____

Wie würden Sie das, was Sie empfinden, beschreiben?
(prickelnd, warm, kalt, entspannt, gespannt, verkrampft, diffus)

Ist die Empfindung	schwach	☐	stark	☐
	unterbrochen	☐	stetig	☐

Wo spüren Sie die Empfindung in Ihrem Körper?

Wenn es Bewegung in der Empfindung gibt: Ist die Bewegung
kontinuierlich ☐ wellenartig ☐

Wo beginnt die Empfindung?

Wie kommt die Empfindung vom Ursprungsort zu der Stelle, wo Sie sich ihrer am meisten bewußt sind?

Körperhaltung ______________________________

____

Hände ______________________________

____

Mimik ______________________________

____

Glaubensbereich Konsequenzen

Dieser Glaubensbereich setzt sich mit den Folgen aus Handlungen, Entscheidungen oder Verhalten auseinander, die entweder nicht erwartet oder befürchtet werden.

…hat die Konsequenz, daß…

Dieses Submodalitäts-Set bringt eine Handlung, eine Entscheidung oder ein Verhalten mit einer bestimmten Folge in Zusammenhang.

Bezugserfahrung: Um dieses SM-Set zu finden, benötigen Sie ein Thema, bei dem Sie sicher sind, daß etwas eine bestimmte Konsequenz mit sich bringt. Beispielsweise: Wenn ich jeden Morgen zu spät komme, hat das zur Folge, daß ich gekündigt werde.

Anwendungsbeispiele: Sie können das SM-Set benutzen,

- um bisher verdrängte Konsequenzen aus einer Handlung, einer anstehenden Entscheidung oder einem Verhalten ins Bewußtsein zu holen: »Mir kann beim Freeclimbing in großer Höhe auch ohne Sicherungsseil nichts passieren«. Diese Illusion findet sich oftmals bei Extremsportlern. Selbst wenn ein solcher Sportler vom Verstand her zugibt, daß sein Verhalten für ihn gefährlich werden kann, wiegt er sich doch häufig auf der Gefühlsebene in einer trügerischen Sicherheit. Aber selbst mit großem Können und der umsichtigsten Vorgehensweise kann Unerwartetes eintreten und, in unserem Beispiel, zum Absturz führen. Um die eigene Gesundheit zu schützen wäre daher eine angemessenere Repräsentation: »Wenn ich aus großer Höhe abstürze, hat das zur Konsequenz, daß ich mich schwer verletze«, mit dem SM-Set für *… hat zur Konsequenz, daß…«*

  »Ich kann mich so mies aufführen wie ich will, dadurch werde ich keinen Freund verlieren.« Auch ein solcher Glaubenssatz kann sich schnell als Illusion herausstellen. Oftmals entsteht ein solches Trugbild dadurch, daß andere ein bestimmtes Maß an Unangemessenheit schweigend hinnehmen. Das heißt aber nicht, daß ein Verhalten bzw. die Entscheidung, sich auf eine bestimmte Art zu verhalten, keine Folgen haben kann. Wenn das aufgebaute Trugbild erst in dem Moment platzt, in dem ein nahestehender Mensch sich abwendet, ist es oftmals zu spät, um die Beziehung zu kitten. Dies kann mit einem entsprechenden Glaubenssatz vermieden werden. In unserem Beispiel könnte das sein: »Wenn ich mich mies zu meinen Freunden verhalte, entstehen Störungen in der Beziehung«, mit dem SM-Set für *… hat zur Konsequenz, daß…*

… hat nicht die Konsequenz, daß…

Mit diesem Submodalitäts-Set koppeln Sie eine bisher befürchtete Folge von einer Handlung, einer Entscheidung oder einem Verhalten ab.

Bezugserfahrung: Um dieses SM-Set zu finden, benötigen Sie ein Thema, bei dem Sie sicher sind, daß eine bestimmte Konsequenz nicht entsteht. Beispielsweise: Wenn ich mit vollem Mund spreche, hat das nicht zur Konsequenz, daß ich eine Ohrfeige bekomme.

Anwendungsbeispiele: Sie können das SM-Set benutzen,

- um befürchtete Konsequenzen zu neutralisieren, die in der Kindheit bestanden, heute aber nicht mehr aktuell sind: »Wenn ich eine Bitte abschlage, werde ich nicht mehr geliebt.« In der Kindheit verallgemeinern wir die Erfahrungen, die wir in der Familie machen, auf die restliche Welt. Wenn in unserem Beispiel ein Kind erlebte, daß sich ein Elternteil immer wieder enttäuscht von ihm abwandte, wenn es eine Bitte nicht erfüllen wollte, entsteht leicht ein Glaubenssatz wie der obige. Das Mißverständnis des Kindes ist hier, daß es denkt, die Verhaltensweisen einzelner Familienmitglieder gelten für die ganze Welt. Durch den Mechanismus der selbsterfüllenden Prophezeiung scheint sich diese Überzeugung dann auch im Erwachsenenalter immer wieder zu bestätigen.

Nach der Veränderung eines solchen Glaubenssatzes wird jedoch die Vielfältigkeit der Welt offensichtlich. Der Weg für neue Erfahrungen ist frei, und der Betreffende kann sich bewußt werden, daß viele Menschen in positiver Weise auf die zuvor gefürchteten Situationen reagieren. Beispielsweise, daß es viele Menschen gibt, die das Ablehnen einer Bitte als ganz natürlich akzeptieren. Mit diesen Erlebnissen wird die Entwicklung neuer »erwachsenerer« Verhaltensweisen möglich. In unserem Beispiel könnte das durch den neuen Glauben erfolgen: »Wenn ich die Bitte eines anderen zurückweise, hat das nicht zur Konsequenz, daß ich nicht mehr geliebt werde«, mit dem SM-Set für *...hat nicht die Konsequenz, daß...* Natürlich wird es auch dann weiterhin Menschen geben, die auf das Zurückweisen Ihrer Bitte mit Ablehnung reagieren. Für solche Reaktionen gilt es dann neue Verhaltensweisen hervorzubringen. Hilfreich wäre beispielsweise ein Glaubenssatz wie: »Wenn jemand auf die Zurückweisung seiner Bitte verstimmt reagiert, stehen mir unterschiedliche Verhaltensweisen zur Verfügung«, mit dem SM-Set für *...darf sein, oder... ist möglich.* Üben Sie in einem solchen Fall verschiedene Verhaltensreaktionen, wie – sich ebenfalls abzuwenden, Verärgerung über das Verhalten des anderen zu zeigen, über das Verhalten des anderen hinwegzusehen, liebevoll auf seine Enttäuschung zu reagieren usw. Ein solches Training hilft Ihnen, sich flexibel auf die jeweilige Situation einzustellen; je nachdem wie nahe Ihnen diese Person steht, wie genau deren Reaktion ist und wie sich die Umstände gestalten;

- um gefürchtete Folgen zu neutralisieren, die nicht den realen Gegebenheiten entsprechen: »Wenn ich diese unglückliche Ehe beende, werde ich nie mehr auf die Beine kommen«. Dieser Glaubenssatz behauptet, das Beenden der Ehe hätte unausweichlich zur Konsequenz, nie mehr auf die Beine kommen zu können. Eine Aussage dieser Form kann nicht stimmen, denn sie trifft eine angeblich sichere Vorhersage über zukünftige Ereignisse. Was in der Zukunft passieren wird, liegt jedoch zum großen Teil in der Hand des Betreffenden. In unserem Beispiel bestimmt die Person selbst, welche Zukunft sie nach dem Beenden der Ehe erwartet; durch das, was sie tun und entscheiden wird. Koppeln Sie in einem solchen Fall also die irrtümlichen Konsequenzen von dem ab, was Sie tun wollen, indem Sie das SM-Set für *...hat nicht die Konsequenz, daß...* benutzen. Es kann allerdings auch vorkommen, daß hinter einer solchen illusionären Konsequenz ein »handfester« Hinderungsgrund zum Vorschein kommt. Mit diesem gilt es sich dann auf der Handlungsebene auseinanderzusetzen.

Submodalitäts-Set für
»... hat die Konsequenz, daß ...«

Visuelle Submodalitäten

Ist das, was Sie sehen	farbig	☐	schwarzweiß	☐
	scharf	☐	unscharf	☐
	hell	☐	dunkel	☐
	ein Film	☐	ein Standbild	☐
	zweidimensional	☐	dreidimensional	☐
	assoziiert	☐	dissoziiert	☐

Auf welcher Position sehen Sie das Bild / den Film?

oben links	oben mittig	oben rechts
Mitte links	Mitte mittig	Mitte rechts
unten links	unten mittig	unten rechts

Hat das Bild / der Film	keinen Rahmen	☐	Rahmen	☐
Sehen Sie	eins	☐	mehrere	☐

Wie groß schätzen Sie das Bild / den Film? ______ x ______ x ______

Wie weit ist das Bild / der Film entfernt? ____________________

Auditive Submodalitäten

Ist das, was Sie hören	laut	☐	leise	☐
	langsam	☐	schnell	☐
Ist der Rhythmus	unterbrochen	☐	stetig	☐
Hören Sie es	im Kopf	☐	von außen	☐

Von wo genau?______________________________

Hören Sie es in Mono ☐ Stereo ☐ Raumklang ☐

Kommentieren Sie das, was vorgeht, innerlich?
Wenn ja, was sagen Sie und wie sagen Sie es?

Kinästhetische Submodalitäten

Wie würden Sie das, was Sie empfinden, beschreiben?
(prickelnd, warm, kalt, entspannt, gespannt, verkrampft, diffus)

Ist die Empfindung	schwach ☐	stark ☐
	unterbrochen ☐	stetig ☐

Wo spüren Sie die Empfindung in Ihrem Körper?

Wenn es Bewegung in der Empfindung gibt: Ist die Bewegung
kontinuierlich ☐ wellenartig ☐

Wo beginnt die Empfindung?

Wie kommt die Empfindung vom Ursprungsort zu der Stelle, wo Sie sich ihrer am meisten bewußt sind?

Körperhaltung ____________________

____

Hände ____________________

____

Mimik ____________________

____

Submodalitäts-Set für
»... hat nicht die Konsequenz, daß ...«

Visuelle Submodalitäten

Ist das, was Sie sehen	farbig	☐	schwarzweiß	☐
	scharf	☐	unscharf	☐
	hell	☐	dunkel	☐
	ein Film	☐	ein Standbild	☐
	zweidimensional	☐	dreidimensional	☐
	assoziiert	☐	dissoziiert	☐

Auf welcher Position sehen Sie das Bild / den Film?

oben links	oben mittig	oben rechts
Mitte links	Mitte mittig	Mitte rechts
unten links	unten mittig	unten rechts

Hat das Bild / der Film	keinen Rahmen	☐	Rahmen	☐
Sehen Sie	eins	☐	mehrere	☐

Wie groß schätzen Sie das Bild / den Film? ______ x ______ x ______

Wie weit ist das Bild / der Film entfernt? ____________________

Auditive Submodalitäten

Ist das, was Sie hören	laut	☐	leise	☐
	langsam	☐	schnell	☐
Ist der Rhythmus	unterbrochen	☐	stetig	☐
Hören Sie es	im Kopf	☐	von außen	☐

Von wo genau? ______________________

Hören Sie es in Mono ☐ Stereo ☐ Raumklang ☐

Kommentieren Sie das, was vorgeht, innerlich?
Wenn ja, was sagen Sie und wie sagen Sie es?

Kinästhetische Submodalitäten

Wie würden Sie das, was Sie empfinden, beschreiben?
(prickelnd, warm, kalt, entspannt, gespannt, verkrampft, diffus)

Ist die Empfindung	schwach	☐	stark	☐
	unterbrochen	☐	stetig	☐

Wo spüren Sie die Empfindung in Ihrem Körper?

Wenn es Bewegung in der Empfindung gibt: Ist die Bewegung
kontinuierlich ☐ wellenartig ☐

Wo beginnt die Empfindung?

Wie kommt die Empfindung vom Ursprungsort zu der Stelle, wo Sie sich ihrer am meisten bewußt sind?

Körperhaltung ____________________

____

Hände ____________________

____

Mimik ____________________

____

Glaubensbereich Erwartungen

Dieser Glaubensbereich bezieht sich auf die Zukunft. Hier geht es um Ihre Erwartungshaltung, mit der Sie möglichen zukünftigen Ereignissen begegnen.

... ist nicht zu erwarten

Dieses Submodalitäts-Set strebt nicht unbedingt ein bestimmtes Ereignis an, schließt aber das Vorkommen nicht vollständig aus.

Bezugserfahrung: Um dieses SM-Set zu finden, benötigen Sie etwas, das Sie zwar nicht erwarten, was Sie aber auch nicht hundertprozentig ausschließen können; wie: Es ist nicht zu erwarten, daß ich von einem Fremden, dem ich auf der Straße begegne, eine Ohrfeige bekomme.

Anwendungsbeispiele: Sie können das SM-Set benutzen,

- um bestimmte Verhaltensweisen von anderen nicht mehr zu erwarten, und diesen in Folge auch weniger zu begegnen: »Heutzutage wird man doch nirgendwo mehr mit Respekt behandelt.« Wie vorhin bereits angesprochen, ist ein Glaubenssatz wie dieser der beste Weg, um genau solche Erfahrungen zu machen. Mit der Repräsentation... *ist nicht zu erwarten* hören als unangenehm empfundene Verhaltensweisen und gesellschaftliche Entwicklungen sicherlich nicht auf. Aber der Fokus wird von dem Thema weggeführt und kann sich daher mit angenehmeren beschäftigen. Und das nonverbale Verhalten »provoziert« nicht entsprechende Komplementärmuster anderer. Was wiederum zur Folge hat, daß man dem entsprechenden Verhalten tatsächlich weniger begegnet;
- um eine unberechtigte Befürchtung, die Zukunft betreffend, die sich immer wieder ins innere Erleben einschleicht, aus dem Fokus der Aufmerksamkeit zu rücken: »Unsere Beziehung ist eigentlich sehr gut, aber trotzdem habe ich ständig Angst, daß sie in die Brüche geht«. Starke Befürchtungen haben die Tendenz, sich in die Tat umzusetzen, im wahrsten

Sinne des Wortes. Wenn die Gedanken längere Zeit um eine bestimmte Vorstellung kreisen, besteht die Gefahr, daß die betreffende Person unbewußt ein Verhalten hervorbringt, das auf die befürchtete Situation hinarbeitet. Der obige Glaubenssatz beispielsweise wird den Betroffenen ständig nach Bestätigung für seine Angst suchen lassen. Kleinigkeiten, die ansonsten nicht der Rede wert wären, werden in Anzeichen für das Befürchtete umgedeutet. Als Folge wird sich der Betreffende ängstlich, hysterisch, ungerecht, klammernd usw. verhalten und damit genau das herbeiführen, was er befürchtet. Neutralisieren Sie einen solchen Glaubenssatz mit dem SM-Set *... ist nicht zu erwarten.*

Wichtig ist hier allerdings, daß Sie sorgfältig überprüfen, ob die Befürchtung tatsächlich unbegründet ist. Denn eine solche Angst kann auch bedeuten, daß sich tatsächlich etwas anbahnt, Sie dies bisher aber nicht bewußt wahrnehmen wollten. Mit Hilfe eines gründlichen Ökologiechecks und einem aufrichtigen Blick in Ihr Inneres können Sie diese Frage für sich klären.

... ist zu erwarten

Dieses Submodalitäts-Set erzeugt die Erwartungshaltung, daß ein zukünftiges Ereignis eintreten wird. Diese Haltung lenkt zum einen die Aufmerksamkeit auf das Angestrebte. Zum anderen wird das Ereignis so repräsentiert, daß sein zukünftiges Eintreffen ganz natürlich anmutet. Im Gegensatz zu einer Überzeugung die Zukunft betreffend, die eine trügerische Sicherheit entstehen läßt, bezieht die Haltung »ich erwarte« die Möglichkeiten der Realität mit ein. Sie läßt offen, daß es auch anders kommen kann und mobilisiert trotzdem alle Kräfte, um das Angestrebte zu verwirklichen.

Bezugserfahrung: Um dieses SM-Set zu finden, benötigen Sie etwas, von dem Sie erwarten, daß es eintreten wird und bei dem Sie im Falle des Nichteintretens zwar überrascht, nicht aber schockiert wären. Beispielsweise: Ich erwarte, daß ich heute abend müde werde und schlafen gehe; oder ich erwarte, daß ich Hunger bekomme, wenn ich längere Zeit nichts gegessen habe.

Anwendungsbeispiele: Sie können das SM-Set benutzen,

- um Ihre Ziele in der bestmöglichen Form zu repräsentieren: »Ich arbeite darauf hin, befördert zu werden, erwarte aber vorsichtshalber nicht zu sehr, daß ich es schaffe«. Diese Art der Repräsentation schützt zwar vor herben Enttäuschungen, führt aber in den meisten Fällen nicht zu dem gewünschten Erfolg. Ein Ziel, das in einer solchen Form repräsentiert wird, ist nur schwer umzusetzen. Die Aufmerksamkeit ist einerseits auf das Ziel gelenkt, liegt aber andererseits gleichzeitig auf der Vorstellung, es vielleicht nicht erreichen zu können. Beide Vorstellungen wirken gegeneinander und heben sich teilweise auf. Die betreffende Person fährt durch diese Vorgehensweise mit »angezogener Handbremse«. Und sie vergeudet Energie, die sonst der Verwirklichung des Zieles zugute kommen würde. Außerdem wird jegliche Vorfreude auf das Erreichen des Zieles gedämpft, was einen stattlichen Verlust an Motivation bedeutet. Einer Enttäuschung wird somit zwar vorgebaut, leider aber auch zu einem erheblichen Teil dem Erfolg.

  Das SM-Set *... ist zu erwarten* dagegen baut einer schlimmen Enttäuschung vor, indem es die Möglichkeit einräumt, daß das Ziel vielleicht nicht in der angestrebten Weise erreicht werden kann. Falls dies tatsächlich eintreten sollte, ist der Grad des Enttäuschtseins dann gut zu verkraften. Gleichzeitig fördert es aber die Verwirklichung des Zieles auf höchstmögliche Weise. Denn die Aufmerksamkeit wird vollständig auf das Ziel gerichtet und seine Realisierung als etwas ganz Natürliches repräsentiert. Im Inneren bereitet sich also auch alles darauf vor, das Ziel zu erreichen. Die Kräfte zur Verwirklichung werden mobilisiert und die Aufmerksamkeit wird auf das gelenkt, was zur Umsetzung hilfreich und notwendig ist. In unserem Beispiel wäre eine sinnvolle Repräsentation.

»Ich erwarte, mit der entsprechenden Leistung befördert zu werden«, mit dem SM-Set für *…ist zu erwarten.* Mehr zur Zielerepräsentation finden Sie auch im Kapitel »Verwirklichung von Zielen«.
Hier gilt es allerdings etwas Wichtiges zu beachten. Es kann sein, daß jemand einen starken Widerstand dagegen verspürt, dieses SM-Set mit einem Ziel zu verankern. Ein solcher Widerstand sollte nicht übergangen werden! Denn oftmals weist er auf ein Trauma oder einen tieferliegenden Glaubenssatz in bezug auf »zu Erwartendes« hin. Ein solches Trauma kann beispielsweise entstehen, wenn ein Mensch in der Kindheit großen Enttäuschungen ausgesetzt war, die ihn zutiefst verletzten. Wenn diese Verletzungen bisher nicht verarbeitet werden konnten, ist jedes weitere Enttäuschtwerden häufig nur schwer zu verkraften. Denn es ruft jedesmal die schlimmen Erinnerungen aus der Kindheit wieder wach. In einem solchen Fall ist es zu empfehlen, das Trauma mit Hilfe eines Profis zu lösen und erst danach an den Zielen weiterzuarbeiten. Der andere mögliche Grund für einen Widerstand kann ein bisher unbewußter Glaubenssatz über Erwartungen sein. Wenn ein Mensch beispielsweise durch diverse Erfahrungen zur Überzeugung gelangte: »Erwartungen werden immer enttäuscht«, wird dieser Glaubenssatz verhindern, daß der Betroffene etwas wirklich erwartet. Der Glaubenssatz sollte daher vor der Zielearbeit durch einen unterstützenden Glauben verändert werden;

- um das, was Sie sich wünschen, von der Welt tatsächlich zu erwarten und infolgedessen auch bekommen zu können: »Ich werde sowieso meistens unfreundlich behandelt«. Dieser Glaubenssatz ist der beste Garant dafür, in der Welt vorwiegend unfreundlichem Verhalten zu begegnen. Denn mit dieser Überzeugung erwartet der Betroffene unfreundliches Verhalten und wird dieses mit an Sicherheit grenzender Wahrscheinlichkeit auch finden. Auch hier verweisen wir wieder auf den Mechanismus der selbsterfüllenden Prophezeiung. Diese wirkt wunderbarerweise aber auch in der anderen Richtung. Entscheiden Sie, was Sie von der Welt und den Menschen darin bekommen möchten und repräsentieren Sie genau dies mit dem SM-Set für *...ist zu erwarten.* In unserem obigen Beispiel könnte das mit dem Glaubenssatz geschehen: »Ich begegne vorwiegend Freundlichkeit«. Eine umfassendere Wirkung erhalten Sie, wenn Sie den alten Glaubenssatz durch die Formulierung ersetzen: »Daß mich jemand unfreundlich behandelt, ist nicht zu erwarten«, mit dem gleichlautenden SM-Set. Durch diese Glaubenssätze verschwinden unfreundliche Zeitgenossen zwar nicht von unserem Planeten, aber der neue Glaube wird Ihre Weltsicht verändern. Er wird Ihre Aufmerksamkeit vorwiegend auf den Menschen ruhen lassen, die zu freundlichem Verhalten fähig sind. Des weiteren wird Ihr nonverbales Verhalten, gesteuert von dem neuen Glaubenssatz, in Interaktionen mit anderen weit weniger Unfreundlichkeit hervorbringen. Hier gilt in der Tat die Aussage: Was du erwartest, dem wirst du begegnen;

- um sich auf etwas aufrichtig freuen zu können, das Ihnen versprochen oder zugesagt wurde, ohne das Risiko eingehen zu müssen, zutiefst enttäuscht zu werden: »Ich hatte mich so darauf verlassen, daß das, was er sagte stimmt. Und jetzt bin ich fürchterlich enttäuscht.« Sind Ihnen Aussagen wie diese bekannt? Oftmals läßt man sich davon überzeugen, daß etwas sein wird, obwohl man es noch nicht selbst »testen« konnte. Das kann sich auf Beteuerungen anderer Personen beziehen, aber auch auf Aussagen in Büchern oder auf Versprechungen der Werbung. Wenn man eine solche Behauptung im Inneren mit den Submodalitäten für *Überzeugung* repräsentiert, kann dies zu bitteren Enttäuschungen führen. Verwenden Sie für versprechende Aussagen, die sich für Sie persönlich erst noch bestätigen müssen, daher das SM-Set für *...ist zu erwarten.* Mit dieser Repräsentation können Sie sich ebenfalls auf das Versprochene freuen, ohne Gefahr zu laufen, daß eine »Überzeugung« schmerzlich platzt.

Submodalitäts-Set für
»... ist nicht zu erwarten«

Visuelle Submodalitäten

Ist das, was Sie sehen	farbig	☐	schwarzweiß	☐
	scharf	☐	unscharf	☐
	hell	☐	dunkel	☐
	ein Film	☐	ein Standbild	☐
	zweidimensional	☐	dreidimensional	☐
	assoziiert	☐	dissoziiert	☐

Auf welcher Position sehen Sie das Bild / den Film?

oben links	oben mittig	oben rechts
Mitte links	Mitte mittig	Mitte rechts
unten links	unten mittig	unten rechts

Hat das Bild / der Film	keinen Rahmen	☐	Rahmen	☐
Sehen Sie	eins	☐	mehrere	☐

Wie groß schätzen Sie das Bild / den Film? ______ x ______ x ______

Wie weit ist das Bild / der Film entfernt? ____________________

Auditive Submodalitäten

Ist das, was Sie hören	laut	☐	leise	☐
	langsam	☐	schnell	☐
Ist der Rhythmus	unterbrochen	☐	stetig	☐
Hören Sie es	im Kopf	☐	von außen	☐

Von wo genau? ______________________________

Hören Sie es in Mono ☐ Stereo ☐ Raumklang ☐

Kommentieren Sie das, was vorgeht, innerlich?
Wenn ja, was sagen Sie und wie sagen Sie es?

____

____

____

____

____

____

____

____

____

Kinästhetische Submodalitäten

Wie würden Sie das, was Sie empfinden, beschreiben?
(prickelnd, warm, kalt, entspannt, gespannt, verkrampft, diffus)

Ist die Empfindung	schwach	☐	stark	☐
	unterbrochen	☐	stetig	☐

Wo spüren Sie die Empfindung in Ihrem Körper?

Wenn es Bewegung in der Empfindung gibt: Ist die Bewegung
kontinuierlich ☐ wellenartig ☐

Wo beginnt die Empfindung?

Wie kommt die Empfindung vom Ursprungsort zu der Stelle, wo Sie sich ihrer am meisten bewußt sind?

Körperhaltung ______________________________

____

Hände ______________________________

____

Mimik ______________________________

____

Submodalitäts-Set für ***»... ist zu erwarten«***

Visuelle Submodalitäten

Ist das, was Sie sehen	farbig	☐	schwarzweiß	☐
	scharf	☐	unscharf	☐
	hell	☐	dunkel	☐
	ein Film	☐	ein Standbild	☐
	zweidimensional	☐	dreidimensional	☐
	assoziiert	☐	dissoziiert	☐

Auf welcher Position sehen Sie das Bild / den Film?

oben links	oben mittig	oben rechts
Mitte links	Mitte mittig	Mitte rechts
unten links	unten mittig	unten rechts

Hat das Bild / der Film	keinen Rahmen	☐	Rahmen	☐
Sehen Sie	eins	☐	mehrere	☐

Wie groß schätzen Sie das Bild / den Film? ______ x ______ x ______

Wie weit ist das Bild / der Film entfernt? ____________________

Auditive Submodalitäten

Ist das, was Sie hören	laut	☐	leise	☐
	langsam	☐	schnell	☐
Ist der Rhythmus	unterbrochen	☐	stetig	☐
Hören Sie es	im Kopf	☐	von außen	☐

Von wo genau? ____________________

Hören Sie es in Mono ☐ Stereo ☐ Raumklang ☐

Kommentieren Sie das, was vorgeht, innerlich?
Wenn ja, was sagen Sie und wie sagen Sie es?

____

____

____

____

____

____

____

____

____

Kinästhetische Submodalitäten

Wie würden Sie das, was Sie empfinden, beschreiben?
(prickelnd, warm, kalt, entspannt, gespannt, verkrampft, diffus)

Ist die Empfindung	schwach	☐	stark	☐
	unterbrochen	☐	stetig	☐

Wo spüren Sie die Empfindung in Ihrem Körper?

Wenn es Bewegung in der Empfindung gibt: Ist die Bewegung

kontinuierlich ☐ wellenartig ☐

Wo beginnt die Empfindung?

Wie kommt die Empfindung vom Ursprungsort zu der Stelle, wo Sie sich ihrer am meisten bewußt sind?

Körperhaltung ______________________________

____

Hände ______________________________

____

Mimik ______________________________

____

Zusätzliche Unterscheidungen

... ist völlig unsinnig

Dieses Submodalitäts-Set läßt Sie das Repräsentierte als völligen Unsinn erleben.

Bezugserfahrung: Um dieses SM-Set zu finden, benötigen Sie etwas, was Sie für totalen Unsinn halten, wie: Der Weihnachtsmann existiert; der Klapperstorch bringt die kleinen Kinder und ähnliches.

Anwendungsbeispiele: Sie können das SM-Set benutzen,

- um hinderliche Glaubenssätze über wichtige Themen zu neutralisieren; auch als ersten Schritt, um einen neuen förderlichen Glauben einzusetzen: »Man kann mich nicht wirklich lieben«. Ein solcher Glaubenssatz sollte auf jeden Fall neutralisiert und damit entmachtet werden. Denn ein neuer Glaube könnte angesichts dieses noch aktiven Glaubenssatzes seine förderliche Wirkung nicht voll entfalten. Versehen Sie einen Glaubenssatz dieser Art daher mit der bisherigen Formulierung mit dem SM-Set für *... ist völlig unsinnig*. Danach können Sie je nach Bedarf einen neuen Glauben erstellen.

Zweifel an ... haben

Dieses Submodalitäts-Set erzeugt Zweifel an dem, was repräsentiert wird.

Bezugserfahrung: Um dieses SM-Set zu finden, brauchen Sie etwas, was Sie bezweifeln. Beispielsweise: Ich zweifle an der Aufrichtigkeit von... (eine bestimmte Person); ich bezweifle, daß wir jemals die Formel für Unsterblichkeit finden werden und ähnliches.

Anwendungsbeispiele: Sie können das SM-Set benutzen,

- um einen tiefsitzenden Glauben in Zweifel zu ziehen, der bis jetzt auf vielen Ebenen verwurzelt war und den Sie in dieser Form nicht mehr haben möchten; auch als Vorbereitung, um einen jetzt angemesseneren Glauben zu erstellen: »Ich bin fest davon überzeugt, daß nach dem Tod nichts mehr kommt.« Oftmals haben wir im Leben Schlüsselerlebnisse, die das bisherige Weltbild ins Wanken bringen. Stehen dann keine Mittel zur Verfügung, um die außergewöhnliche Erfahrung zu verarbeiten, kann es zu seelischen Störungen kommen. In unserem obigen Beispiel könnte das Leben einer Person mit dieser Überzeugung aus der Bahn geraten, wenn sie mit einem Erlebnis der Todesnähe konfrontiert wird. Erfahrungen im Bereich der Todesnähe werden in der Regel als sehr real erlebt. Diese Erfahrung würde daher mit der bisherigen Überzeugung kollidieren, die keinen Raum für derartige Erlebnisse läßt. Eine Möglichkeit, dieser Situation zu begegnen, wäre, die bisherige Überzeugung in Zweifel zu ziehen. Durch eine Repräsentation wie: »Ich habe Zweifel, ob nach dem Tod wirklich alles zu Ende ist«, mit dem SM-Set für *Zweifel an … haben.*

Sie können es dabei belassen oder auch diesen Glaubenssatz durch etwas ersetzen, was Sie jetzt lieber glauben möchten. In unserem Beispiel könnte das sein: »Ich weiß nicht genau, was ›dort‹ geschehen ist, aber es könnte ein Leben nach dem Tod geben«, mit dem SM-Set für *… könnte möglich sein.* Oder auch ein Glaubenssatz wie: »Ich weiß nun, daß es ein Leben nach dem Tod gibt, ich habe es schließlich selbst erlebt«, mit dem SM-Set für *ich weiß, daß…* Was hier ein angemessener Glaube ist, kann nur der Betroffene selbst entscheiden.

von … überzeugt sein

Dieses Submodalitäts-Set repräsentiert den Inhalt als vermeintliches Wissen:

Bezugserfahrung: Um dieses SM-Set zu finden, benötigen Sie etwas, von dem Sie felsenfest überzeugt sind, das sich jedoch dem Bereich des Wissens entzieht. Beispiel: Ich weiß, daß Gott existiert; ich bin überzeugt, daß es keinen Gott gibt; ich weiß, daß es außerirdisches Leben gibt u. ä.

Anwendungsbeispiele: Sie können das SM-Set benutzen,

- um eine negative Überzeugung durch eine positive zu ersetzen.

ich weiß, daß...

Dieses Submodalitäts-Set erzeugt die Repräsentation, etwas mit Sicherheit zu wissen. Es geht hier also um den Bereich des objektiv Beobachtbaren.

Bezugserfahrung: Um dieses SM-Set zu finden, brauchen Sie etwas, von dem Sie wissen, daß es so ist; wie: Ich habe braune Haare; meine Mutter hat blaue Augen; ich weiß, daß ich die Buchstaben des Alphabetes kenne u. ä.

Anwendungsbeispiele: Sie können das SM-Set benutzen,

- um eine durch Streß »verrutschte« Repräsentation wieder den tatsächlichen Gegebenheiten anzupassen: »Ich weiß nicht mehr, ob ich es kann!« Diese Aussage wird häufig von Menschen getroffen, die sich in einem akuten Zustand von Prüfungsangst oder Lampenfieber befinden. Hier rutschen die Submodalitäten von *Wissen* oftmals unter dem Druck der Angst in die Submodalitäten von *Zweifel.* Entscheidend ist hier, daß der Betreffende vor dem Einsetzen der Angst wußte, daß er das, um was es geht, tatsächlich beherrscht. Das heißt, er hat sich zuvor getestet und objektiv beobachtbar festgestellt, daß er es kann. Hier kann es eine große Erleichterung sein, die ursprüngliche Repräsentation wieder bewußt herzustellen, indem der entsprechende Inhalt wieder mit dem SM-Set für *ich weiß, daß...*, versehen wird;
- um ein Wissen, das durch die Manipulation eines anderen in Zweifel gezogen wurde, wieder in der ursprünglichen Form zu repräsentieren: »Ich war mir eigentlich ganz sicher, aber nachdem er so auf mich eingeredet hat, bin ich es jetzt doch nicht mehr.« Es gibt recht manipulative Zeitgenossen, die ihre Sprachgewalt dazu nutzen, andere zu ihren Gunsten zu beeinflussen. Solche Menschen können ihre Sprache in einer Weise einsetzen, die Zweifel an selbst sicher Gewußtem auf-

kommen läßt. Wenn Sie sich also hundertprozentig sicher sind, daß es sich bei dem, was in Zweifel gezogen wurde, um etwas tatsächlich objektiv Beobachtetes handelt, lassen Sie sich nichts anderes einreden. Versehen Sie die Repräsentation einfach wieder mit dem SM-Set für *ich weiß, daß...*

Submodalitäts-Set für ***»... ist völlig unsinnig«***

Visuelle Submodalitäten

Ist das, was Sie sehen	farbig	☐	schwarzweiß	☐
	scharf	☐	unscharf	☐
	hell	☐	dunkel	☐
	ein Film	☐	ein Standbild	☐
	zweidimensional	☐	dreidimensional	☐
	assoziiert	☐	dissoziiert	☐

Auf welcher Position sehen Sie das Bild / den Film?

oben links	oben mittig	oben rechts
Mitte links	Mitte mittig	Mitte rechts
unten links	unten mittig	unten rechts

Hat das Bild / der Film	keinen Rahmen	☐	Rahmen	☐
Sehen Sie	eins	☐	mehrere	☐

Wie groß schätzen Sie das Bild / den Film?______ x ______ x ______

Wie weit ist das Bild / der Film entfernt?______________________

Auditive Submodalitäten

Ist das, was Sie hören	laut	☐	leise	☐
	langsam	☐	schnell	☐
Ist der Rhythmus	unterbrochen	☐	stetig	☐
Hören Sie es	im Kopf	☐	von außen	☐

Von wo genau? ______________________________

Hören Sie es in Mono ☐ Stereo ☐ Raumklang ☐

Kommentieren Sie das, was vorgeht, innerlich?
Wenn ja, was sagen Sie und wie sagen Sie es?

____

____

____

____

____

____

____

____

____

Kinästhetische Submodalitäten

Wie würden Sie das, was Sie empfinden, beschreiben?
(prickelnd, warm, kalt, entspannt, gespannt, verkrampft, diffus)

Ist die Empfindung	schwach	☐	stark	☐
	unterbrochen	☐	stetig	☐

Wo spüren Sie die Empfindung in Ihrem Körper?

Wenn es Bewegung in der Empfindung gibt: Ist die Bewegung
kontinuierlich ☐ wellenartig ☐

Wo beginnt die Empfindung?

Wie kommt die Empfindung vom Ursprungsort zu der Stelle, wo Sie sich ihrer am meisten bewußt sind?

Körperhaltung ______________________________

____

Hände ______________________________

____

Mimik ______________________________

____

Submodalitäts-Set für ***»Zweifel an… haben«***

Visuelle Submodalitäten

Ist das, was Sie sehen	farbig	☐	schwarzweiß	☐
	scharf	☐	unscharf	☐
	hell	☐	dunkel	☐
	ein Film	☐	ein Standbild	☐
	zweidimensional	☐	dreidimensional	☐
	assoziiert	☐	dissoziiert	☐

Auf welcher Position sehen Sie das Bild / den Film?

oben links	oben mittig	oben rechts
Mitte links	Mitte mittig	Mitte rechts
unten links	unten mittig	unten rechts

Hat das Bild / der Film	keinen Rahmen	☐	Rahmen	☐
Sehen Sie	eins	☐	mehrere	☐

Wie groß schätzen Sie das Bild / den Film? ______ x ______ x ______

Wie weit ist das Bild / der Film entfernt? ______________________

Auditive Submodalitäten

Ist das, was Sie hören	laut	☐	leise	☐
	langsam	☐	schnell	☐
Ist der Rhythmus	unterbrochen	☐	stetig	☐
Hören Sie es	im Kopf	☐	von außen	☐

Von wo genau? ____________________

Hören Sie es in Mono ☐ Stereo ☐ Raumklang ☐

Kommentieren Sie das, was vorgeht, innerlich?
Wenn ja, was sagen Sie und wie sagen Sie es?

Kinästhetische Submodalitäten

Wie würden Sie das, was Sie empfinden, beschreiben?
(prickelnd, warm, kalt, entspannt, gespannt, verkrampft, diffus)

Ist die Empfindung	schwach	☐	stark	☐
	unterbrochen	☐	stetig	☐

Wo spüren Sie die Empfindung in Ihrem Körper?

Wenn es Bewegung in der Empfindung gibt: Ist die Bewegung
kontinuierlich ☐ wellenartig ☐

Wo beginnt die Empfindung?

Wie kommt die Empfindung vom Ursprungsort zu der Stelle, wo Sie sich ihrer am meisten bewußt sind?

Körperhaltung ______________________________

____

Hände ______________________________

____

Mimik ______________________________

____

Submodalitäts-Set für
»von... überzeugt sein«

Visuelle Submodalitäten

Ist das, was Sie sehen	farbig	☐	schwarzweiß	☐
	scharf	☐	unscharf	☐
	hell	☐	dunkel	☐
	ein Film	☐	ein Standbild	☐
	zweidimensional	☐	dreidimensional	☐
	assoziiert	☐	dissoziiert	☐

Auf welcher Position sehen Sie das Bild / den Film?

oben links	oben mittig	oben rechts
Mitte links	Mitte mittig	Mitte rechts
unten links	unten mittig	unten rechts

Hat das Bild / der Film	keinen Rahmen	☐	Rahmen	☐
Sehen Sie	eins	☐	mehrere	☐

Wie groß schätzen Sie das Bild / den Film?______ x ______ x ______

Wie weit ist das Bild / der Film entfernt?______________________

Auditive Submodalitäten

Ist das, was Sie hören	laut	☐	leise	☐
	langsam	☐	schnell	☐
Ist der Rhythmus	unterbrochen	☐	stetig	☐
Hören Sie es	im Kopf	☐	von außen	☐

Von wo genau? ______________________________

Hören Sie es in Mono ☐ Stereo ☐ Raumklang ☐

Kommentieren Sie das, was vorgeht, innerlich?
Wenn ja, was sagen Sie und wie sagen Sie es?

____

____

____

____

____

____

____

____

____

Kinästhetische Submodalitäten

Wie würden Sie das, was Sie empfinden, beschreiben?
(prickelnd, warm, kalt, entspannt, gespannt, verkrampft, diffus)

Ist die Empfindung	schwach	☐	stark	☐
	unterbrochen	☐	stetig	☐

Wo spüren Sie die Empfindung in Ihrem Körper?

Wenn es Bewegung in der Empfindung gibt: Ist die Bewegung

kontinuierlich ☐ wellenartig ☐

Wo beginnt die Empfindung?

Wie kommt die Empfindung vom Ursprungsort zu der Stelle, wo Sie sich ihrer am meisten bewußt sind?

Körperhaltung ____________________

____

Hände ____________________

____

Mimik ____________________

____

Submodalitäts-Set für ***»ich weiß, daß ...«***

Visuelle Submodalitäten

Ist das, was Sie sehen	farbig	☐	schwarzweiß	☐
	scharf	☐	unscharf	☐
	hell	☐	dunkel	☐
	ein Film	☐	ein Standbild	☐
	zweidimensional	☐	dreidimensional	☐
	assoziiert	☐	dissoziiert	☐

Auf welcher Position sehen Sie das Bild / den Film?

oben links	oben mittig	oben rechts
Mitte links	Mitte mittig	Mitte rechts
unten links	unten mittig	unten rechts

Hat das Bild / der Film	keinen Rahmen	☐	Rahmen	☐
Sehen Sie	eins	☐	mehrere	☐

Wie groß schätzen Sie das Bild / den Film? ______ x ______ x ______

Wie weit ist das Bild / der Film entfernt? ____________________

Auditive Submodalitäten

Ist das, was Sie hören	laut	☐	leise	☐
	langsam	☐	schnell	☐
Ist der Rhythmus	unterbrochen	☐	stetig	☐
Hören Sie es	im Kopf	☐	von außen	☐

Von wo genau? ______________________________

Hören Sie es in Mono ☐ Stereo ☐ Raumklang ☐

Kommentieren Sie das, was vorgeht, innerlich?
Wenn ja, was sagen Sie und wie sagen Sie es?

____

____

____

____

____

____

____

____

____

Kinästhetische Submodalitäten

Wie würden Sie das, was Sie empfinden, beschreiben?
(prickelnd, warm, kalt, entspannt, gespannt, verkrampft, diffus)

Ist die Empfindung schwach ☐ stark ☐
unterbrochen ☐ stetig ☐

Wo spüren Sie die Empfindung in Ihrem Körper?

Wenn es Bewegung in der Empfindung gibt: Ist die Bewegung
kontinuierlich ☐ wellenartig ☐

Wo beginnt die Empfindung?

Wie kommt die Empfindung vom Ursprungsort zu der Stelle, wo Sie sich ihrer am meisten bewußt sind?

Körperhaltung ______

______

Hände ______

______

Mimik ______

______

Kontaktadresse

Wir wünschen Ihnen viel Freude und Erfolg bei Ihrer Entdeckungsreise durch Ihr Inneres! Es ist jedoch möglich, daß Sie dabei auf Probleme stoßen, die Sie alleine nicht lösen können. Suchen Sie in diesem Falle einen Therapeuten auf, der Ihnen mit seiner professionellen Unterstützung eine äußerst wertvolle Hilfe sein kann. Wenn Sie Informationen brauchen, können Sie sich gerne an uns wenden. Wir senden Ihnen Material zu und können Ihnen dabei helfen, einen qualifizierten NLP-Therapeuten in Ihrer Nähe zu finden.

CREATIVE NLP ACADEMY
Postfach 1806
65008 Wiesbaden
Telefon (06 11) 52 72 37
Telefax (06 11) 52 97 07
e-mail cnlpa@cnloa.de
Homepage http://www.cnlpa.de

Literatur

Bandler, Richard: Veränderung des subjektiven Erlebens, Junfermann Verlag, Paderborn 1987

Dilts, Robert B.: Die Veränderung von Glaubenssystemen, Junfermann Verlag, Paderborn 1993

Dilts, Robert B.: Identität, Glaubenssysteme und Gesundheit, Junfermann Verlag, Paderborn 1993

Grochowiak, Klaus: Das NLP Practitioner Handbuch, Junfermann Verlag, Paderborn 1996

Jochims, Inke: NLP für Profis, Junfermann Verlag, Paderborn 1995

Roberts, Jane: Die Natur der Psyche, Goldmann Verlag, München 1979

Roberts, Jane: Das Seth-Material, Goldmann Verlag, München 1991